哈尔滨工业大学研究生系列教材

生态学马克思主义名著导读

SHENGTAIXUE MAKESIZHUYI MINGZHUDAODU

解保军 著

哈尔滨工业大学出版社
HARBIN INSTITUTE OF TECHNOLOGY PRESS

内容简介

"生态学马克思主义"(Ecological Marxism)产生于20世纪60~70年代。世界范围内很有影响的"新社会运动",特别是生态环境恶化的事实引起的社会政治问题受到了西方马克思主义者的重视,把生态学与马克思主义相结合所形成的生态学马克思主义成为当代西方马克思主义重要的新兴学派之一,也是当代西方马克思主义的一个活跃的学术生长点。

本书坚持马克思革命哲学的批判精神,按照实事求是的原则,对展现生态学马克思主义理论精髓的主要名著进行了认真研读。笔者在多年研究和已有研究成果的基础上,为了通过教学把生态学马克思主义理论的精粹呈现在学生面前而完成了该书的写作。

图书在版编目(CIP)数据

生态学马克思主义名著导读/解保军著. —哈尔滨:哈尔滨工业大学出版社,2014.3

ISBN 978-7-5603-4603-8

Ⅰ.①生… Ⅱ.①解… Ⅲ.①生态学-马克思著作研究-高等学校-教材 Ⅳ.①A851.693

中国版本图书馆CIP数据核字(2014)第025883号

策划编辑	甄淼淼
责任编辑	苗金英
出版发行	哈尔滨工业大学出版社
社　　址	哈尔滨市南岗区复华四道街10号 邮编150006
传　　真	0451-86414749
网　　址	http://hitpress.hit.edu.cn
印　　刷	黑龙江省地质测绘印刷中心印刷厂
开　　本	787mm×960mm 1/16 印张12 字数213千字
版　　次	2014年3月第1版 2014年3月第1次印刷
书　　号	ISBN 978-7-5603-4603-8
定　　价	29.80元

(如因印装质量问题影响阅读,我社负责调换)

前　言

　　生态学马克思主义无疑代表了我们这个世纪的最后岁月里马克思主义发展的一个新阶段。

——奥斯卡·拉封丹

　　马克思主义具有与时俱进的理论品格，西方马克思主义也在发展变化中，"生态学马克思主义"的出现就是这种变化的明证。

　　随着20世纪60~70年代现代生态科学的兴起和西方资本主义工业国家生态环境的持续恶化，西方马克思主义者开始注意到现代生态学，看到了生态环境恶化所导致的社会问题和引起的民众抗议。他们高擎着马克思批判哲学的大旗，从生态学的角度展开了对资本主义的生态批判。他们在揭批资本主义社会危机的同时，也认识到生态危机对资本主义制度的根本性破坏，并将解决资本主义各种生态危机的措施和方案寄希望于现代生态科学，尝试着在批判资本主义这个契合点上，把马克思主义对资本主义的批判与生态学对资本主义的批判结合起来，从而创立了生态学马克思主义。

　　西方马克思主义对生态学和生态环境危机的关注肇始于法兰克福学派的马克斯·霍克海默、西奥多·阿多诺和赫伯特·马尔库塞，他们对资本主义的生态批判理论对生态学马克思主义的创立有着直接影响。1974年，加拿大学者本·阿格尔在《西方马克思主义概论》一书中首次提出了"生态学马克思主义"这个概念。所以，学界一般认为，这标志着生态学马克思主义正式登上了马克思主义理论的论坛。

　　众所周知，马克思已经从经济学的角度敲响了资本主义必然灭亡的"经济丧钟"，而生态学马克思主义则是从生态学的角度敲响了资本主义必然灭亡的"生态丧钟"。这样，就使人们看到，资本主义制度不仅在经济上是不可持续的，而且在生态上也是不可持续的。生态学马克思主义对资本主义的生态批判，丰富了马克思主义的社会批判理论，加深了人们对当代资本主义反生态本质的认识，并使人们清楚地看到，资本主义制度才是导致生态环境危机的真正根源。他们描绘的未来生态社会主义的画卷给人们带来了温暖和希望。这是生态学马克思主义存在的价值，也是我们应当高度重视生态学马克思主义研究的理由。

本书主要包括七部分的内容。

第一章介绍了本·阿格尔《西方马克思主义概论》一书对生态学马克思主义的论述。阿格尔正式提出了"生态学马克思主义"这个概念，开启了生态学马克思主义研究的先河。本章论述了阿格尔的生态学马克思主义观，阐述他的"消费异化论"和"期望破灭了的辩证法"理论；分析了他关于资本主义新变化的危机理论，他认为，生态危机已经取代经济危机而成为资本主义社会面临的主要危机。本章还涉及他的技术生态化构想和未来社会"恒稳"经济模式观点。

第二章介绍了威廉·莱斯的《自然的控制》和《满足的极限》两本书中的生态学马克思主义思想。莱斯以哲学家特有的批判精神，下潜到人们行为的灵魂深处去审视导致生态环境危机的认识论根源，对人们习以为常的"控制自然"概念进行了新的解读，开辟了生态学马克思主义研究的新领域。在《满足的极限》一书中，莱斯批判了资本主义社会的消费异化，解读了需要与商品之间的辩证关系，提出了"人的满足最终在于生产活动而不在于消费活动"和"生产活动就是满足"等著名命题。

第三章重点介绍了安德瑞·高兹的生态学马克思主义思想。在《政治生态学》一书中，高兹分析了"生态学的政治化是如何可能的？"问题，探讨了生态危机与资本主义社会危机的关系，阐发了很有影响的"技术法西斯主义"理论和科学技术的意识形态问题。在《经济理性批判》一书中，高兹全面论述了资本主义经济理性的特征、表现、其导致的生态和社会危害以及逃脱经济理性禁锢的途径。高兹还探讨了"生态理性重建"问题。在《资本主义·社会主义·生态学》一书中，高兹指出了资本主义经济理性与生态理性的矛盾，从生态角度批判了前苏联模式的社会主义，阐发了"保护生态环境的最佳选择是先进的社会主义"的思想。

第四章重点论述了美国当代著名的生态学马克思主义理论家詹姆斯·奥康纳的思想。他分析和评价了马克思恩格斯的生态思想，从"生态"和"文化"的维度对传统历史唯物主义理论进行了诘难和修正,阐发了生态唯物主义的观点。最可贵的是,奥康纳在重新理解马克思"生产条件"概念的基础上,从生态学的视角提出了"资本主义的第二重矛盾"理论,加深了人们对资本主义生态危机本质的认识。他还对资本主义展开了生态批判并论证了自己的生态社会主义思想。

第五章重点阐释了美国当代生态学马克思主义的领军人物约翰·贝拉米·福斯特的生态学马克思主义思想。福斯特是生态学马克思主义理论家中最重视马克思恩格斯生态思想的著名学者,他充分肯定了马克思恩格斯的生态思想并给予了详细地阐发,挖掘了马克思恩格斯对资本主义的生态批判思想。福斯特对资本主义的生态批判是深刻而全面的,他批判了资本主义制度的反生态本质,对传统经济学应对环境危机的经济措施、"自然资本化"理论、生态帝国主义论和生态环境上的技术决定论都进行了逐一批驳。他还论述了自己对环境斗争与阶级斗争关系的认识。

第六章重点阐发了当代英国生态学马克思主义著名思想家戴维·佩珀的观点。在全方位对资本主义展开生态批判的基础上,佩珀阐发了自己的生态学马克思主义理论。他认为马克思主义对生态运动,对生态中心论是大有裨益的。他明确指出,资本主义制度和资本主义生产方式才是导致生态危机的真正根源。从生态上看,资本主义也是不可持续的。佩珀提出了自己的生态社会主义理论,并在该理论的基础上描绘了生态社会主义的蓝图。

第七章重点介绍了欧洲当代生态社会主义理论的代表人物萨拉·萨卡的观点。他在生态社会主义理论方面的重要贡献就是对"生态资本主义"的批判。在剖析前苏联模式社会主义失败的生态原因的基础上,萨卡从分析资本主义经济的自然基础和逐个批驳"生态资本主义"的诸多理论和政策入手,明确指出所谓的"生态资本主义"只是个幻想和骗局。萨卡认为,只有重建生态社会主义才能克服生态危机,为此,他阐发了自己的生态社会主义理论。

由于本书属于辅助性教材,其目的是让学生们对生态学马克思主义理论有个初步的了解,所以,笔者按照目前国内大多数学者的看法,选择上述生态学马克思主义名著,对它们做个导读。笔者知道这里是存在问题的,主要是有些著名的生态学马克思主义理论家没有涉及,国外最新的生态学马克思主义的著作也没有收入。这些都是本书的不足,恳请大家笔削。

当然,我们应当给予生态学马克思主义足够的重视。因为,生态学马克思主义继承了马克思主义和西方马克思主义的批判精神,对资本主义社会高生产、高消费、高浪费和高污染所导致的生态危机、人的异化和科学技术的异化问题进行了深刻的揭露和批判。生态学马克思主义不仅在学理上对马克思主义进行了积极的理论探索,而且具有现实意义。它把马克思主义与当代生态环境危机问题具体结合起来的思路,给人们很大启发,产生了积极的理论共鸣。生态学马克思主义提出的生态社会主义思想对正在迈向"社会主义生态文明新时代"的中国来说,肯定具有极大的启发和借鉴意义。

作 者

2013 年 9 月

目 录

第一章
本·阿格尔《西方马克思主义概论》导读/1

第二章
威廉·莱斯《自然的控制》和
《满足的极限》导读/16

第三章
安德瑞·高兹《政治生态学》
《经济理性批判》和《资本主义·
社会主义·生态学》导读/34

第四章
詹姆斯·奥康纳《自然的理由——
生态学马克思主义研究》导读/74

第五章 约翰·贝拉米·福斯特《马克思的生态学——唯物主义与自然》和《生态危机与资本主义》导读/99

第六章 戴维·佩珀《生态社会主义：从深生态学到社会正义》导读/147

第七章 萨拉·萨卡《生态社会主义还是生态资本主义》导读/165

参考文献/178

后　记/181

第一章　本·阿格尔《西方马克思主义概论》导读

　　本·阿格尔(Ben·Agger)是加拿大滑铁卢大学社会学教授,他在1979年出版了《西方马克思主义概论》一书。在该书第七章"重新研究危机理论:现代马克思主义的诸多方面"的内容中,阿格尔专门写了"走向生态学马克思主义"一节。在该书中,阿格尔正式提出了"生态学马克思主义"这个概念,并提出了生态学马克思主义的一些著名论断。正是他的这部著作,使中国学者知道并开始研究"生态学马克思主义"。在这个意义上,许多学者把阿格尔看作是第一个"生态学马克思主义者"。

　　"生态学马克思主义"作为一种学说被介绍到中国已经有近30年的历史。1986年,王谨教授在《教学与研究》第6期上发表了《"生态学马克思主义"与"生态社会主义"》一文。在该文中,王谨教授介绍了"生态学马克思主义"和"生态社会主义"的基本观点,并把二者看成并列的社会思潮。这是我国学者第一次介绍"生态学马克思主义"的理论。1987年9月7日,慎之教授在《光明日报》上发表《"生态学马克思主义"评介》一文。1989年,慎之教授翻译并出版了阿格尔的《西方马克思主义概论》一书,在该书中,慎之教授将"the Ecological Marxism"译成了"生态学马克思主义"。在当时,"生态学马克思主义"的理论观点与中国的社会现实需求相比有些超前,所以,该理论并没有引起学界的足够关注,国内了解该学说的学者寥若晨星。但是,情况很快就发生了变化。20世纪90年代以后,随着生态危机的加剧以及中国现代化建设中环境问题的日趋严峻,中国学术界开始研究马克思、恩格斯的人与自然关系理论,研究他们的生态哲学思想。与此同时,"生态学马克思主义"的思想观点也开始被中国学术界普遍接受和认可。在这样的学理背景下,中国学者对"生态学马克思主义"这个概念也产生了两种不同的译法。许觉哉教授在1999年编著的《社会主义流派史》中采用了"生态学马克思主义"的译法,并将"生态学马克思主义"作为生态社会主义的一个组成部分加以介绍;2002年,俞吾金教授和陈学明教授出版了《国外马克思主义哲学流派新编:西方马克思主义卷》一书,他们也采用了"生态学马克思主义"的提法。而段忠桥教授在2005年《中国社会科学》第5期中采用了"生态马克思主义"的译法,并将"生态马克思主义"作为20世纪70年代以来英美马克思主义的一个重要流派加以介绍,该文在《新华文摘》2006年第5期上转载,而后,国内学术界也有人采用"生态马克思主义"的译名。"生态学马克思主义"与"生态马克思主义"在译法上没有什么本质的差异,从目前国内绝大多数学者的用法上看,采用"生态学马克思主义"这个译法的人居多。所以,本书也采用"生态学马克思主义"这个译法。

一、阿格尔的生态学马克思主义观

作为一个西方马克思主义者,阿格尔对马克思主义的看法处处渗透着西方马克思主义的倾向。从整体上看,阿格尔是赞赏马克思主义的,也承认马克思主义的当代价值。他认为:"马克思主义不是陈列在东欧和中欧自然历史博物馆玻璃柜内的文物。相反,马克思主义可能关系到美洲工人和北美大学生的生活。马克思主义是一个与无论是在办公室还是在工厂都不能支配其劳动过程和劳动产品,而仅仅是雇佣劳动者的工人密切相关的充满生机的理论体系。"(阿格尔.西方马克思主义概论[M].慎之,等,译.北京:中国人民大学出版社,1991:引言第1页。该书简称为《概论》,以下引文出自该书的,只注页码。)在他看来,只要资本主义社会的异化现象存在,马克思主义就应该存在,而且必然存在。所以,阿格尔说:"因为我们确信面对深刻的经济、政治和生态危机,当今世界比以往任何时候都更需要创造性的、民主主义的马克思主义。"(《概论》引言第2页)

阿格尔认为,马克思主义是发展的理论,具有与时俱进的理论品格。随着资本主义社会的不断变化,马克思主义的理论形态也不应该永远是一副面孔。所以,"我们的目的不是周密地考证马克思确立了一种永远有效的唯一正确的马克思主义理论,而是确立一种允许我们根据历史和文化的相应条件重建这种理论的辩证法"。(《概论》第17页)正是基于这样的认识,阿格尔才认真考察了当今资本主义社会的种种异化现象和危机现象,提出了许多新的观点。客观地讲,人们可能不一定完全同意并接纳他的这些论点,但我们可以体会到这些观点的理论震撼力和现实针对性,并从中得到诸多启迪:"我们的看法是,只有对马克思的危机理论进行重大修正,马克思主义才适应于今天的现实。我们将保留马克思对异化的批判和对资本主义内在矛盾的理解,但在论证危机的形式和相应的阶级激进主义已随着发达资本主义的进一步发展而发生了变化时,将离开原本的马克思主义。"(《概论》第17页)

"我们的中心论点是,历史的变化已使原本的马克思主义关于只属于工业资本主义生产领域的危机理论失去了效用。今天,危机的趋势已转移到消费领域,即生态危机取代了经济危机。"(《概论》第486页)

"马克思没有对需求进行理论概括,因为他认为经济危机就可以产生创造新的社会制度所需要的自我解放的力量。"(《概论》第487页)

"马克思没有充分分析消费领域,错误地认为只有生产领域中的危机趋势才导致资本主义的崩溃。由于资本主义证明比马克思明显想象的要富于弹性,所以他的不完全的危机理论就更加远离发达资本主义的具体现实了。"(《概论》第490页)

"虽然我们同意马克思关于资本主义制度内在矛盾的种种理论,但却主张超越他的具体的危机理论。内在矛盾依然存在,但外在表现不同了。现在,生态危机将取代经济危机,从而使我们不得不重新考虑能将危机引向全面社会主义变革的力量和形式。"(《概论》第514页)

"马克思忽视了对消费问题的研究,因为他认为生产内部的固有矛盾将导致革命的转化。正如我们指出的,这种情况并没有发生,因为资本主义已设法将其危机趋势转移到消费领域,使人们把劳动以外的时间花在受广告操纵的消费上,以补偿其受强制的劳动生活。"(《概论》第498页)

在其马克思主义观的引导下,阿格尔擎起了"生态学马克思主义"的理论大旗,他在书中多处提到了"生态学马克思主义"的理论旨趣:

"我们这里所关心的是把马克思主义的变革与生态危机理论结合起来。"(《概论》第506页)

"使马克思的异化劳动理论能同对生态危机趋势的批判协调起来。"(《概论》第507页)

"我们的目的是用生态危机理论同马克思关于资本主义批判的解放因素结合在一起,从而抢救这些解放因素。"(《概论》第513页)

通过上面的引文,我们可以明显地感到,作为西方马克思主义者的阿格尔有着推进马克思主义发展的理论冲动。既然是一种"理论冲动",他提出的一些观点就难免带有冲动的成分,有些观点仅是他的一家之言。例如,他认为,在当今资本主义社会,马克思的经济危机理论已经过时了,而生态危机取代了经济危机成为资本主义社会面临的主要危机。这样的观点肯定会引起人们的关注和争论,他的一家之言也未必是"鼎言"。这些都是理论发展中的正常现象。我们应当承认阿格尔提出"生态学马克思主义"的理论勇气和学术价值,也应当看到自从"生态学马克思主义"理论诞生以来,在包括中国在内的许多国家掀起了学习、研究"生态学马克思主义"的理论热潮,一时间,"生态学马克思主义"被许多传统马克思主义者所接受,"生态学马克思主义"已经成为一门"显学"。

二、"消费异化论"与"期望破灭了的辩证法"

在阿格尔"生态学马克思主义"的诸多观点中,给人们留下深刻印象或者说他对"生态学马克思主义"最大的理论贡献,就是他的"消费异化论"和"期望破灭了的辩证法"。

禀赋着马克思批判精神的理论旨趣,"西方马克思主义"树立起全面批判当代资本主义异化现象这面亮丽的大旗。早期的"西方马克思主义"者,侧重于研究资本主义政治、经济等宏观领域中的异化问题,研究的方法主要是哲学思辨。第二次世界大战后,资本主义社会在各个方面都发生了明显的变化,出现了许多新情况。针对这些新情况,"西方马克思主义"理论家们也把研究重心转移到对社会现实问题的反思与批判上。资本主义社会的经济、政治、文化、科学技术、交往方式和消费行为都发生了异化,这已经成为资本主义的"社会性格"。正如西方马克思主义理论家弗洛姆所说:"我们发现,在现代社会中,异化几乎存在于各种情况中,存在于人与工作、人与消费品、人与国家、与他的同胞、与他自己等关系中。"(弗洛姆.健全的社会[M].贵阳:贵州人民出版社,1994:98)

在资本主义社会诸多异化现象中,消费异化引起了许多"西方马克思主义"者的关注,其中法兰克福学派的马尔库塞和弗洛姆的"消费异化论"对"生态学马克思主义"理论家阿格尔和威廉·莱斯的观点影响最大。他们认为,资本主义社会出现的新情况之一,就是异化的普遍化和尖锐化。而消费领域发生的异化表明,消费异化已经超越了传统经济学的范畴,成为一个社会学、政治学意义上的范畴。它的功能也得到了泛化,从单纯的经济行为演化为政治行为,客观上起到了消解民众的反抗情绪、遮蔽社会差别的鸿沟、转移大众注意力的作用。因此,这些理论家断言:消费异化的尖锐化必将导致人与人的矛盾和人与自然矛盾的激化,消费异化将成为未来社会革命的突破口和导火线,大规模的民众运动将直接或间接地起源于消费领域和生态领域,而不是传统的生产领域和经济领域。

在"生态学马克思主义"看来,当代发达资本主义社会表面上物质丰富,衣食无忧,但是,人们对其社会常态的病理进行分析时,就会发现这是一个不健全的、充满着种种异化的社会。阿格尔以犀利的洞察力,对资本主义社会中普遍存在着的消费异化现象进行了深入剖析,他第一次明确了"异化消费"的概念:"异化消费是指人们为补偿自己那种单调乏味的、非创造性的且常常是报酬不足的劳动而致力于获得商品的一种现象。"(《概论》第494页)消费的本来意义在于为人们提供一种更满足、更舒适的生活,通过合理的消费,人们会感到人类创造力的魅力,能品尝到生活的甘露,人的主体性地位和尊严可以得到极大的满足。这样的消费就是有意义、充满着人情味的真实的消费。但在资本主义社会中,"消费"这个生活层面上满足正常需求的行为被歪曲了,"异化消费"已经遮蔽了消费本来的意义。在高度机械化、自动化的资本主义工厂中,工人在固定的生产线上,在僵硬冰冷的操作程序面前是那样的无奈、麻木,他们日复一日、年复一年地重复着单调乏味的动作,这样的劳作是机械的、呆板的,这种缺乏创造性的劳动使工人们的主体性、能动性受到严重的压抑。这样,工人们就只能在消费中获得可怜的快感,从表面上看,似乎在消费中,工人们是"自由的""能动的",他们可以消费这个,也可以消费那个;可以在这里消费,也可以在那里消费;可以今天消费,也可以明天消费。但实际上,情况并不是这样。在资本主义社会中,表面上看消费是"自由"的,其实是不自由的,因为消费是被资本家提供的铺天盖地的广告所掌控的,消费模式和消费趋向也是资本家出于利润最大化的考虑而精心塑造的。所以,在阿格尔看来,这种"无止境的消费只是对这种劳动的一种暂时逃避"。(《概论》第496页)

资本主义异化了的消费表现出一种"跃迁"的特征,从经济领域进展到社会政治领域,人们赋予了消费过多的社会意义,它成了异化劳动中失去自由的人们可以享受"自由"的"根据地",成了人们逃避现实痛苦和精神郁闷的"伊甸园"。与此同时,统治者通过对消费行为的引导和对过度消费的鼓励与刺激,强化了消费的政治功能,使消费成为统治者控制社会的新的政治工具。

"生态学马克思主义"的理论家认为,当今资本主义社会之所以会发生消费异化的现象,其总根源还在于劳动的异化和资本主义社会异化的普遍化。虽然由于科学技术的发展、社会文明程度的提高,人们的生活水平有了较大的提高,工作方式和环境有了较大的改善,但是,异化劳动的"破碎化"、被动化和非主体化等特征依然存在,人们仍然像逃避"瘟疫"一样逃避劳动。因为这种异化的劳动对真实的劳动者来说,依然是外在的、被动的、机械的、单调而无聊的。人们在劳动中没有自由,没有个性,有一种类似于"器物化"的感觉。于是,追求自由的本性便促使人们到消费领域去寻觅主体的感觉和吮吸"自由"的空气。人们"在劳动中缺乏自我表达的自由和意图,就会使人逐渐变得越来越柔弱并依附于消费行为"。(《概论》第493页)消费异化使人们陷入了"温柔的消费陷阱",人性颠倒,自主性断裂,人变成了仅具有贪婪占有欲望的"消费人",人与消费品的原来关系被彻底颠倒了。

正如马尔库塞指出的:"人民在他们的商品中识别出自身;他们在他们的汽车、高保真度音响设备、错层式房屋、厨房设备中找到自己的灵魂。"(马尔库塞.

单向度的人[M].重庆:重庆出版社,1988:9)人们在"物质富裕"的社会中,体验到的却是"精神痛苦",为了排遣这种痛苦,人们便疯狂地消费。弗洛姆认为,在异化的消费中,人们消费某些物品不过是为了占有它们,因为对这些商品的占有和消费本身具有"炫耀作用",可以表现消费者的社会地位和身份。例如,人们在吃面包时,实际上是在"吃"一种幻觉;喝饮料时,"喝"的是商标,是美国人的生活方式。这样,"我们的味觉,我们的身体,这些与消费本身相关的部位却与消费的行为相分离"。(弗洛姆.健全的社会[M].贵阳:贵州人民出版社,1994:105)这种消费者只能是被动的、异化了的消费者。弗洛姆进一步分析道:"对待消费的异化态度不仅表现在我们对商品的寻求及消费中,而且远远超乎于此,决定着我们的闲暇安排。"(弗洛姆.健全的社会[M]贵阳:贵州人民出版社,1994:107)人们"消费"球赛、电影、报纸、杂志、书籍、讲座、自然景色、社会集会,就像他消费商品一样采取的都是异化了的抽象方式。在这样的消费中,消费的本来意义已经荡然无存,取而代之的是在一种病态心情的驱使下,对消费品的放肆的占有和索取。于是,在日常生活中,一幅幅怪诞的"市井图"就出现了:"如果我有钱,即使我对艺术没有鉴赏力,我也可以得到一幅精美的绘画;即使我不懂音乐,我也可以买最好的留声机;我可以买下一座图书馆,尽管只是为了炫耀之用;我可以买学问,尽管除了作为附加的社会资产之外这学问别无它用。我甚至可以毁掉买来的绘画或书籍,因为除了金钱损失之外,我一无所失。只要有了钱我就有了权,得到我所喜欢的任何东西并随意处置它们。"(弗洛姆.健全的社会[M].贵阳:贵州人民出版社,1994:103)弗洛姆的刻画真是入木三分,把消费异化的表现揭示得淋漓尽致。

在"生态学马克思主义"理论家看来,这种异化的消费只不过是真正自由的苍白反映,"异化消费是对人们所从事的日益令人讨厌的不能自我实现的劳动的一种补偿"。(《概论》第499页)从表面上看,资本主义国家的人们只要有钱,就可以自由地消费,但实际上,"在这些商品和服务之间进行自由选择并不意味着自由"。(马尔库塞.单向度的人[M].重庆:重庆出版社,1988:8)因为,在异化了的消费活动中,与在异化了的劳动中一样,人们同样是不自由的、被动的。铺天盖地的广告,表达着资本家的意图,操纵并控制着大众的消费模式。阿格尔把这样的需求称之为"虚假的需求"。在他看来,商品具有灌输和操纵的作用,所以,这种消费只能是"强迫性消费"或"受操纵的消费"。人们的消费趣味被资本家操纵着。在这样的消费和闲暇生活中,哪有什么自由和享乐可言?

阿格尔在分析了资本主义社会异化消费的表现之后,又尖锐地指出了异化消费所具有的社会政治功能。

首先，阿格尔明确提出了"异化消费的政治作用"这个问题，在他看来，异化消费增强了大众对资本主义制度的依赖感，有利于统治阶级对社会的控制。在当代资本主义社会，统治阶级对社会的控制是全方位的。通过消费的手段达到控制社会的目的，是发达资本主义社会常见的现象。人们常说"欲壑难填"，在消费的领域尤其如此。所以，统治者调动一切手段来刺激大众的消费欲望：新产品的广告铺天盖地，商品说明会、展览会、品尝会接二连三，种种促销的高招层出不穷。人们在不断地陶醉于购物的狂喜和物欲的沉湎中，潜移默化地增进了对资本主义制度的依赖感。正如马尔库塞指出的："统治者所能提供的消费品愈多，下层人民对各种占统治地位的官僚们的依附，也就愈牢固。"（马尔库塞. 单向度的人[M]. 重庆：重庆出版社，1988:38）

其次，消费异化遮蔽了资本主义社会基本矛盾的种种表现，转移并消解了大众对社会现实的不满情绪。在消费异化的社会中，"如今人人都快乐"成了人们的普遍共识，人们的"虚假需求"在异化了的消费中得到了极大满足。这样就形成了一种"共同确认"：能提供充沛消费品的社会，就是一个健全的社会。这种"社会确认"分散了人们对社会政治问题的注意力，转移并消解了人们对社会制度的不满情绪。阿格尔明确地指出：资本主义国家"要保护自己的公共合法性，其办法就是向个人消费提供几乎是源源不断的商品"。（《概论》第494页）在资本主义社会发展的过程中，"对消费实行操纵和调节业已延长了资本主义制度的寿命"。（《概论》第493页）

最后，消费异化腐蚀了工人阶级的革命意志，使工人们在异化的消费中，变成了商品的奴隶，成为"单面人"式的"拜物主义者"和"消费主义者"，从而忘记了无产阶级的历史使命。这是消费异化造成的最为严重的恶果。马尔库塞认为："资本主义初期的无产者，的确是负重的牛马，以自己的体力劳动获取生存的必需品和奢侈品，同时又生活在肮脏和贫困中。因此，他们曾经是他们社会的活生生的否定力量。相反，在技术社会的先进地区，被组织起来的工人身上的这种否定性却非常不明显了。"（马尔库塞. 单向度的人[M]. 重庆：重庆出版社，1988:24）工人阶级拥有的批判精神和否定意识为什么会丧失？他们为什么会被资本主义社会"同化"和"融合"，这在很大程度上是异化消费的结果。在马尔库塞看来，正是由于商品的丰饶，使得"消费面前人人平等"成为可能，这样，工人和他的老板就可以享受同样的电视节目并游览同样的娱乐场所，打字员也能打扮得像她的雇主的女儿一样花枝招展，黑人挣钱也同样可以买到与他的老板一样的汽车，购买一样的住宅。工人的消费欲望在得到极大满足的时候，他们怎么会感到有进行革命的必要呢？在许多"生态学马克思主义"理论家的眼中，生活在异化消费社会中的工人阶级已经不同于他们的父辈了,他们的革命热情已经被消费的狂热所取代,他们已经不再是资本主义的"掘墓人",而是普普通通的"消费者"了。

在这方面,以本·阿格尔的论述最具代表性。他从理论的层面上分析了在当代资本主义社会中,挥霍性的过度生产和过度消费导致未来社会革命的可能性。他明确提出了"异化消费"和"期望破灭了的辩证法"等概念,看到了异化消费所引起的人与自然关系的异化。为了满足人们异化了的消费需求,人们势必要疯狂地掠夺和占有自然资源,而自然资源的有限性与人们日益扩大的消费欲望之间的矛盾将进一步激化。阿格尔看到,在消费品充沛的社会中,人们对消费品的占有似乎是顺理成章的,人们普遍存在着一种社会共识,那就是:消费品的供给是源源不断的,人们用不着为消费品的"匮乏"而担忧。但是,人们在通过高消费来寻求幸福的同时,就对业已脆弱的生态系统造成巨大的压力。自然资源的有限性将导致生产的萎缩和消费品的匮乏,人们已经习惯了的消费方式不得不改变,膨胀起来的消费欲望得不到满足。正如阿格尔所说:"人们对永远丰裕这一许诺的期望将被刚出现的生态危机无情地粉碎,因为要应付这种危机,工业生产就必然会下降。"(《概论》第496页)这样,消费者对资本主义的期望破灭了,他们会直接地反抗现存的社会制度。这种发生在消费领域的危机,使人们从"虚假需求"的幻想中惊醒,迫使人们重新反思:什么是人的真实需求?什么样的消费才是真正的消费?人与自然的真实关系应该是怎样的?这种反思的结果,必将促使人们转变消费观念,努力克服消费异化。消费领域的变革,势必导致社会其他领域的变革,因为"期望破灭了的辩证法会使人们重新形成自己的价值观和愿望"。(《概论》第497页)所以,阿格尔明确指出:"正是在我们称为期望破灭了的辩证法的动态过程中,我们看到了进行社会主义变革的有力的动力。"(《概论》第496页)这样,资本主义社会的异化消费导致了严重的生态危机,而这样的生态危机是加害于全体民众的,生态环境的受害者势必会产生变革社会的政治冲动。这样,从生态的角度分析,资本主义被社会主义(生态社会主义)取代的历史命运就将是不可避免的。

"生态学马克思主义"的"消费异化论"的确给人以耳目一新之感,为我们再认识资本主义社会提供了新视角,阐发了许多值得我们注意的新问题。

首先,我们应当承认,"消费异化论"的确是针对当代资本主义社会现实有感而发的,具有强烈的针对性。第二次世界大战之后,世界进入了一个较长时间的和平时期,科学技术迅猛发展,战时形成的庞大军用品生产能力被用于民用品生产,资本主义国家把超额利润的一部分,用于建立社会保障体系。随着人类驾驭自然能力的提升,消费品越来越多,为社会各阶层消费水平的提高奠定了物质基础。阶级地位的差距、剥削的现实被消费的异化所掩盖,似乎人人都陶醉在发达资本主义社会的"灯红酒绿"之中。在这样的社会背景下,有些民主社会主义者认为,发达资本主义国家已经由"阶级社会"进入到"消费社会",传统的阶级差别没有了,当代资本主义社会已经是"人民资本主义"社会了。"生态学马克思主义"的理论家没有被表面繁华的"花花世界"所迷惑,他们敏锐地意识到,消费领域出现的这种新情况,并不说明资本主义社会的矛盾消除了,而是表明了资本主义异化现象的普遍化。在他们看来,当年马克思主要论述的是资本主义社会的劳动异化和经济异化,而现在,消费、大众文化、科学技术等诸多领域都出现了异化,这说明,表面繁荣的资本主义社会已经是一个病入膏肓的不健全的社会。

其次,"消费异化论"凸显了一个重要的社会政治问题,要求人们重新认识消费的社会功能。在传统理论中,消费仅仅是一个经济范畴,是生产的一个环节。人们大都从经济学的角度研究消费问题,而忽视了对消费异化现象的社会学、政治学研究,没有把消费异化和资本主义社会的政治控制联系起来考察。在这方面,"生态学马克思主义"者开辟了一个新视阈。他们明确指出,在当代资本主义社会,消费已经不仅仅是一个经济范畴了,它具有了政治的功能,成为统治者操纵和控制社会的新手段。

再次,"消费异化论"还分析了消费异化对人们的精神控制和对阶级意识的影响,尤其是对工人阶级的革命意识和批判意识所产生的腐蚀作用,这一点是值得我们深思的。在资本主义发展的早期,工人阶级受到的剥削和压榨主要是肉体上和物质层面上的,工人阶级充满着变革现实的战斗精神。但是,在当今发达的资本主义社会中,工人阶级的处境发生了很大的变化,资本主义通过提供丰饶的消费品,使得资本家增加了控制工人的一把"软刀子",工人们在对消费品的依赖中建立起来的是对资本主义制度的依赖,无处不在的广告恰似"迷魂汤",使人们把"虚假需求"当作自己的真正需求,"消费面前人人平等"的理念久而久之就取代了工人阶级真正的平等要求,工人阶级就成了丧失批判性的"单面人"。

最后,"消费异化论"把消费异化与生态异化联系起来研究,对我们认识消费与生态环境危机的关系有着重大的现实意义。因为,过度生产和过度消费,势必对自然资源和自然环境造成极大的破坏,从而,加剧了人与自然关系的异化。

当然,我们也必须认识到,"生态学马克思主义"的"消费异化论",也存在着一些理论上的瑕疵,他们提出的社会改造方案充满着"乌托邦情结"。例如,他们过高地看待了消费行为的社会政治功能,似乎给人一种印象,即"全是消费异化惹的祸",只要克服了消费异化,就能使资本主义社会的一切矛盾迎刃而解,这显然是错误的。尤其需要指出的是：他们断定，今天，危机的趋势已转移到消费领域，马克思的经济危机理论已经过时，要用生态危机取而代之。未来社会革命的力量，已经不是工人阶级了，而是具有强烈"生态意识"的中间阶级，是那些在消费社会中没有得到实惠的青年学生、无业游民、有色人种和外来移民。这些体现着历史唯心主义的观点当然是我们不能接受的。

撇开意识形态的差异，我们应当承认，"生态学马克思主义"者对消费异化的生态学研究是有合理性的，为我们认识和解决生态问题提供了一个新思路。在我国现阶段，也存在着一些不良的消费现象。例如，消费在某些人那里也具有了"炫耀的功能"，能体现人的"社会地位和价值"，所以，有人就要消费几万元一桌的"黄金宴"，要吃各种珍稀的保护动物。有人梦想"发财"，就要去消费没有什么营养价值的"发菜"（取其谐音的意思），结果不但破坏了生态环境，造成了草原退化，而且极易导致某些珍贵物种的灭绝。消费品的过度包装在我国也有泛滥之势，"天价月饼""天价粽子"的出现都是因为其奢侈的包装。我们要充分认识到消费与生态的关系，保护环境应当"从口做起"，鄙弃愚昧的消费方式，做"文明消费""绿色消费"的促进派。

三、资本主义危机理论的新变化：生态危机取代经济危机

在对资本主义消费异化现象和作用分析批判的基础上，"生态学马克思主义"找到了批判资本主义社会的"新的突破口"，得出了资本主义社会危机的新变化理论。

通过前面提到过的阿格尔观点的摘录，我们可以清晰地看到，他提出了当代资本主义社会危机的新变化理论：

首先，在他看来，异化消费必然导致生态危机。这样，未来社会革命的爆发点不再发生于生产劳动领域，而是发生在消费领域。未来社会中不会出现经济危机，取而代之的将是生态危机。

其次，生态危机将是导致社会革命的直接导火线，"我们要证明新的危机趋势可以产生一系列新的需求，这些新的需求然后又可以提供进行激进的社会和政治变革的动力"。（《概论》第487页）所以，"生态运动一般也是可以激进化的"。这样，阿格尔不再囿于马克思所主张的经济危机导致社会革命的观点，而是致力于把马克思主义的变革与生态危机理论结合起来。他关心的是"怎样用马克思主义的方向来指导生态运动从而使我们能够提出介于能源浪费的资本主义和能源浪费的极权的社会主义之间的这种'第三条道路'呢？"虽然他也承认关于这个问题的答案是很难得出的，但他还是提出了"生态社会主义"和"稳态

社会主义"的概念。

再次，阿格尔看到，资本主义社会的内在矛盾依然存在，但外在表现不同了。资本主义社会危机类型的不同也决定了社会革命的主力不同。所以，在生态危机日益严重的条件下，引向全面社会变革的力量和形式也有所不同。阿格尔认为，变革资本主义社会的主导力量不再是工人阶级，而是消费社会的"弃儿"和面临生态环境的压力、遭受生态环境折磨的"生态难民"。生态环境恶化的社会现实逼促下的社会变革也不再以暴力的方式表现出来，而是以社会改良的方式进行的所谓"总体革命"，它涉及改变人的生活方式、思维模式、心理机制，改变社会的经济、政治和文化结构。

阿格尔认为，传统马克思主义对资本主义危机的分析主要集中在生产领域中的经济危机，认为资本主义社会的基本矛盾，即生产的社会性与生产成果的私人占有之间的矛盾，最终决定了资本主义个别企业生产的有组织性和整个社会生产的无政府状态之间的矛盾，以及生产力发展与劳动者支付能力相对缩小之间的矛盾，这两种矛盾随着资本主义的资本积累和扩大再生产规模的不断扩大而不断发展，激化到一定程度就必然爆发经济危机，造成产品的相对过剩、劳动者的赤贫和资本主义生产的停滞，对资本主义的生产力和生产关系造成极大破坏，并最终引发无产阶级革命。但是，现实的资本主义通过国家干预和调整劳资关系在很大程度上缓和了资本主义社会的基本矛盾，所以马克思关于资本主义的经济危机理论已经过时了，可是资本主义社会又面临着新的危机，这种新危机就是生态危机。

我们应当如何评价阿格尔的这个著名的论断呢？首先，阿格尔这个论断的提出给我们以耳目一新之感。可以说，该命题的提出不是空穴来风，也不是哪个学者主观臆造的产物，它在一定程度上是当代资本主义现实的真实反映。的确，从资本主义社会人民大众的日常生活来看，工作环境与生活环境面临的一系列污染现象的加剧，引起了民众对政府的强烈不满，引发了新社会运动。这样，从生态环境批判的角度去观察和分析资本主义，就是值得我们认真研究的问题。

其次，阿格尔敏锐地把生态环境问题与马克思主义联系起来，提出了马克思主义的当今形态——生态学马克思主义，丰富与拓展了马克思主义的理论视阈。阿格尔的理论创新，表明了马克思主义是有生命力的，是与时俱进的理论。

再次，阿格尔的资本主义生态危机理论，给后来的许多生态学马克思主义者以极大的启发。例如，美国生态学马克思主义的重要代表人物詹姆斯·奥康纳在《自然的理由——生态学马克思主义研究》中，就拓展了资本主义的内在矛盾，提出了资本主义的第二重矛盾理论，即资本主义的生产力、生产关系与自身生产条件之间的矛盾。

最后，我们也要看到，阿格尔的洞见也有重要的现实意义。他觉察到了生态环境问题对社会的影响，看到了生态环境恶化与社会反抗的关系，提到了生态环境问题的政治意义。这些见解对快速发展的中国具有直接的借鉴意义。2005年的松花江水污染事件和2007年的太湖蓝藻污染事件在造成重大经济损失的同时，也引发了许多社会问题。

当然，我们不一定完全同意阿格尔的观点，有些学者认为，资本主义基本矛盾存在，资本主义的经济危机就一定存在，生态危机只是表象，而实质在于资本主义制度。生态危机也是资本主义基本矛盾演变的结果。

四、技术的生态化构想，对"民主技术"和"人性技术"的垂青

阿格尔在对资本主义展开生态批判的同时，也对未来社会的发展前景进行了合理的憧憬，提出了许多令人印象深刻的见解。其中最著名的是他的"生态技术观"。所谓技术观，就是"观"技术，也就是人们对技术的看法、见解和对其社会功能的认知。生态技术观，就是从生态学的视角去看待技术的本质、特征和作用。可以说，"科学技术的生态学转向"，"绿色科技"，"环境技术"这些提法现在已经进入了学术界的主流话语体系，但是在20多年前，阿格尔能提出自己的"生态技术观"是十分可贵的。

英国经济学家E.F.舒马赫针对当时人们对高度集中的大规模工业生产的盲从，出版了一本很有影响力的书——《小的是美好的》。在该书中，舒马赫认为，高度集中的大规模、超大规模的工业生产并没有存在的充分理由，其理论基础也是令人置疑的。他主张用"适宜的技术"来消除现代工业生产高度集中的特征。他的名言"最大的并不一定就是最好的"被许多人接受。舒马赫的上述理论在阿格尔看来也存在着不足，即"舒马赫对庞大的工业结构以及它所导致的消费主义生活方式的批判，并不是一种激进的批判。他未能把他的小规模技术的概念与从本质上对主要社会政治制度进行的变革联系起来"。(《概论》第500页)

在舒马赫观点的影响下，阿格尔阐发了自己的"生态技术观"并弥补了舒马赫理论上的不足。针对高度发达的资本主义大工业技术的膨胀给生态环境造成的巨大压力，阿格尔提出了"小规模技术"的概念，即那种既能适应生态规律，又能尊重人性的"中间技术""民主技术"或者是"具有人性的技术"。与这类技术相适应的是小企业，主要是指"非正规的经济部门"，即由家庭和街道开办的小型工厂和服务性行业，这些微型的、与人们生活密切相关的企业可以充分开发利用风能、太阳能、地热、潮汐能和生物能源等生态技术。这些"绿色技术"既是环

境友好型的,又是资源再生型的,不会出现技术异化,也不会导致技术官僚主义的产生。建立在资本高度密集、资源高度密集以及劳动分工的技术基础上的大工业体系,它在本质上是暴力的,是独裁的,更是破坏生态环境的。人们在这样的"巨无霸"工厂中劳动,往往感到自己是弱小的,无奈的,在异化的劳动中没有快乐,没有创造性,人的主体性湮灭在大机器的轰鸣中。相反,适合于小企业的小规模的技术则是介于先进与传统之间的技术,它的设备简单,规模适当,资源、能源消耗少,对生态环境的危害较轻,而且有利于调动人人都有的自然资源——即聪明的大脑和灵巧的双手。在阿格尔看来,技术的首要任务是充分发挥人的创造能力,人只有在部分自动化、部分手工操作的小规模技术生产中才能充分发挥主体的创造价值,这样的劳动才是克服了异化的真正劳动。

有一点我们必须看到,阿格尔比舒马赫前进一步的地方在于,他提到了"小规模技术的政治意义"问题。他说:"在资本主义的条件下,小规模技术意味着不仅要改组资本主义工业生产的技术过程,而且要改组那种社会制度的权力关系。"(《概论》第501页)为大规模的集中技术进行辩护的理论认为,这种技术比分散的、地区的和局部的技术更"有效"。这种技术官僚主义是与资本主义制度相适应的。但阿格尔认为,大规模技术的实施,意味着技术垄断和技术独裁的形成,工人们的民主权利被剥夺,创造精神被扼杀。相反,人们将用分散化、小规模的生产方式取代集中化和大规模、超大规模的生产方式。工人不是生产过程中的被动物,而是直接管理生产过程的主人,非官僚化管理被人们普遍采用,这将导致对资本主义工业体系的全面改组。工业的民主化呼唤着政治的民主化,整个社会的政治结构也将发生彻底的变革,现行的等级制的权力体系将被分散的、自治的民主制所取代。小规模生产以及生产过程的分散化,可以使更多的人参加到生产中来,可以更民主地组织生产,工人的劳动更具有创造性。这样,工人们对资本主义大规模工业体系就会产生深深的厌恶感,进而导致对资本主义社会制度的否定。阿格尔非常重视前南斯拉夫的工人管理和工业自治的经验,认为"工人管理的概念把我们通过生态危机理论进行激进社会变革的纲领'马克思主义化'了"。(《概论》第503页)

五、建立"恒稳"的社会主义经济模式,阿格尔对未来社会发展模式的憧憬

不破不立,破是为了更好地立。阿格尔在对资本主义社会经济发展模式进行解构的同时,也对未来社会经济发展模式给予了积极建构,提出了建立"恒稳"的社会主义经济模式的构想。为此,他提出了"分散化"和"非官僚化"两个

概念。在他看来,这两个概念"既适用于技术(生产)过程又适用于社会和政治过程。我们认为通过使现代生活分散化和非官僚化,就可以保护环境的不受破坏的完整性(限制工业增长),而且在这一过程中可以从性质上改变发达资本主义社会的主要社会、经济、政治制度"。(《概论》第500页)资本主义消费异化及其导致的日益严重的生态危机,已经暴露出资本主义大规模、超大规模的高度集中的工业体系的弊端。未来的社会主义经济模式要逐步分散规模庞大的工业经济体系,尽可能减少个人对这一体系的依附性。同时向人们提供非异化的、创造性的劳动,使人们的生产和消费真正植根于人与自然的安全和谐之中。具体地说,这样的经济发展模式要求分散技术,缩小工业规模,降低生产率;节制消费,适度消费;避免过度生产与过度消费给生态环境造成的压力;通过税收等国家干预手段确保财富的公正分配。限制工业增长,使整个社会的经济发展在一种"恒稳"的状态下顺利地运行,既能满足公民的需求,又不损害生态系统。技术(生产)的分散化,呼唤着政治体制上的"非官僚化"。他认为,巨大而高度集中管理的政治经济模式,实际上是一种官僚化的模式,它具有独裁主义协调与操纵的特点。所以,为了反对管理的官僚化倾向,我们应当把劳动过程分解成无数相对独立的工序,只有按小规模技术发展起来的民主地组织和调节的生产过程,才能使工人从官僚化的组织系统中解放出来。把非集中化、非官僚化同工人管理结合起来,沿着这个思路重新改造资本主义社会。他建议把马克思的劳动异化论与资本主义生态危机理论结合起来,积极利用生态危机产生的激进主义变革的动力,全面批判资本主义,重新构建社会主义。

阿格尔对未来社会发展模式的憧憬,在一定程度上抓住了当代资本主义出现的新情况、新矛盾,批判了资本主义经济发展模式的弊病,提出了一个在工业化和现代化过程中值得注意的问题。这些问题对我们社会主义现代化建设有着重要的借鉴意义。例如,2007年夏季,发生在无锡太湖水域的蓝藻引发的无锡城市水危机就是生动的事例。"蓝藻事件"已经给我们深刻的教训,经济发展必须考虑生态环境的承受能力,生态环境问题已经成为影响社会稳定、制约经济发展的重大问题。任何一个负责任的政府,都应当高度关注生态环境问题可能对社会造成的政治和经济冲击。但同时,我们也要清醒地认识到,阿格尔的"恒稳"的经济模式体现出浓郁的"生态乌托邦"情结。他过分抬高了生态危机的社会作用,主张通过"零增长""无增长"的经济模式来克服生态危机,这不仅在理论上和实践上根本站不住脚,而且反映了他的生态意识是狭隘的、浅层次的。对技术发展道路的把握也犯有主观主义的毛病,只有小规模的技术才能消除大规模生产引发的生态危机的想法也是片面的。对资本主义社会全面改造的构想过于理论化,确立自己观点的逻辑也不够严格,给人一种空泛的感觉,这些都是我们在了解阿格尔上述理论时应当注意的问题。

阿格尔的上述观点是其"生态学马克思主义"的主要内容,许多研究者都注意到了,也有过一些论述。但是,许多学者忽视了阿格尔下面两个并不起眼的提法,而这两个提法在现在得到众多人的承认。其一是"生态命令"的提法。他说:"今天的生态危机需要有计划地缩减工业生产,我们把这称为'生态命令'。"(《概论》第491页)"现在则必须提出消费领域的合法性危机的意义,因为以它为基础我们才能更好地理解社会主义变革的前景,尽管这种前景与生态命令有关。"(《概论》第512页)"生态命令"其实就是指生态环境的客观制约性,它具有不以人的意志为转移的外在强制性。"生态命令"就是绝对命令,人们的经济发展必须遵守"生态命令"的限制。资本主义大规模的经济增长应当服从于"生态命令",否则,经济发展将严重受制于生态环境的承受限度。阿格尔的"生态命令"的提法在后来的生态学马克思主义者那里有了理论上的回音,美国的生态学马克思主义思想家詹姆斯·奥康纳提出了著名的"资本主义的第二重矛盾理论",即资本主义的生产力、生产关系与自身生产条件之间的矛盾;资本扩张的无限性与自然界自身有限性之间的矛盾。这里的"自身生产条件"和"自然界自身有限性"的提法就是"生态命令"的提法。在当时,阿格尔能感到经济发展的生态限制,模仿德国古典哲学家康德在伦理学上提出的"绝对命令"的思想而提出"生态命令",这是很有见地的。其二是"生态意识"的提法。他说:"特定形式的分散化,非官僚化的社会主义将是培育新的生态意识的理想温床,这种生态意识的形成既可以解决生态需要又可以反对我们称为异化消费的现象。"(《概论》第509页)可见,"生态意识"具有特定的社会功能。所谓"生态意识",就是要在人们的意识中增添生态学的内容,使人们在判断、评价、认识、处理问题时,要有生态学的视角,生态学的维度,特别是在看待经济发展、评价经济行为时不能仅仅盯着经济总量的飙升,而要有更加广阔的生态意识。现在,许多学者也开始研究"生态意识"问题了,因为这个问题的确很重要,人们只有从思想认识的高度去看待生态环境问题,真正从思想深处查找导致生态环境危机的思想根源,才有可能解决或减轻生态环境危机。阿格尔不仅提出了"生态意识"的观点,而且认为"社会主义是培育新的生态意识的理想温床"。这个思想对我们有极大的启发。在生态学马克思主义看来,资本主义在本质上是反自然、反生态的,而社会主义的本质与生态环境的保护在本质上是一致的。现在,世界上许多国家,特别是发达国家都开展了"生态意识""生态伦理""生态道德"的教育并取得了很好的社会效果。

第二章 威廉·莱斯《自然的控制》和《满足的极限》导读

威廉·莱斯(William·Leiss)是法兰克福学派著名理论家马尔库塞的弟子。他在美国圣地亚哥大学获得博士学位,从1968年起一直在加拿大安大略省约克大学环境研究所从事教学与研究工作。他的著作主要是研究与生态问题有关的哲学、社会学问题,并从生态环境问题入手展开了对资本主义的生态批判。他在《哲学论坛》《国际社会科学期刊》《加拿大公共管理》等专业期刊上发表了一系列这方面的文章。在生态学马克思主义方面,《自然的控制》和《满足的极限》是他的代表作。

在生态环境问题的研究方面,莱斯很有特色的地方在于:他并不直接描述生态环境问题的具体表现和危害程度,而是以哲学家特有的视角去分析导致生态环境问题的思想根源,他深入到人们行为的灵魂深处去挖掘产生生态环境问题的意识根性。在这方面的研究上,威廉·莱斯《自然的控制》一书无疑是有代表意义的。

一、《自然的控制》——对一种传统观念的反拨

威廉·莱斯在《自然的控制》(岳长龄,李建华译,重庆出版社,1993年版)一书中,对已经内渗入人们的行为中而被视为普遍的社会意识的"控制自然"的观念进行了多视角的广泛而深刻的研究,揭示了这一观念所包含的内在矛盾,阐明了生态环境危机的实质是资本主义社会生存斗争的危机。莱斯认为,控制自然与控制人这两方面在人类历史进程中有着必然的联系,控制自然是手段,而控制人、控制社会才是目的。自然主义田园牧歌式的崇拜自然观和工业主义的征服自然观都不适应现代社会的发展,都是应当加以扬弃的自然观。所以,莱斯得出结论:"控制自然"应当重新解释为对人与自然关系的正确控制。

(一)导致生态危机的最深层的认识论根源是"控制自然"的传统观念

作为一个哲学家,莱斯研究生态环境问题的途径与众不同,他从认识论的角度,以支配人们行为的观念为切入点来研究生态环境问题。这是他的理论创新

点,开辟了生态环境问题研究的新视角。在本书的序言中,莱斯明确指出:"控制自然"的观念是导致生态环境问题的最深刻的根源。这样,作者就确立了研究问题的出发点和基本思路。

当前,面对日益严重的生态环境问题,学界有两种较为普遍的观点:一种观点认为,生态环境问题是可以靠科学技术的进步,靠经济手段解决的。把生态状态和环境质量看作商品,人们只要赋予其适当的价格,是可以节俭自然资源并享受其价值的。另一种观点认为,生态环境问题"全是科学技术惹的祸",所以科学技术是令人诅咒的偶像,是导致生态环境问题的根源。

莱斯认为,这两种观点都相当肤浅,还囿于传统的思维方式,误把现象当作根源。他认为,生态环境问题的根源不在于科学技术本身,而在于一种社会意识形态。科学技术仅仅是人们控制自然的手段和工具,关键的问题是在什么观念的引导下使用科学技术。因此,"控制自然"的观念才是生态环境问题产生的最深刻的根源,只有深入了解这一根源才能找到解决生态环境问题的根本出路。

莱斯指出,长期以来,由于在宗教、哲学和文化上的灌输与浸染,加上人们动用科学技术手段在"征服自然"征途上的节节胜利,使"控制自然"这一观念已经内化到人们的意识中,成为一种毋庸置疑的、普遍的社会共识,成为人类理性胜利的证明。但是,熟知未必是真知,只要认真地反思,我们就会发现"控制自然"是一个矛盾的概念,它既有积极作用,又有消极后果。实际上,控制自然与控制人是不可分割的,控制自然是手段,而控制人,进而控制社会才是目的。

在"控制自然"观念的支配下,人们把全部自然作为满足人的不可满足的欲望的材料来看待和占有,为了达到这个目的,人们不得不在异化的生产和异化的消费中生存,人的自由被强制性的、盲目重复的社会行为所破坏,人类从外部必然性中获得解放的漫长而艰辛的努力在对自然和人的控制中付诸东流。

(二)"控制自然"观念形成的历史透察

在莱斯看来,要想揭示"控制自然"观念的内在矛盾,必须探究它的历史渊源和演变过程。他从大量有关"控制自然"的文献中概括出一个简单而深刻的命题:非理性的机巧是在一种长期的错觉(即"控制自然"的行为本身也应当是被控制的)中被揭示出来的。这意味着,历史不仅被理性的机巧所驱使,同时也被非理性的机巧所驱使。人类历史上许多包含着理性机巧的命题,在自身发展演化过程中往往会被异化,从而坠入非理性的罗网。

莱斯的这个观点是很有见地的。的确,当人们反思那些曾经如同黑夜里的火炬,如同大海中的灯塔的诸多"理性机巧"时,都可以发现莱斯观点的正确性。例如,"科学技术是人类启蒙的工具"这个命题曾经被我们普遍接受,"启蒙""启蒙运动"意味着开启民智,剔除蒙昧与迷信,提倡思想自由,反对盲目崇拜。但科学技术在发展的过程中,本身发生了异化,它要求人们不要相信什么,只要相信科学技术;不要崇拜什么,只要崇拜科学技术。这样,科学技术本身成为一种"新宗教",成为一种新的是非"标准",科学技术由启蒙的工具变成遮蔽的工具。所以,西方马克思主义思想家霍克海默和阿多诺出版了《启蒙辩证法》一书,对科学技术的异化问题进行了深入的研究。再比如,"生产力是人们征服自然、改造自然的能力"的定义在我们的教科书中俯拾即是,许多人也是这样看待生产力的。然而,社会生产力的发展受到了"生产的自然条件"的限制,生产力的发展对自然资源和自然条件的破坏已经成为生产力继续发展的自然障碍。所以,现在许多人对"生产力"的定义给出了新的界定,增添了"生产力"概念的生态环境因素。"人定胜天""制天命而用之"这些曾经给人类巨大鼓舞的"理性机巧",也在自己的演变过程中出现了不同程度的异化,现在人们已经认识到这些"理性机巧"所裹挟着的非理性意蕴。

莱斯从三个方面揭示了"控制自然"观念形成的历史根源:

首先,在古代神话、宗教和文艺复兴时期的炼金士的观点中,人们可以看到"控制自然"观念的端倪。在古代神话故事中,已经有了一种先民们对金属工具的既渴望又恐惧的矛盾心理。人们在制造和使用工具的过程中产生了优越于大自然的心态,在生产实践中体认到人的独立性和力量,但同时又感到这些工具是难以驾驭的,它们是有灵性的。外部世界很神秘,也很可怕,人们需要用宗教仪式来降服外在的"恶魔"。因此,当时的"科学技术"还笼罩在巫术的光环中。这说明人们对技术理性的最初经验形成的期望和恐惧助长了一种宿命论,依赖它人们逐渐地接受了人类创造性的成果,同时又担心从它手中爆发出无法控制的邪恶。这种恐惧来自一种模糊的意识,即显然没有一个人、一个社会真正"控制"了那些人类为了控制自然而发明的日益庞大、复杂的工具。

与泛灵论的崇拜自然观不同,基督教主张"精神"与自然的分离并且从外部统治它。在《圣经·创世纪》中,上帝创世说宣布了上帝对宇宙的统治权以及人对地球生物的派生统治权,地球完全是为了服务于人的目的而设计的。这种宗教意识已经渗透到西方文化传统之中,对于形成"控制自然"的思想来说,没有比这更为根本的了。正如有的西方学者所指出的,当前生态危机的根源在本质上是宗教的,要解决它需要的是一种宗教改革,而不是一种技术救治。文艺复兴时代的社会意识是现代"控制自然"观念的重要根源。在当时的自然巫术理论中,如炼金术、宇宙学、占星术中,甚至在政治哲学中,在马基雅弗里的《君主论》中,人们都可以明显感到其中彰显着人类征服自然、征服世界的价值取向。

其次,莱斯着力分析了弗兰西斯·培根对现代"控制自然"观念形成所起的作用。作为一个伟大的思想家,统治自然、控制自然是培根思想的旨趣所在。他的伟大成就在于他比以往任何人都清楚直白地阐述了人类控制自然的观念,并且在人们心目中确立了"控制自然"观念的突出地位。在《新大西岛》一书中,培根热情讴歌了科学技术的社会作用,他认为,人类通过科学技术来控制自然是人类主体意识成熟和发展的必然,也是社会进步的重要尺度。所以,在培根摇唇鼓舌的大力追捧下,"控制自然"的观念成为时代理性的标识。当然,莱斯也敏锐地认识到,人们在追随培根思想,崇信"控制自然"的观念时,却没有对它进行批判的分析,而且现在的人们对这个观点的看法依然如故。

最后,莱斯指出,由于17世纪以后科学技术的日益强大,特别是以笛卡儿为代表的唯理主义思维方式的形成,使"控制自然"的观念从宗教哲学的层面上升到科学主义的层面,具有了明确的价值导向。这条由培根开辟的崎岖小路很快就变成了一条康庄大道。通过科学技术征服自然的观念,成为不证自明的"公理",几乎所有的哲学家、科学家都认为没有必要对"控制自然"的观念做进一步的分析和解剖。这意味着人们的思想已经僵化了,丧失了思想应有的批判维度,人们在自己的潜意识中完全接受了"控制自然"的观念。

(三)控制自然、科学技术和社会进步

莱斯在《自然的控制》一书中用了大量的篇幅集中讨论了20世纪三个哲学家关于控制自然、科学技术和社会进步之间的关系理论,从多层面深化对"控制自然"观念的剖析。

20世纪初德国著名哲学家、哲学人类学的开创者马克斯·舍勒提出了"科学是控制学"的观点。舍勒认为,近代科学在本质上是一种"控制学",即关于控制的知识。它与古代自然哲学在思维方式上的不同在于,量的范畴优于质的范畴,关系的范畴优于实体和属性的范畴。他认为,新科学把对自然的研究从一切形而上学、宗教的假设和教条主义中解放出来。在这方面它的历史成就是:科学知识是理解的一种类型,它排除了价值判断和价值决定,科学知识对象本身必然是价值中立的。在舍勒看来,这是把现代科学理解为控制学的最高可能的发展关键。把世界设想为价值中立的,这是人为了一种价值而为自己确立的任务,这种价值就体现在主宰和支配事物的生命。舍勒推崇可操作的实证科学,因为它能增强人支配环境的能力。这样,便出现了一个悖论,即这一重要价值能够最好地由把世界看成完全是价值中立的观点来实现。就是说,事物的全部构成都可能为了人的使用目的而加以改造。这种观点实际上是有价值主张的,强调人主宰自然的价值观,而贬低所有对人主宰、支配和控制自然没有帮助的东西,如纯哲理层面上的感觉特性、终极原因、美学价值和审美直觉等。

莱斯指出，舍勒关于"科学对世界的控制是一项实用事业"的观点是错误的，没有对人的目标和目的范围进行分析，只看到科学技术在控制自然方面的作用是不够的，关键的问题是要搞清楚科学技术发挥作用的社会背景。如果背景是在世界范围内不同社会集团之间的斗争，那么社会冲突就与科学技术的发展之间存在着一种辩证关系，冲突的每一方都会迫使对方进一步发展科学技术。因此，在追求控制自然的意志中所折射出的价值倾向是充满矛盾的。舍勒没有看到控制自然在哲学、科学的层面上与在社会冲突的层面上是不同的，期望将科学的合理性原封不动地转移到社会过程中去，并通过加强开发自然资源来满足人的需要，从而缓和社会冲突。这种看法显然是错误的。

莱斯进一步指出，舍勒认为现代科学在实践上的目的是帮助人更多、更快地榨取自然资源，来满足人自身的欲望。这种目的在实践上的成功表现为对自然的控制。如果科学技术在实践上导致了明显的不良后果，诸如生态环境的破坏、生物多样性的锐减和"核冬天"的威胁，那么这是"控制自然"的真正含义吗？从现象上看，科学技术的发展好像就意味着人类对大自然的更高程度的控制，但是，如果这种"控制"的行为本身是不可控制的，那么"控制自然"的性质就相当含糊了。而舍勒恰恰没有说明"控制"的这种含糊性。因此，他对科学与控制之间的关系的说明很有启发，但却包含着局限性。

莱斯在剖析了舍勒思想的基础上，明确阐述了"控制自然"观念中控制的本意。他指出，"控制""征服"和"统治"这些概念不能用来说明科学技术对大自然的成就，或者至少要有明确的限制才能接受。控制的真正对象不应该是自然而应该是人，是人的行为，是社会的"集体意识"，或"集体非理性"。正像黑格尔在《精神现象学》中所说的，控制的一个基本特征是为承认主人的权威而斗争，控制的对象必须具有服从他人意志的服从意识。因此，恰当地说，只有人才能是被控制的对象。如果"控制自然"观念还有什么意义的话，那就是通过科学技术的手段，一些人企图控制另一些人。而所谓人类共同"控制自然"的观念是一个浮泛空洞的说法。

胡塞尔在《欧洲科学的危机》中所说的科学危机，是指科学对生活意义的危机。他认为，西方人生活在两个完全不同的世界里，一个是价值对象和实践对象的世界，另一个是自然科学的对象世界。与人们生活的两个领域相对应的是两个自然世界——直观的自然和科学的自然。这一区分使我们容易理解哪一个自然是控制的对象。

显然，直观的自然曾是人类发展每一个阶段的控制对象。一般说来，"控制自然"在这个意义上就意味着由个人或社会集团完全控制一定范围内的自然资源,并且部分或全部排除其他个人或社会集团对自然资源的控制和占有。对科学的自然控制意味着穿透自然现象的帷幕,揭示大自然的内在结构和演化规律。控制在这里意味着对大自然日益深入的理解。莱斯认为,对两个自然世界的控制是相互作用的,对科学的自然控制离不开生活世界中的实践活动,而人类对直观自然的控制也离不开科学技术的进步。

由此可以明白,"控制自然"概念所具有的展露性和遮蔽性引起了如此众多混乱的评价和矛盾的解释。多数的解释者只关注两种自然中的一种,因此,他们的分析大多流露出片面性的弊端。我们只有在两者的相互作用中讨论它们时才可能描绘出问题的全貌。

由于生态学马克思主义与法兰克福学派在理论倾向上有许多相同点,所以,莱斯很赞同霍克海默的观点,特别是"技术理性批判"和"自然的反抗"理论。在霍克海默看来,由于技术在控制自然中的直接作用和在20世纪极端的社会冲突中的不当使用,产生了"技术合理性危机"问题。这种危机的存在使技术理性批判成为必要。技术理性在启蒙过程中的主要作用是作为一种为控制而斗争的工具,人为了自我保存而用它来实施对外部自然和内部自然的控制。在这种控制中,由于它的内在矛盾,技术理性必然产生异化,对外部自然的控制导致自然环境的破坏,对内部自然的控制导致单向度的社会和单向度的个人。追求控制自然进行得越主动,个人所得报酬就越被动;获得控制自然的能力越强大,个人力量与压倒一切的社会现实相比就越弱小。

霍克海默的理论把对自然的控制、对人的控制和社会冲突连接在一起。对自然的控制和对人的控制的异化必然引起社会冲突。由于人们企图征服自然,人与自然环境以及人与人之间为满足需要而进行的斗争愈演愈烈,从局部地区扩展到全球范围。地球成了人们进行自我竞技的舞台。人们为了实行对自然的控制投入到激烈的纷争中,人成了他们自己为控制自然而制造的工具的奴仆,因为技术发明的速度甚至连最先进的社会也不能控制。在资本主义社会中,对自然的控制通过操纵人的需求而转化为对人的控制。

这种加剧的控制遭到了"自然的反抗"。莱斯认为,这是霍克海默提出的一个卓越的有创造性的概念,自然反抗的实质是人性的反抗,这种反抗的激烈程度是和控制程度成正比的。这表明,对自然和人的控制是有限度的,超越这个限度意味着目的不可避免地被所选择的手段破坏掉。

(四)对"控制自然"观念的重新解释

莱斯详细描述了"控制自然"观念发展成为一种基本社会意识形态的历史

背景。他明确指出:出现这种意识形态的第一个社会制度是资本主义社会。莱斯分析了这一社会意识功能的历史作用。在17世纪,"控制自然"观念的积极作用是鼓励人们破除迷信、崇尚科学,使人们树立能够根本改变生存条件的自信心。它的消极作用是只看到科学技术是控制自然的工具,而忽视了科学技术同社会冲突和政治统治的关系。这种消极作用在17世纪还只是一种潜在的可能性,但在20世纪却已经成为社会发展的真正障碍。曾经是创造性的、进步的意识形态现在却演变成了贫乏的、充满矛盾的、神秘的教条。

莱斯指出,随着"控制自然"观念内在矛盾的日益暴露,人们对它的信仰也发生了动摇。人们感到控制自然似乎不是人类的伟大事业,而是维护统治集团利益的手段。由于对它的内在矛盾没有正确地理解和克服,使得人们在控制自然的实践过程中出现了种种失误。在这种背景下,马克思提倡的"人与自然的和谐"的观念就具有更高的意义。当然,我们对这个观念也要正确地理解,不要理解为对原始自然主义的崇拜和拒斥科学技术,而要理解为对过度生产的控制和对环境破坏的遏制。

莱斯主张,"控制自然"的观念必须以这样的一种方式获得重新解释,即它的主旨在于伦理或道德的发展而不在于科学和技术的革新。控制自然的任务应当理解为把人的欲望的非理性和破坏性的方面置于人们的控制之下。这种努力的成功将是自然的解放与人的解放,人类在生态平衡和社会进步中自由享受智慧的硕果。从社会进步的角度考虑它,我们会深刻地感到人类面临的最迫切的挑战不是征服外部自然,而是发展一种理智地使用科学技术手段来提高生活水平的能力,以及培养和保护这种能力的社会制度。通过理论的反思,人们应该建立一种新的生态自然观,不要把科学技术仅仅视为控制自然的工具,这不仅对科学技术的发展是必要的,而且对人们正确理解"控制自然"的观念也是必要的。"控制自然"的观念一旦走出误区,就将获得新的意义。当然,这种新的生态自然观一定要建立在一种新的社会制度上。在这种社会制度中,公民广泛地负有责任和享有权利,所有的个人都被鼓励发展他们的批判能力,形成一个合理的、健全的社会。最后,莱斯的结论是:我们不应该把科学技术的本质看作是控制自然的工具,相反,我们应该把它看作是对人和自然关系的合理控制。这种态度将适当地处理内部自然和外部自然的微妙的相互作用。对自然和人类之间关系的控制(这种控制不再与产生于社会统治结构的压迫性需求相联系)能够实现在统治自然的原始概念中所蕴含的进步希望。

(五)对莱斯《自然的控制》一书的析评

通览该书,我们应当承认,莱斯对"控制自然"这一司空见惯的概念的剖析是全面的、深刻的。此项研究从社会意识形态,从社会共识的角度来探究导致生态环境问题的思想根源,是颇有价值的。同时,我们不否认,莱斯的观点也有一些局限性。在此,笔者试作一个初步的析评。

第一,在众多研究生态问题的著作中,莱斯从社会意识形态批判的角度切入,深入剖析了"控制自然"的观念,并认为它是当代生态环境危机产生的意识形态根源。这样,就从哲学层面上揭示了导致生态环境问题的深刻的理论动因,开辟了生态环境问题研究的新视阈,对于我们观察、研究和处理生态环境问题很有启发性。在生态学马克思主义的研究队伍中,莱斯的《自然的控制》一书是很有理论特色的,这体现了莱斯在该领域的理论建树,同时,也展示出莱斯在生态学马克思主义研究方面的理论功底。

第二,莱斯深刻解读了大众话语中"控制自然"观念的意义内蕴,并睿智地洞察出该观念所包含的内在矛盾,指出控制自然与控制人在社会历史中是密不可分的,控制自然是手段,而控制社会、控制人才是目的。莱斯把"戡天"与"役人"内在地联系起来,不是脱离社会关系抽象地研究人与自然的关系。这样,人们就能把解决生态环境问题与社会改造问题相提并论,从而找到解决生态环境问题的有效途径。

第三,莱斯把生态环境问题与社会批判理论联系起来,明确指出"控制自然"观念最先在资本主义社会获得其现代意义,并具体分析了这一意识形态产生的历史背景及其历史作用的演变,这无疑是正确的。但是,我们也应该看到,莱斯对这一意识形态与资本主义生产方式的关系未进行深入研究,在这方面不如法兰克福学派的理论家,也远不及马克思、恩格斯对资本主义生态批判的高度。在《自然的控制》中,莱斯用了相当的篇幅阐述了马克思、恩格斯关于人与自然关系的思想,指出他们在有关控制自然的复杂问题上提出了最为深刻的见解。的确,在《资本论》和《1844年经济学哲学手稿》等著作中,马克思是在资本主义制度下研究人与自然关系的,明确指出,正是由于资本主义的剥削与占有,才加剧了人们对自然的控制,导致了自然的堕落。

第四,莱斯在深刻剖析"控制自然"观念之后,提出了对该观念的新解释。他认为,人们应该从新的视角来理解控制自然的思想,把控制自然重新解释为对人与自然关系的合理控制,用人与自然关系的和谐论来代替征服论,避免人与自然关系的异化,更加合理地使用科学技术,抑恶扬善,造福人类。但是,莱斯又把这个问题首先归结为伦理和道德问题,主张依靠伦理的自觉和道德的进步来调整人与自然的关系。这一点又体现出莱斯具有的"生态乌托邦情结"。

第五,莱斯虽然谈到了自然解放与社会解放的关系问题,但其论述是肤浅的、抽象的。他没有明确把这个问题与对资本主义的社会批判联系起来,也没有与社会主义和共产主义的前途联系起来。在这方面,莱斯不如在他之后的美国的生态学马克思主义思想家的见解深刻而犀利。其实,马克思在《1844年经济学哲学手稿》中就明确指出,从社会进步的实质上看,人与自然和谐的理想境界的实现,不能依靠资本主义制度,而只能依靠共产主义制度。资本主义的本质不可能从根本上解决人类面临的生态灾难和全球问题。莱斯不否认这一点,但他对社会主义国家环境保护的理论和实践知之甚少,甚至存在偏见。他认为,"控制自然"的观念作为一种熟悉的意识形态在社会主义国家必然再次发挥作用,社会主义所建立的庞大的工业体系已经把地球置于"达摩克利斯剑"之下。我们必须指出,固然现实的社会主义远非理想境界,它也在某种程度上存在着相当严重的生态环境问题,但因此而混淆社会主义与资本主义在生产方式乃至对待生态环境问题上的原则区别则是武断和错误的。

总之,莱斯的《自然的控制》一书给我们的启发是多方面的。他从分析"控制自然"这个观念入手,让人们清晰地看到,"控制自然"的观念是产生生态环境问题的最深层的认识论根源。因此,我们在解决生态环境问题时,要重视意识形态层面的工作,树立新的生态观念,确立生态思维方式,让人类的家园更美好。

二、《满足的极限》——对传统消费观念的批判

在《自然的控制》出版4年后,莱斯于1976年出版了《满足的极限》(The Limits to Satisfaction, Kingston and Montreal)一书,详细考察了在当代资本主义工业社会中人们面临的消费问题和需要问题,激烈批判了资本主义社会"将需要的满足完全导向于对商品的消费"的需要观对人本身、人类社会和自然所造成种种危害,通过对需要和商品之间关系的深刻阐述,探讨了从克服消费异化入手,建立新的需求结构和社会制度的构想。我们可以把《满足的极限》视为《自然的控制》的续篇,它在生态学马克思主义中的影响甚至超过了《自然的控制》一书,它是人们研究资本主义社会消费异化问题的重要著作,后来许多生态学马克思主义理论家在研究消费异化问题时,都受到了该书观点的影响,该书开启了对资本主义批判的新领域——消费异化批判。

(一)生态危机背景下对人类需要本质的追问

在莱斯看来,人们在探讨生态危机问题时,往往把关注的焦点放在能源供应的充足性问题上,而忽视了另一个同等重要的方面——人的需要和欲望。而实际上,人的需求对自然环境的影响已达到了如此程度,以至于我们必须把人的需求问题看作是相互作用的生态系统中一个不可分割的组成部分。因此,我们目

前必须探讨的问题是：如何正确理解人类需求的本质？怎样合理地满足人类的需求？

对于如何评估人类需要的本质，莱斯认为，传统经济学视阈下的需要理论过于抽象化、理论化，过多关注于需要的主体特征，而忽视了对需要问题的社会意义研究。例如，研究需要在生理和心理方面的区别，而很少集中在具体的需要形成以及需要得以满足的社会经济现实上。而在需要的实践活动中，在不同的社会体系下，需要满足的形式有非常大的差异。因此，莱斯主张通过仔细观察需要与满足需要的具体的社会组织形式之间的相互作用来理清需要的本质问题。

莱斯分析了四种满足需要的社会组织形式：一是仅用于使用的生产；二是主要用于使用的生产，但包括在小范围社会组织内发生的有限的交换；三是主要用于使用的生产，但包括在更大的社会组织之间的有限的交换；四是主要用于交换的生产。通过分析这四种社会形式中需要的特性以及满足需要的不同手段，莱斯重点分析了产生于最后一种形式的"高集约度的市场布局"中的需要满足问题的特征。所谓"高集约度的市场布局"，是以生产的无限增长和高消费的生活方式为主要特征，从资本主义生产方式中产生并不断被制度化，并通过经济效益的诱惑和意识形态的灌输等途径而确立起来的，被人们普遍接受的资本主义市场经济模式。"在这种市场经济已经存在或正在形成的社会里，首要的信条是经济应该持续增长以便为消费者提供更多的商品种类；首要的关注是为达到这一目标的充足的能源和物质资源的数量支持。"（WILLIAM LEISS. The Limits to Satisfaction[M]. Kingston and Montreal：McGill – Queen's University Press, 1988：6-7）

沿着《自然的控制》一书中的思想脉络，面对生态危机日益严峻的现实，莱斯又尝试着探索基于生态危机背景下的人类需要理论。他认为，当下需要理论的不足在于仅仅关注满足需求的具体形式，而忽视了作为满足人类需要的自然环境和自然条件的负载能力。人类社会中已有的任意一种需要模式都会对自然界的整个生态系统产生影响，伴随着资本主义工业社会的到来，这种影响力也急剧增强。虽然生态环境问题已经成为科学研究和公众关注的重要问题，但这种关注并没有在需要理论研究中产生应有的回应。莱斯认为，在消费至上的社会环境中，琳琅满目的商品及其强大的商品符号能力刺激起人们寻求满足的欲望，而要达到这样的目的就必然导致对自然资源和生态环境更加严酷的操控和盘剥。因此，人类的需要不仅与个人和社会方面有关，更与自然生态环境有关。（WILLIAM LEISS. The Limits to Satisfaction [M]. Kingston and Montreal：McGill – Queen's University Press, 1988）

为了重新建立一个评估人类需要本质的分析框架,莱斯在《满足的极限》一书的第一部分,从个人、社会、自然三个角度考察了高集约度的市场布局中人类需要的困境;第二部分通过分析需要与商品的辩证关系,揭示了造成这种状况的原因;第三部分有针对性地提出了解决这种困境的替代性方案。

(二)高集约度的市场布局下人类需要的困境

所谓"高集约度的市场布局",简单来讲就是单凭商品数量的丰富就可以满足人们的需要的一种社会形态。而这样一种观念在资本主义消费异化的社会中又得到了人们的普遍认同。但是,莱斯独具慧眼,认识到了高集约度的市场布局下人类需要面临的困境。他认为,我们现在最缺乏的就是一个在高集约度的市场布局中能够用来评估人类需求对人、对社会以及对自然界造成损害的一般性分析框架。为此,在《满足的极限》的第一部分,他试图建立这样一个框架。

莱斯指出,在资本主义工业社会的高集约度的市场布局中,人的需要被系统地导向了商品消费领域,商品日益成为满足人类需要的唯一手段,这导致了人们对需要的本质以及需要和满足需要的手段之间的关系的误解。这种被曲解的需要观对人类社会以及自然世界造成了严重的损害。

这样的严重损害主要表现在四个方面:

(1)个人对于商品的成分越来越缺乏了解。由于市场经济的发展,商品的数量和种类日益增多,其内部结构也日益复杂,这使得人类所掌握的知识和能力越来越不足以对商品本身做适当的判断,其结果必然导致消费者对商品选择的随意性大大增强,无处不在的商品广告时时影响着人们的需要,个人的消费行为越来越被动,在这样的消费面前,消费者完全丧失了主体性,而沦为商品的奴隶。

(2)人类在使用商品时可能会遭受生理和心理的伤害。由于知识的缺乏,人们不可能对商品中包含的对人类具有潜在危害的成分有充分而清醒的认识,而这在无意中就可能导致对人身的伤害。同时,对人类而言,高消费的生活方式所固有的心理风险不亚于生理上的风险。人类的需要被商品分割成越来越小的碎片,而在外部刺激越来越大的压力下,人们把高消费与社会地位、人格尊严等因素联系起来,为了达到高消费的满足,人们的社会压力和经济压力都会陡涨,人们的心理平衡将被打破。

(3)在快节奏的社会氛围中,消费行为越来越"快餐化",消费者购物时间的缺乏势必导致选择商品质量的下降。商品越来越多,而人们关注每一件商品的时间却越来越少,从而导致选择质量的下降。结果是人们为物所累,因物生烦,商品数量的增多不仅没能增加反而降低了人们的幸福感。

(4)由于上述原因,在资本主义消费异化的社会中,人们对需要的本质和目标愈发感到困惑。人们对商品的疯狂消费并没有使人变得更快乐,反而变得越来越困惑和痛苦。

从社会层面讲,莱斯认为任何试图维持高集约度市场布局的社会都存在着一个隐蔽的困境,那就是即使各种商品稳定地增长也不能缓解个人日常生活的"缺乏"的威胁。这个困境根源于这种布局的根本特性,即将所有需要导向商品消费领域的趋势,商品被定义为相对缺乏的东西。当需要满足的范围越来越与可提供商品的范围等同时,个人经历缺乏的可能的范围也会随着商品的数量同比增加。他同意萨林斯"市场工业体系以一种空前绝后的方式和程度构成了缺乏"(MARSHAL SAHLINS. Stone Age Economics[M]. Chicago:Aldine,1972:4)的说法,认为缺乏的威胁是工业社会的永恒特征,因为无论可获得商品的供应有多大,物质需要的逐步增长只会使人们陷入更深的对自身满意程度的困惑,并因此也陷入对他们的需求和满足需求的手段之间关系的更大困惑之中。同时,由于日益增长的物质需求改变了我们对人与自然关系的认识,以至于我们倾向于将自然仅仅看作是满足需要的资源库和抛弃废物的垃圾场,随心所欲地从自然中攫取大量资源,并将大量的废品排入自然之中,而这一点在破坏自然环境的同时也必然对人类自身的生存造成威胁。更为严重的是,现在的多数社会都对这种威胁保持漠然态度,或者仅将其纳入短期的经济核算中,而没有从人的需要的自然背景以及人与自然的关系方面来考虑这个问题。

在自然层面,莱斯进一步指出,在人类一切以外部自然资源为依托的经济发展模式中,自然界沦为了仅仅满足人们需要的对象与工具,人们在审视需求的目标与特征时发生了偏差,并非从当前消费水平去探寻需求的整体特征,而是期待物质资源的极大满足能够弥补人类当前满足方式上的不足。(WILLIAM LEISS. The Limits to Satisfaction[M]. Kingston and Montreal:McGill–Queen's University Press,1988:43)莱斯认为,"控制自然"的理念助长了人类对地球上其他众多生物的自身利益的漠视。对于自然界,人类一贯以冷漠和利用的角度来看待它,仅将其看作是满足人类需要的支持系统。这个立场确立了人与自然关系的最大价值就在于保障人类物质需要的充足供应。在资本主义高集约度的市场布局中,控制自然的主要目的是保障商品供应的最大化,从而使人的欲望得到充分满足。自然被牢牢地禁锢在人类欲望的堡垒之中。

(三)对需要与商品之间辩证关系的解读

在资本主义消费异化普遍化的社会氛围中,人们奉行"商品拜物教",盲目崇尚高消费的生活方式,将人们的需要满足仅仅理解为对商品的消费和占有,结果是人类并没有因为消费的增加和商品的极大丰富而变得幸福,反而对需要的本质以及满足需要的形式感到愈发困惑。而这种困惑就植根于需要和商品的相互作用之中。为了揭示这样的困惑,莱斯在《满足的极限》的第二部分专门分析了需要、商品以及二者的辩证关系。

为了深入分析需要的本质,莱斯首先对同时期研究中的需要理论进行了回顾。他认为:"我们可能不会接受在需求的形成中生物的和文化的组成部分之间的区别;其次,我把'需求的系统'看作是在不同重大意义的水平中一系列连续不断的合作,而不认为是一个按等级划分的顺序;第三,我不会试图为我们的社会去设计一系列真实的需求或者去区别需要和想要"。(WILLIAM LEISS. The Limits to Satisfaction[M]. Kingston and Montreal: McGill – Queen's University Press, 1988:63-64)在莱斯看来,要理解高集约度的市场布局中的需要满足问题,我们仅仅需要一个关于人类需要的假设,即需要的每一个表现或状态都同时有物质的和符号的(或文化的)相互关联的两个方面。与博德里拉等思想家的论述相反,莱斯认为上述两方面是不能被分开的。人类的需求系统是一个不可分割的物质和符号(文化)联系的统一体。莱斯特别指出,人类需求的这种复杂的二元结构与人类先天的强大的符号象征能力相关,因而它存在于人类进化的开端,不是历史或文化发展的结果,而是这个过程必要的先决条件。以交换为目的的商品社会的到来,标志着人类需要的这种物质与符号(文化)关联的二元结构,无论是在深度上,还是在广度上都得到了充分的深化和固化。基于资本主义工业化大生产基础上的,更加广泛的商品交换推动的市场经济趋向于把人们需求的意义仅仅锚固在物质目标上,或更精确地阐述,就是将需要完全导向于商品。因此,要分析需求的结构就必须理解商品的特征以及需求与商品之间的辩证关系。

关于商品的本质,莱斯反对仅仅从传统经济学使用价值和交换价值的理论视角来简单分析,而是采用了学者兰卡斯特的观点,将商品看作是"特征的集合"。这与莱斯本人对于需要的物质符号(文化)二元结构的看法是直接相关的。兰卡斯特的"特征"指的是,根据人们已知的标准,某种商品可被检查和评价的真实的、物理的属性,"每一个尺寸、形状、性能的客观属性是一个潜在的特性。基本上,如果我们从每个可能的方面和性能的每个方面,每一个生物学的、化学的、物理学的方面衡量一个物体,那么我们就评价了它的各种可能的特性"。(KELVIN LANCASTER. Consumer Demand: A New Approach[M]. New York: Columbia University Press,1971: 114)可见,商品特征与使用价值的含义十分相似。商品与其特征的关系是客观存在的;特征与人之间的关系当然是主观的、心理的问题。当人们从这两方面再去分析商品的本质时,人们就会发现,商品不单单是一件有用品,不仅具有客观的价值属性,它还附加了诸多符号的和文化的特征,它是社会的产物,是消费社会的"尤物"。附加的特征是人们崇信存在于商品中的特征,这种崇信产生于商品广告的导引和其他消费者关于商品的评价。这些信息印证了商品具有的符号或文化的内容。商品不再是简单的"物品",而是不稳定的客观和附加特征的集合物,即高度复杂的物品与文化符号的统一体。在市场经济中,商品交换速度的提升是为了满足消费者日益增长的需要的复杂性。这势必导致消费者对那些商品的特征和意义越来越不熟悉。在人们的生产活动和消费活动中出现的需要的互相渗透的物质和符号(文化)这两方面的距离,随着这两种活动在日常生活中的疏离而相隔得越来越远,而这赋予了商品属于自己的"魔力"。

在资本主义高集约度的市场布局中,市场第一次变成了操控人类命运和人与自然关系的主宰者。(WILLIAM LEISS. The Limits to Satisfaction[M]. Kingston and Montreal: McGill – Queen's University Press, 1988: 86)在市场经济的新阶段中,资本主义的生产方式虽然没有太多的变化,但消费领域却发生了决定性的变化。这主要体现在:市场中用于消费的商品的数量、结构和原料的复杂性大大增加,而且商品特征加速变化;同时,人们倾向于将幸福与快乐独断地理解为获得更高水平的消费和更奢靡的服务。这种将满足的所有形式都指向消费领域的状况,会导致下面的后果。

(1)需求种类的分离与不稳定。当商品特征迅速变化的时候,与之相关的人们的需求也处于变化之中,人们关于这些商品的判断也就不稳定了,面对繁多的商品人们产生了无法把握的焦虑,原来消费商品时的满足感和幸福感也随之变得愈发不确定。

(2)需求的质量很难与商品的品质相匹配。广告传递出的商品信息常常将商品与某种在很大程度上已从人们生活中消失的展示幸福的生活方式(如较慢的生活节奏、平静安详的空间、对自然环境的接近、充满温情的家庭生活等)联系在一起,这些信息利用了由于互相矛盾的需要而产生的不确定性,人们一方面渴求与上述消失的生活方式相关联的满足,另一方面又渴望进入现代商品消费的更广泛领域中。在此,人们的每一个消费选择都代表了对需求碎片和商品特征的不稳定集合的无可奈何的屈从,满足感和幸福感将会有更大的不确定性。

(3)对需求或需求质量的日益冷漠。由于信息不充分和时间匮乏等原因,对商品数量的单纯需要意味着个人必然对每个需要和每个商品的特殊质量关注得越来越少。

(4)对个人和社会整体来说,日益增加了环境风险。资本主义社会要保证满足需要的物质产品的数量能够持续增长,必须依赖于快速发展的科学技术,而生产带来的潜在危害却往往并非是科技关注的重点,它的最终结果不仅可能危害人类的未来,而且会威胁到整个生物圈的未来。

(四)走出人类需要的泥淖

面对人类需求的这一系列困境及其对人、社会及自然生态系统造成的危害,莱斯认为应该有针对性地从人、社会、自然三个维度来寻找解决方案。

1. 人的满足最终在于生产活动而不在于消费活动

针对资本主义社会流行的"消费就是满足,消费就是一切"的社会心理,莱斯提出了"生产活动就是满足"的著名论断。他批判了资本主义社会把满足仅仅等同于无休止的物质消费的观念,提出应该转变人们的需要取向,即将满足人们需要的场域从消费领域转移到生产领域。他认为,资本主义工业社会正在为人们打造这样一种生活方式:人们蜗居在大都市的"水泥丛林"中,其能源供应、食品和其他必需品乃至废物的处理都依赖于庞大而复杂的运输体系。与此同时,人们又误认为持续增长的消费似乎可以补偿人们在其他生活领域特别是劳动领域遭受的挫折,改变人们"单面人"的生存方式。因此,人们便疯狂地追求消费以宣泄劳动中的不满,似乎从超市随意选货和潇洒刷卡的行为中,人们又体会到了久违的"自由"的感觉,从而导致把消费与满足和幸福等同起来,把消费的数量作为衡量自己幸福的尺度。莱斯指出,把消费与满足和幸福等同起来,正是资本主义工业社会处于异化之中的明证。资本主义工业社会为了达到统治人的目的,找到了消费这种控制人们的新方式,企图通过消费的途径去抚慰人们在资本主义异化劳动中所遭受的挫折和痛苦,让人们在消费中麻痹,在消费中沉沦。面对资本主义商品的花花世界,人们逐渐丧失了对资本主义社会的批判能力,消费迫使人们拜倒在资本主义面前,接纳了资本主义制度。

莱斯强调,必须改变把消费与满足等同起来的观念。在论述进步的社会变革观念时,傅立叶、马克思和马尔库塞的著作中都贯穿着这样一种认识:人的满足应当到自己从事的实践活动中去寻找,也就是说人的满足最终源于自己的生产创造活动。莱斯说:"满足的可能性将主要是生产活动的组织功能,而不是像今天的社会那样主要是消费活动的功能。"(WILLIAM LEISS. The Limits to Satisfaction[M]. Kingston and Montreal: McGill-Queen's University Press, 1988: 105)如果人们弄懂了这样一个事实:不断增长的消费是不可能补偿其他生活领域中遭受的挫折的,那么,人们就会认为进步的社会变革的前景取决于在消费领域之外的其他领域,即在消费领域之外,照常能够达到人们的真实满足和实在幸福。

在莱斯看来,人们的基本需求是多方面的,满足这些需求的手段也是丰富多彩的,根本没必要仅仅沉溺于过分专门化的商品和服务中来满足自己的虚假需要。"就个人活动而言,替代方案的满足前景将与克服提供商品和劳务的劳动的极度专业化和克服由此而产生的商品交换领域的局限性有关。"(WILLIAM LEISS. The Limits to Satisfaction[M]. Kingston and Montreal:McGill – Queen's University Press,1988:106)他借用伊万·伊利奇的话说,人有着一种"爱交际的特性",人们希望建立的社会结构是"基于人与人之间的自主和创造性的交往和基于人同自己环境的交往"的社会。交往社会的目标是逐步拆散工业化经济的庞大的制度结构和尽可能地减少个人对该结构的依赖。人们天生具有康复、种植、缝纫、运动、学习、筑屋、安葬的能力,每一种这样的能力都可以满足一种需要。只要满足的手段取决于人们本身能做的事情,很少依赖于商品,那么这种手段就会变得十分丰富。这些活动具有使用价值,而不具有交换价值。交往社会将促使每个人尽可能多地直接参与生产活动和社会交往实践。莱斯说:"现行的生产和消费活动的体制妨碍人们这样一种才能和能力的发展,即直接参与可提供满足范围广泛的需求(建造房屋、种植粮食、缝制衣服)手段的活动的能力,相反却使人的活动完全围绕市场购买来进行。"(WILLIAM LEISS. The Limits to Satisfaction[M]. Kingston and Montreal:McGill – Queen's University Press,1988:106)

2. 建立一个"较易于生存的社会(the conserver society)"

在莱斯看来,资本主义消费异化的社会状况不是理想的社会状况,为此,他提出了"较易于生存的社会"概念。他表达了"较易于生存的社会"的两个基本点:第一,它本身并不是目的,而是一种看待社会的理论视角,在较易于生存的社会中,人们应当关注满足人们幸福的质的标准,而不是量的标准,同时,应当把这样的社会看成是社会变革的一个有力的动态阶段。第二,较易于生存的社会迫切应做的是重新配置资源和改变社会政策的方向,使满足需求的问题不再被完全看作是消费活动的功能。在这里,莱斯提出了"职业满足"和"共同决策"的观点。他认为,在职业活动中,在民主决策中人们获得成就感、参与感和被人尊重和信任同样是可以得到满足的。

3. 通过伦理与科技的双重进步来制约人的欲望

莱斯认为,在人与自然的关系方面,现代人们应该重新评价人的需要对环境的影响,努力实现从"控制自然"向"尊重自然"的转变。在莱斯看来,要解决环境问题就要树立一种解放自然的观念,放弃对自然的控制,制约人的欲望,学会与整个自然界和谐相处。

他说:"人们现在必须放弃人类中心主义的思想,因为这是非常狭隘的,我们要寻求一个适合人类以及其他生命物质的共同需要的具体方案。"(WILLIAM

LEISS. The Limits to Satisfaction[M]. Kingston and Montreal：McGill–Queen's University Press，1988：116）威廉·莱斯同时提出了他的生物多样性的伦理思想，他指出，人类与自然界的其他生物相互作用和相互影响共同维持着生态系统的平衡。可是现代的人们因为不断追求自身的利益，在控制自然以及满足自身欲望方面忽视了地球的生态环境以及其他物种的需要。破坏了地球生物圈的生态平衡。当前一些资本主义国家的工业体系已经超过了生态系统所能容纳的极限，"人们并不清楚这些极限，如果我们按照现存的实践方式继续下去，这些极限就非常有可能被打破，这是非常不明智的，最终也将以灾难性的社会混乱作为代价"。（WILLIAM LEISS. The Limits to Satisfaction[M]. Kingston and Montreal：McGill–Queen's University Press，1988：107）因此，要降低生态风险，人们就应当树立生物多样性的伦理原则，既要尊重自然，把自然的发展、社会的发展以及人的发展和满足置于一种伦理进步的意义上，又要建立一种人与自然、社会与自然的和谐关系。

莱斯认为，人类必须通过学会尊重自然界的独立性，实现从"控制自然"向"尊重自然"的意识转变。但是，这并不意味着人们可以完全拒斥科学技术，或盲目地顺从自然本身，听从自然的安排。这种盲目的自然崇拜论与传统的控制自然论一样荒谬。尊重自然意味着人类应当敬畏自然，人们对大自然的作用要"接受限制"，具体而言，就是运用我们拥有的"力量"——科学和技术能力——去主动限制对自然环境的操纵。尊重自然意味着尊重我们生存的自然前提，尊重实践能力的范围，并同时承认它的极限并努力适应它。虽然如此，"我们的作为地球统治物种的宝贵地位并没有因此而受到损害。我们依然群居在地球上并且继续改变或者破坏其他物种的栖息地，其他物种也是如此。为了长期保持我们自己的幸福，这种放弃大范围环境控制的对自然的尊重将第一次作为最重要的事情加以实施。这首先仅仅是我们更努力地追求个人利益的无意识的结果；但是我们逐渐发现，将我们自己看作是生物共同体的成员而不是征服自然的不可一世的主人，会带给我们比当前状态中更好的满足感和幸福感"。（WILLIAM LEISS. The Limits to Satisfaction[M]. Kingston and Montreal：McGill–Queen's University Press，1988：132）正如穆勒所说的，开始理解并接受"增长的极限"这样的事实可能是我们创造满足的新形式的催化剂。

威廉·莱斯同时认为，人类要想改变控制自然的观念，首先要依靠伦理道德的发展，而不仅仅是科学的进步和技术的革新。正如他在《自然的控制》一文中指出："控制自然的任务应该理解为把人的欲望的非理性和破坏性的方面置于控制之下。这种努力的成功将是自然的解放——即人性的解放：人类在和平中自由享受它的丰富智慧的成果。"（[加]威廉·莱斯. 自然的控制[M]. 岳长龄, 李建华,译. 重庆:重庆出版社,1993:168）他明确表示,人类应当依靠伦理道德的进步来控制人类的非理性欲望,但同时又强调,伦理道德的进步并不是要求人们停止运用科学技术手段来干预自然,而是要合理地使用科学技术,要警惕人类假科学技术对自然的过度干预。要想做到这一点,人们就必须改变目前的科学技术观,纠正人们对科学技术的盲目崇拜,让科学技术的发展和使用走向"民主化""小规模"和"分散化"的生态技术之路。

总之,威廉·莱斯的《满足的极限》是西方马克思主义消费异化论的重要著作,书中提出的许多观点和见解给我们以重要的启迪,我国社会发展过程中消费异化的现象也大有表现,对此我们应该有清醒的认识。

第三章 安德瑞·高兹《政治生态学》《经济理性批判》和《资本主义·社会主义·生态学》导读

安德瑞·高兹(Andre Gorz,1923—2007)1923年出生于奥地利的维也纳,出生时叫杰勒德·希尔施。父亲是犹太人,母亲是天主教徒。1930年父亲皈依天主教,改姓为霍斯特。在1939年纳粹德国吞并奥地利以后,杰勒德移居瑞士。1945年,他毕业获得化学工程学士学位。翌年,在瑞士的一个会议上,他结识了法国哲学家萨特和西蒙·波伏瓦,他们鼓励他从事自己的志趣所在——道德哲学研究。萨特与高兹之间的知识分子同盟保持了多年,直到1968年,法国知识界的种种骚动导致了二人关系的永久破裂。第二次世界大战之后,为了与萨特和"左派"思想中心靠得更近,他于1949年来到巴黎,从那时起他就主要生活在法国。20世纪50年代意识形态的氛围极其浓郁,同时,杰勒德·霍斯特也在等候入籍法国。所以,为了安全起见,他决定以笔名写作,于是他成了安德瑞·高兹。1964年,他参与共同创立"左派"报纸《新观察家》,5年后,他接手了萨特和西蒙·波伏瓦1945年创办的《现代》杂志的编辑工作。高兹不谙世事,是个知识分子式的人物,为人羞涩谨慎,一个朋友称他为"图书馆里的老鼠"。

他的专著的英语翻译本主要有:《政治生态学》(1975年)、《卖国贼》(1958年)、《告别工人阶级》(1980年)、《通往天堂之路》(1985年)、《经济理性批判》(1988年)和《资本主义·社会主义·生态学》(1991年)。高兹的专著还有《历史的精神》(1959年)、《艰难的社会主义》(1967年)、《改良与革命》(1969年)、《劳工战略》(1964年)和《劳动分工的批判》(1973年)等。

由于本书主要论述的是高兹的生态学马克思主义思想,所以,本章聚焦于高兹的有关生态学马克思主义的三部著作:《政治生态学》《经济理性批判》和《资本主义·社会主义·生态学》。

对于中国学界来说,安德瑞·高兹不能说是一个陌生的名字。早在1982年出版的《"西方马克思主义"》一书中,徐崇温先生就对高兹做过专门的介绍,在他1989年出版的《"西方马克思主义"论丛》中,徐先生也有一篇专门介绍高兹思想的文章。在1990年出版的由罗伯特·戈尔蔓主编的《"新马克思主义"传记辞典》的中译本中也有"高兹"这一词条和相关的论述。中国学者1990年出版的8卷本的《马克思主义哲学史》也有对高兹的论述。李青宜同年出版的《"西方马克思主义"的当代资本主义理论》一书中也有两节的内容是专门介绍高兹理论的。然而,就我国当前对高兹思想的研究现状来看,情况是不容乐观的。近年来,虽然有数篇关于高兹研究的论文发表,但至今为止,国内还没有一部关于高兹思想研究的专著问世,同时,高兹的专著还没有一部中文译本,这给高兹思想研究带来了不便。笔者选择上面提及的高兹的三部著作,写出其导读也是为了满足教学和科研工作的需要。

一、高兹的《政治生态学》导读

在生态学马克思主义理论家中,安德瑞·高兹以他的"政治生态学"理论独树一帜。这一理论无疑成为生态学马克思主义理论的重要组成部分。正因为有此理论上的建树,人们才把安德瑞·高兹列入生态学马克思主义者的行列中。

(一)《政治生态学》一书的时代背景和理论渊源

高兹的《政治生态学》(*Ecology as Politics*)一书1975年以法文版面世,1980年有了英文版(以下引文出自该书的,只注页码)。全书包括前言、4章和后记,各章的标题分别是:"生态学与自由""生态学和社会""工具的逻辑""医学、健康和社会"。

《政治生态学》一书的问世绝非偶然,而是当时西方资本主义社会生态环境恶化和资本主义社会异化普遍化的结果。20世纪中叶以来,西方发达资本主义国家由于工业化的迅猛发展,加之对人与自然关系的误解,对科学技术的滥用,导致了以伦敦烟雾污染为标志的资本主义世界的"八大公害"。这样,人类历史上前所未有的生态环境恶化加剧的现实就摆在了人们面前,发达国家的人们对此更是忧心如焚。在这样的生态压力下,人们为了良好的生态环境,举行了各种游行示威活动,抗议政府在生态环境保护方面的软弱无能,指责政府在环境公害不断、伤害黎民的严峻的生态环境问题面前麻木不仁,甚至允许或鼓励资本家以牺牲自然环境为代价而牟取暴利。因此,战后范围最广、参与人数最多的群众运动就这样在西方世界声势浩大地开展起来。这种民众性的以反对环境公害为主题的生态斗争,此时已经有了政治斗争的意蕴。在资本主义社会的诸多异化中,人与自然关系的异化是非常严重的。高兹指出:"资本主义社会的传统危机是'生产过剩的危机',现在的危机是全面的,危机生产于我们与自然的关系。"(第11页)生态环境问题的日趋严重,"核危机"的威胁,生态帝国主义和生态殖民主义的丑恶行径,使人们对资本主义制度重新产生了怀疑和失望,对所谓"工业文明的繁荣及其生活方式"普遍感到厌倦。而当时苏联的"社会主义模式"也因为自身存在着的种种弊端而没有给人们带来憧憬与向往。所以,结合生态环境恶化的社会现实,重新认识和深刻反思马克思主义的历史命运,评判资本主义经济增长模式,揭露资本主义世界对自然环境破坏的事实,探索社会未来发展道路,就成了生态学马克思主义者的主题话语。高兹的《政治生态学》就是这种努力的表现。

高兹《政治生态学》的形成有其理论的来源:首先,马克思的政治经济学和科学社会主义理论,尤其是马克思的《资本论》,形成了《政治生态学》的理论支点。高兹对资本主义生态环境问题生产的实质和解决方式的论述,以及对未来合理社会的构想,许多都是在马克思的理论框架内展开的。这也是人们把这种理论称之为"生态学马克思主义"的一个重要原因。

其次,国际社会和国际组织对生态环境问题的研究报告,为《政治生态学》的确立提供了证明。在高兹看来,"罗马俱乐部"的报告《增长的极限》表明,资本主义终于承认了自己的犯罪,承认单纯以追求利润为目的的生产发展,不仅破坏了不可再生的自然资源,掠夺了我们的地球,而且威胁到人类的生存,连新鲜的空气、纯净的水这些基本的生活条件都不能满足。这些说明,许多资本主义工业文明的价值观都需要我们去重新审视。

再次,法兰克福学派的资本主义社会危机理论和社会批判理论,是《政治生态学》论述的理论工具。例如,马尔库塞在《单向度的人》一书中,对发达工业社会意识形态问题的研究,直接影响着高兹对汽车和医疗问题的意识形态研究。

最后,其他学者对相关问题的研究成果,对《政治生态学》的形成也起到了借鉴和帮助作用。特别是在"医学、健康与社会"一章中,伊凡·伊里奇(Ivan·Illich)的《医学的报复》和吉恩·杜普尼(Jean·Dupny)的《药品的进攻》等著作,对高兹有极大的帮助。这一点高兹本人也是承认的。

因此,高兹的《政治生态学》是在他人理论的基础上,对当时资本主义社会生态环境问题的社会化、政治化趋势的一种理论探讨。

(二)《政治生态学》的主要内容

高兹的《政治生态学》涉及的内容比较广泛,本书无法逐一介绍,下面按照笔者的看法和见解,把其中的主要观点展示出来。

1. 生态学的政治化是如何可能的?

高兹认为,有两种形态的生态学,一种是纯粹自然科学领域内的学理形态的生态学;一种是具有政治意义、政治目的并可能导致政治行为和政治后果的生态学,也就是高兹所说的"政治生态学"。

在当时,高兹能把生态环境问题与政治问题结合起来研究,表现出他具有极强的理论洞察力和预见力。生态环境问题为什么会成为政治问题?生态学的政治化是如何可能的?所谓政治,尽管有数不清的界定和解释,但从总体上讲,政治就意味着对公共事物的管理。资本主义社会生态环境问题的日益严重不仅直接威胁到人们的生存条件和既得利益,而且引起了资本主义社会公众对环境问题的政治诉求,环境政治运动风起云涌,这些举动必将迫使统治者重新建构自己的政治模式。因此,生态环境问题不可能不成为一个政治问题,不可能不对政治行为产生日益重大的影响。

在高兹看来,生态学的政治化主要表现在以下几个方面:首先,生态环境的恶化,充分暴露了资本主义社会的弊端,为我们否定资本主义制度展示了一个新的视角。他说:"人们可以明确提出问题:我们何去何从?是让资本主义去适应生态上的压力?还是来一场社会的、经济的和文化上的革命?这场革命将废除资本主义的社会压迫。这样下去,人们将在个人与社会、人与自然之间建立一种新的关系。"(第4页)所以,人们对资本主义的批判从传统的政治、经济和社会的视角转向了生态环境的视角。

其次,生态环境的恶化,表明资本主义政治统治的合法化产生了严重的危机。生态环境危机比起经济危机更具有破坏性,因为它不仅直接威胁着人们生存的自然前提,而且对资本主义社会赖以生存的经济增长方式、消费方式和生活方式都亮起了"红灯",使人们对资本主义经济持续发展的神话,对"福利社会"的美景产生了深深的怀疑。

再次,生态环境的恶化,导致了大批否定资本主义的新兴政治力量的出现。由于自然资源和自然环境的稀缺性,对它们的控制必将导致资本主义国家机器对社会,对民众的更加严厉地控制,警察遍地的社会将是不可避免的。生态环境恶化的受害者是全社会的民众,不仅仅是工人阶级。所以,反抗资本主义统治的革命新兴力量将大大增强,少数民族、外来移民、农民、城市贫民、失业者、处于环境恶化社区的居民和广大青年学生为了避免成为"生态难民",力争好一些的生存环境,都会参加到保护环境的"新社会运动"中来,他们是否定资本主义制度的新的政治力量。

最后,人们认识到,自然资源的有限性和生态环境的恶化预示着"目前的生活方式没有明天。"(第12页)"解决生态危机的关键,不在于恢复经济增长,而在于改变资本主义的逻辑。"(第27页)所以,生态环境问题导致的政治目标是十分明确的,那就是,否定资本主义制度,重新建立一个人与人、人与自然和谐相处的社会。高兹的上述观点在后来的北美生态学马克思主义理论家那里得到了发扬光大。

2. 生态危机与资本主义的社会危机

探讨生态危机与资本主义社会危机的关系,是高兹《政治生态学》的重要内容,也是生态学马克思主义的主题话语。高兹认为,在资本主义社会异化现象普遍化的今天,资本主义社会面临的危机已经有了新的特点,"首先是生态危机,然后是经济危机,最后是政治危机"。(第15页)为什么生态危机会取代经济危机而成为资本主义社会的首要危机? 在高兹看来,生态危机更具有本原性,它直接威胁到人类的生存境况。同时,当今资本主义社会的经济危机在很大程度上是生态危机造成的。"增长或者毁灭,是资本主义社会的必然规律。"(第22页)经济的持续发展是资本主义唯一的价值选择,以更高、更快、更强的理念去扩大再生产就成为这种经济增长模式的天职。但是,"所有的生产同时就是破坏"。资本主义的扩大再生产遭遇到了自然资源的稀缺性和环境压力的严重的外部打压。因为,"过去的经济学想用扩大,增加生产的手段来补偿自然资源的稀缺性,但结果是加剧了这种资源的稀缺性"。(第16页)所以,"从政治上看是明显的,即生态理性与资本主义理性是不一致的"。(第18页)

众所周知,资本主义工业社会的发展理性是以掠夺开采自然资源为特征的,而生态环境的恶化,使得原来丰富的、免费的自然资源(例如,新鲜的空气、纯净的水、矿物和土地资源)变得越来越稀少,不论人们花多大代价,这些东西都是不能大批生产的。随着自然资源的日益枯竭,限制了某些工业部门的发展,如可以开采的矿产将要耗尽,即使开采其成本和费用也比以前有了大幅度的提高。有人企图采用科学技术的手段来帮助资本主义摆脱其发展面临的"生态障碍"和"环境瓶颈",在高兹看来,这也是不行的。因为,在自然资源的有限性面前,仅凭科学技术是无能为力的,更何况科学技术本身也是"双刃剑"。相反,"生态学有着不同的理性:它要我们明白,经济活动的效果是有限的,它依赖于外在的,绝对不可超越的经济条件——自然资源的稀缺性。而资本主义的生产导致了负面的效果,即生产导致的破坏大于生产本身。这样的生产破坏了原始的、天然的生态循环,破坏了不可再生的资源⋯⋯所以,生态学提醒人们要看到自然资源的稀缺性与工业文明发展中瓶颈效应的关系。因为,这种文明在自然生态环境的限制下,已经陷入了死巷、僵局和困境。所以,解决的出路不在于生产的增长,而在于有限度或减少物质生产;保护自然资源,而不是大规模地开采它们;维持自然的循环,而不是妨害、干扰它们。"(第15~16页)高兹告诉人们,资本主义的发展遇到了物质上的、自然生态上的障碍,自然生态因素决定了当前的经济危机。所以,"生态斗争,就目前来讲,是反对资本主义斗争中不可缺少的维度"。(第20页)生态环境的恶化,表明了资本主义生产增长模式的弊端。所以,高兹呼吁人们要转变经济增长的模式,消灭资本主义的生产方式、生活方式和消费理念,强调以生态理性为尺度,对资本主义的工业文明和社会制度进行一次彻底的批判。

3. 高兹"技术法西斯主义"理论析评

高兹的"技术法西斯主义"理论(Technofascism)在其《政治生态学》中占有十分重要的地位。该理论虽然以分析法国核技术发展案例为背景,但它的提出具有很强的针对性,高兹对此进行的分析和批判具有普遍的意义。

"技术法西斯主义"理论的产生绝非偶然,而是当时资本主义工业国家生态环境恶化和技术异化的结果。由于当时资本主义社会环境污染现象的日趋严重,自然资源面临枯竭的局面的出现,使得很多人想采用科学技术的手段来摆脱生态环境恶化的困境,很多人弹起了科学技术可以解决生态环境问题的"技术乐观主义"的老调。尤其是1973年10月爆发的波及西方工业国家的"石油危机",使得法国朝野上下陷入一种极度的恐慌之中。这样,"实施核计划,开发核能以取代石油,在完全核能化的前提下,实施完全的电气化"就成为法国主流社会的"新呐喊"。其实,在法国以发展核能的方式实现"完全电气化"的动议,在1973年"石油危机"爆发前,就由法国电力公司提出过,但当时这只是一种企业行为,还没有上升为政府行为。而"石油危机"的出现,导致石油供应短缺,油价飙升。这种危局给鼓励立刻上马核计划的游说者提供了契机,法国电力公司的经营者和技术专家也找到了救命稻草。他们四处活动、上下通气、游说政府官员,夸大核技术的好处,有意掩盖实施核计划可能导致的生态危害,欺骗社会舆论、麻痹民众,在法国社会中造成了"实施核计划,以核能取代石油"的强大社会共识。政府部长中个别持反对意见的人,很快就被撤职了。所以,在没有公民辩论、公决,没有充分社会调查的前提下,法国政府于1974年3月4日批准了法国的核计划。

高兹认为,法国核计划的实施与"技术官僚主义"(Technobureaucracy)的出现、"技术官僚"阶层的形成有直接的关系。所谓"技术官僚",是指掌握一定的科学技术知识,在政府部门中担任某种职务的,既有专家、教授的头衔,又具有官僚权威和作风的人。这些人不是一般的官僚、政客,而是披上了"科学技术"外衣的官僚和政客。因而,他们在制定科学技术发展战略时具有极大的权威性,同时,也容易形成"技术独裁"而具有极大的欺骗性和危险性。

在"众人皆说核能好"的趋同声、赞扬声中,高兹却以独特的批判视角提出了问题。在他看来,资本主义国家用欺骗的手段告诉人们,似乎科学技术这艘"诺亚方舟"可以拯救人类,帮助人类寻找到解决当前生态环境危机和能源危机的新方法,用科学技术的手段为我们的生产和生活提供新的模式。只有采用核技术才是"技术乐观主义",才能使人类走出泥潭,重上坦途。但是,由于自然资源的有限性和科学技术的"双刃剑"效应,使得科学技术也显得无能为力。同时,实施核技术是祸,还是福? 是"技术乐观主义",还是"技术法西斯主义"? 基于这样的认识,高兹对法国以及资本主义国家的技术模式进行了深刻批判。

在法国,发展核能被政府官员和技术官僚们编织了许多诱人的好处。例如,实施核计划可以减少石油消耗,节省电力;可以增加就业,提高人们的生活水平,减少环境污染等。但在高兹看来,这些完全是"愚蠢的陷阱","傻子的圈套"。他认为,选择核能,是资本主义国家的"卓越的政治选择"。美国的核技术使之成为世界的霸主。所以,技术选择从根本上讲是政治选择。"核技术不是一个纯技术上的选择,而是一项政治上和意识形态上的选择"。(第 103 页)在"尊重专家""技术至上"等华丽辞藻掩盖下,涉及核计划的方方面面的程序、议程,都是在隐蔽的状态下,由政客、技术官僚、巨商、企业家等人秘密决定的,而不是由人民决定的,相反,人民对此一无所知。而这种隐藏的程序所潜伏着的危害比核能本身具有的危险性还要大。

针对上述观点,高兹给予了逐一批驳。在他看来,"核技术是一个自相吞食的怪兽"。(第 112 页)在核能下生存的社会将变得越来越复杂、狂乱,而提供给个人的东西越来越少。首先,只有核能才能替代石油充当燃料的看法是错误的。事实上,法国实施核技术并没有减少其石油进口,还是保持在目前的水平上。相反,地热、太阳能、风能、潮汐能和生物能等也是可以利用的能源,这些能源不仅是可以再生的,而且在使用和运输的过程中是清洁的、安全的。人们只要用开发核能的一半的费用去开发上述自然资源,也可以达到同样的效果。

其次,人们生活水平的提高和扩大就业不一定依赖于能源增长的消耗。事实上,基于能源消耗零增长基础上的发展将比基于能源消耗增长基础上的发展,提供更多的就业机会。仅当核能被用来发电时,核能才比石油便宜,一旦核能被用于工业生产,用于民用供热,一个单位核电的费用要比同样单位石油热能的费用高出 2~3 倍。结论是,用核电取代石油将导致生活水平的下降。(第 111 页)人们要想提高生活水平,应该关注节约能源,而不是大量生产能源,最好采用可再生的、无污染的新型能源。小规模的、地方性的、多种类的能源开发所需要的劳动力多于资本,可以增加就业,减少环境污染。

再次,核计划可以增加可用能源的总量,这也是自欺欺人的说法。事实上,法国里昂大学的教授和专家们的研究表明:从1979年到1981年,法国没能生产出足够量的铀,分离铀的工厂花费巨大,消耗的能量惊人。法国核计划消耗的能量将大于它所生产的能量。而核计划之外的成本被他们忽视了。这些成本包括:电力输送网络、用户管道网、各类变电站、配套公路、新厂房的计划、各类管理人员的培训费、研究费、安全措施的费用等。总之,7个建设中的核电站消耗的电能与4个建成的核电站全负荷运转所生产的电能相同。能源危机远没有解决,而核计划只能使这种能源危机持续下去,甚至恶化。最后,核技术并不是"清洁技术"。核技术实施所带来的生态环境问题是严重的:核辐射、核垃圾、核事故、食物链中的核污染等,都将对人类生存造成极大伤害。同时,技术官僚们在分析核反应堆的偶然事故时,在很大程度上是任意的、武断的,核反应堆的安全机制也是令人难以相信的。法国政府和电力公司有意掩盖核危害的事实,没有透明度,社会大众对此不了解。例如,核反应堆出事故的危害相当于原子弹爆炸的危害,核辐射扩散的范围相当远。核垃圾的运输和处理也是十分棘手的难题,因为钢筋水泥建筑也挡不住核辐射,即使在国家的长期监督下用"冷却法"处理核垃圾,也要好几百年的时间。所以,"核计划可以减少环境污染"的观点也是站不住脚的。

既然核技术有这么多的缺点,那么,资本主义政府为什么会选择它呢?这就涉及技术的政治化问题。高兹把核技术在众多技术中的强势位差,在资本主义国家政治中的地位和作用,称之为"技术法西斯主义"。

高兹认为:资本主义国家在应对能源危机、生态环境危机时的技术选择是有政治倾向性的,科学技术并不是中立的,它反映了人与人、人与社会以及人与自然环境的关系。技术模型中嵌入了权力分配,生产关系和劳动分工的等级性。所以,"资本主义只发展那些与其逻辑相一致的科学技术,这样,这些技术就与资本主义的持续统治相一致了"。(第19页)资本主义国家(例如法国和美国)之所以热衷于选择核技术,从根本上讲是看中了核技术所具有的政治意义。

首先,在众多技术中,核技术是最有控制力的技术,是技术中的"独裁者""法西斯"。资本主义政府不愿意发展太阳能、风能、水能等其他能源,是因为这些能源到处都有,不容易被资本家垄断。所以这些技术不能被纳入资本主义的技术模式中去。而实施核计划势必预示着中央集权的加强,社会等级制度的分明和警察控制的严厉。因为,政府会借口"保护核电安全"而加强对社会的控制。这样,资本主义对广大人民的控制和限制又披上了一件技术合理化的外衣。

其次,实施核计划会给资本家带来丰厚的利润。核计划不是任何个人和小公司可以实施的,只有大企业才能有此能力,核能的垄断地位一旦形成,强迫人们消费核能将是大势所趋,资本家在核能垄断价格上获得的经济利益也是显而易见的。

再次,核计划导致了新的技术专制主义。正如高兹说的,"核选择从一开始就被认为与民主精神不一致",(第100页)核计划实施后一定会出现一个准军事管理的社会。工程师、技术人员会以"科学技术"的名义,制定类似于军事组织的监管条例,以此培训、指导工人,监视整个生产过程,处理核垃圾,精心选择核工厂的厂址,制定核工厂运行的长期规划。人们可以看到,核工厂的等级制与社会的等级制一样,没有工人的自由和人权可言,在"科学技术"的名义下,技术官僚们的控制作用增大了,俨然成了统治工人们的"新主人"。核电生产和分配的权力在中央政府,使得中央政府的权力越来越大,而地方政府的权力越来越小。这样,在核计划的帮助下,技术专制主义应运而生了。

最后,核计划的实施将扶植一批"技术官僚主义者",他们成了资本家在科学技术上的代言人,实现了资本家从技术上奴役工人的目的,加速了工人阶级边缘化的进程。核计划实施后,工人阶级不仅要受到资本家在经济上的控制,而且要受到技术官僚们在技术上的控制。核技术的复杂性,迫使人们对技术专家产生了一种崇拜,一种心理期待。技术专家是人们可以信赖的科学技术知识的拥有者、管理者,是公众利益的唯一代表,是在科学技术领域唯一可以做出决定的人。实际上,技术官僚主义是培养"技术法西斯主义"的温床,而技术官僚们也是其幕后的操纵者,他们受到了核计划的既得利益者的支持和拥护,他们从技术上代表着一定政治集团的经济利益。持反对意见的技术专家们的处境将是十分艰难的,他们的反对意见被视为不明智。例如,法国电力公司把持反对意见的专家称为"内部的敌人,是核计划的破坏者、颠覆者"。(第106页)工人们成为技术的奴仆,只要按照计算机给定的生产和管理程序到自动生产流水线上去工作就可以了。人的主体性、全面性、创造性都丧失了,成了一个机器人、单面人。"自愿合作""民主计划""工人管理"等主张全是幻想,工人阶级面临的总体性危机日益严重了。

对于"技术法西斯主义",高兹是坚决反对的,他认为:"拒绝核计划就是拒绝资本主义的逻辑和资本主义国家的权威。"(第113页)相对于核技术等"硬技术"(hard technology)而言,高兹提出了"软技术"(soft technology)的概念,并指出了"软技术"的特点:

(1)该技术应该是简单易学的,能被邻里或社会团体所掌握、所控制。

(2)该技术具有实效性,能增强社区内民众的经济实力。

(3)该技术是"生态技术",不能残害自然界,不能对生态环境造成污染。

(4)该技术要与生产者和消费者的需求相一致,更具人性化。高兹指出,地热和太阳能方面的技术就属于此类。

这些技术对资本家来说没有利润可言,是投资分散化、小规模的技术,人人都可以学会操纵并加以利用。这些能源技术安全、清洁,在个人家中或居民社区内就可以输送,不需要铺设输送管道和其他附属设施。大公司、银行和政府很难垄断这些技术,这样,当地民众的高水平的独立自治,自我管理以及选择新的经济发展模式才有可能。

高兹也看到了,技术模式不是单一的,它是与一个社会的政治、经济和文化模式交织在一起的。所以,"抛弃技术法西斯主义不在于对自然平衡的科学理解,而在于政治与文化上的选择"。(第17页)所以,"对不同的科学技术的斗争实质上是为了一个不同的社会而进行的斗争"。(第19页)这样,高兹就从对资本主义技术模式的否定中,得出了否定资本主义政治制度的结论。

在生态学马克思主义的理论框架内,高兹的"技术法西斯主义"理论显示出了自己独特的分析视角,提出的许多新见解、新观点对我们具有一定的启发和借鉴的意义。

首先,高兹继承了法兰克福学派的批判精神,尤其是受到了哈贝马斯"科学技术即意识形态"理论、霍克海默和阿多诺"启蒙辩证法"思想的影响,他以法国核技术发展为案例的剖析,从技术哲学、技术社会学的理论层面,全面分析了以核技术为代表的"硬技术"在资本主义国家政治中的地位和作用,探讨了"技术官僚主义"与"技术法西斯主义"的关系,分析了"技术法西斯主义"的成因、表现和危害,明确指出"技术法西斯主义"是与资本主义国家权力、独裁体制相结合的。提出了在资本主义条件下,科学技术社会作用的异化问题,具体分析了科学技术是如何从中立转变为非中立的;科学技术是如何从启蒙的理性工具,反对迷信神学的理论走向自己的反面而演变为新的精神枷锁,新的"宗教"的;科学曾经与民主为伴,是人类反对封建专制、迷信愚昧的两面亮丽的大旗,但现在的科学技术在很大程度上与民主精神背道而驰了。高兹的这些分析是很有价值的,丰富了技术哲学和技术社会学的内容,拓展了人们的理论视界,加深了人们对资本主义国家科学技术的意识形态化和技术异化问题的理解。

其次,高兹在批判"技术法西斯主义"理论时提出的"软技术""清洁技术"和"人性化技术"等概念也是具有现实意义的。高兹主张小规模、分散化、多样性的技术模式,要求人们因地制宜、因时制宜地选择技术模式,这种技术模式要容易被市民社会所掌握、所利用,不要与民主精神相抵触,还要考虑到生态环境的可承受性,不能造成对自然界的伤害。这些见解在自然资源日渐枯竭,生态环境持续恶化,全球提倡可持续发展的今天是很有现实意义的,对广大发展中国家来讲更是如此。

最后,高兹在阐发自己的技术哲学和技术社会学观点时还提出了一些值得我们关注的问题。例如,他认为:"科学是仆人,而不是主人,科学可以形成不同的手段和方式,但科学不能确立目标,目标是建立在人民的道德和政治选择上的。"(第101页)他还探讨了"绿色革命"与社会革命、文化革命的关系。在印度引进高产水稻技术推行"绿色革命"的结果是失败的,引起了一些骚动和暴乱。因为这些水稻技术要求高、投资大,只有在少数富人农场可以实施,而广大贫苦农民根本无法运用这些技术。所以,高兹认为:"缺乏社会革命和文化革命,绿色革命不能成功……引进资本主义的技术只能导致,加速资本主义的集中和中央集权的加剧。"(第66页)同时,他还敏锐地看到了在资本主义社会条件下,控制自然与控制人的关系,明确指出:资本主义国家"用技术手段全面控制自然不可避免地导致对人的控制"。(第20页)

当然,毋庸讳言,高兹的"技术法西斯主义"理论也存在着一些缺点和不足,有浓厚的"技术乌托邦"情结,理论的阐发缺乏深度,有时还有自相矛盾的地方。

首先,高兹在对"技术法西斯主义"理论的批判中,流露出的"技术决定论"观点是错误的。高兹认为:"没有技术的改造,社会转型将是一种形式和幻想……国家的体制和结构在很大程度上是由自然条件和技术的分量决定的。"(第19页)这样,他就颠倒了二者的关系,只看到了技术对社会的影响,而忽视了社会对技术的控制与牵引。误导人们好像"全是核技术惹的祸",过分期盼着技术模式的转变。似乎只要采用了"软技术"来取代现代大工业技术,人们就无生态环境之忧了。这种观点有避重就轻之嫌,只关注技术模式的转变,而忽视了对资本主义私有制的扬弃。其实,科学技术的作用是受到社会制度、社会环境制约的。我们在为有效解决生态危机问题寻找对策时,不能把希望仅仅寄托在单纯的技术模式的选择上,而应该把新的技术革命与政治革命和社会改造结合起来。

其次,我们也要看到,高兹对核技术的指责是不科学、不公正的。他把核技术说得一无是处,而没有客观地评价核技术的优点,把核工厂、核电站严格的技术要求、组织管理完全等同于技术管理上的"法西斯主义"这也是不对的。他把批判的矛头指向核技术是立错了靶子,找错了方向。对形成"技术法西斯主义"的社会机制的揭示缺乏深度。

最后,我们也应该看到,由于时代的局限性,高兹的有些观点现在看起来有陈旧之感。例如,他误把"苏联模式"的社会主义等同于社会主义的普遍形态,看到了苏联在发展核技术时出现的问题,并主观地认为,在社会主义国家发展核技术也会导致资本主义同样的后果,难以避免"技术法西斯主义"。所以他说:"如果别无选择,我们宁愿要一个没有核技术的资本主义,而不要一个有核技术的社会主义。"(第20页)这是不是太极端了?似乎是技术模式比社会制度更重要,过分强调了技术模式对社会面貌及社会政治、经济的决定作用,这样就违背了历史唯物主义的基本观点。

4. 科学技术的意识形态问题:以汽车工业和医学为案例

高兹在阐发了"技术法西斯主义"理论之后,又从许多与人们社会生活密切相关的科学技术领域入手,对科学技术的异化问题和科学技术的意识形态问题展开了颇有见地的剖析。他在《政治生态学》的第二章第三节和第四章中,用了一定的篇幅,以汽车工业和医学的发展为案例,具体剖析了资本主义社会科学技术异化和意识形态化问题。

(1)汽车的异化与意识形态问题。高兹的《政治生态学》第二章第三节的标题就是"汽车的社会意识形态"。在这一节里,他具体阐发了在资本主义社会条件下,汽车作为一种交通工具是如何具有了社会意识形态功能的。他认为:汽车是反社会的奢侈品,是为少数有钱人服务的,而不是为人民大众服务的。资本主义社会异化的普遍化也导致了汽车的异化,资本主义政府和超级汽车公司的大亨们通过媒体大肆传扬汽车的好处,描绘人人拥有汽车的美好情景,许愿为有车族提供各个方面的便捷。真实的情况却不是这样。

高兹从以下几个方面具体分析了汽车的社会意识形态的表现和作用。

首先,他分析了汽车"神话"的二律背反。汽车给人们带来极大自由的同时,也使人们对汽车产生了极大的依赖性。一旦人们有了汽车,接踵而至的就是与燃料、维修、机械工程师、汽车商人、润滑油、机器开关、零部件的更新、各种有关的保险、车库、占道费等一系列的事情打交道。所以,"汽车主人表面上的独立性隐藏着实际上彻底的依赖性"。(第71页)

其次,高兹认为,人人拥有汽车体现了资本主义在意识形态上的绝对胜利。资本主义政府和汽车制造商通过各种媒介大肆宣扬拥有汽车的价值、特权和出人头地的"派头"。但高兹提醒人们,这是"捉弄人的游戏"。因为,人人拥有了汽车,石油商发财了,人人有车,车价降低了,成为大家代步的工具,这样的车哪有什么特权可言。

再次,汽车的普及也使汽车本身的价值发生了异化。人们拥有汽车是为了出行的方便,但是这样的初衷也在汽车普及的过程中,显现了异化的状态。在巴黎、伦敦、罗马、波士顿等大城市中,人人都拥有开快车的权力。这样的结果是造成了"城市毒瘤"——交通堵塞。行车高峰时,大都市汽车的速度不如自行车,甚至不如步行。拓宽车道,增加立交桥,什么手段都试过了。其结果是同样糟糕。路越多,车就越拥挤,城市交通也就越困难。

最后,高兹指出,汽车给人们的生活并没有带来什么便捷,相反却增添了不少麻烦。大都市几乎瘫痪的交通状况,迫使人们建立卫星城。以美国为例,人们每天频繁地在工作地与生活地之间穿梭,每天花费在汽车上的时间大约4小时,涉及维持汽车正常运行的所有环节。车越多交通就越拥挤,人们为了避免拥挤,就要越来越远离自己的工作地点。这样,人们每天耗费在汽车上的时间就越多。所以,高兹认为,使用汽车消费的时间多于它节约的时间,汽车造成的距离大于它能克服的距离上的障碍。与此同时,他还提到了一个有关汽车的悖论:给我们更多的汽车吧,让我们逃避那因为汽车所造成的交通堵塞。(第74页)

高兹明确提到:汽车是中产阶级自己发明的,是其身份与地位的象征。一旦中产阶级拥有了汽车,汽车反社会的特点就明确了。汽车丧失了它的使用价值,它制造了噪声、毒气、臭气,使城市的空气令人窒息,不再宜于人们的居住,造成了严重的环境灾难。汽车消耗了大量的能源,而能源的开采、运输和储藏等环节也会导致资源的枯竭和生态危机。同时,汽车的增加迫使人们扩大城市,多筑高速公路。所以,大片的城郊良田被占用。而现在,中产阶级面临着汽车悖论造成的社会恶果有逃之夭夭的趋势,他们喜欢上了豪华客机、私人飞机、专用公务机和直升机等新的交通工具。

高兹还指出:汽车成了人们生活的必需品,使资本主义工业成了这场游戏的最大胜利者。人们蜗居在汽车内,构造了一个狭小的私人空间,造成了社会交往的困难,使得人们的生活碎片化、薄片化,人们成为汽车的被动消费者。这样,就使人迷失了自己的生活目的,丧失了人的存在的社会整体性。

值得我们注意的是,高兹在分析汽车的异化问题时,特别提到了当时中国城市的主要交通工具——自行车。他认为,自行车这样的交通工具,体现了朴素节俭的生活方式,是中国社会主义文明的体现。(第67页)在剖析了汽车的意识形态表现之后,高兹也简单地提到了自己对未来生活方式的看法。他提到了马尔库塞的观点,我们要摧毁大都市,建立中等规模的城市,大力推行自行车,发展公共交通,使私人汽车不再成为生活的必需品。总之,用高兹的话说就是要建立"多维度的生活"。

从高兹的思维惯性出发,他对作为科学技术集中体现的汽车所具有的社会意识形态的作用进行了认真剖析,虽然有些见解我们不一定同意,但是,他对汽车异化问题的研究的确是很有价值的,对我们这个后起的汽车工业大国如何处理汽车带来的社会问题有一定的借鉴作用。其实,高兹分析的汽车异化问题并非无病呻吟,空穴来风,类似的问题现在在中国也越来越普遍、越来越严重地发生着,好在国人们已经有了这样的自觉意识和觉醒。2007年9月21日至26日中国首次提倡的"绿色交通和中国城市无车日"活动就是明证。

(2)医学的异化与意识形态问题。高兹在《政治生态学》的第四章,在引用和借鉴其他学者的理论的基础上,阐发了自己对医学异化问题的看法。他首先明确指出,他的目的不是反对医学和医生,也不是拒绝医学治疗和医学照顾,而是要深入剖析在资本主义条件下医学异化产生的根源,探讨医学表现出的意识形态问题。

高兹指出:资本主义文明引导人们过度消费,一方面破坏了持续消费的可能,另一方面又修补这种对消费的破坏。这种盲目发展的结果导致了严重的生态危机,而且这种危机有愈演愈烈的趋势。尽管资本主义政府在修补环境灾难方面耗费巨资,但收效甚微。用这种异化现象来分析资本主义社会中的医学问题也是同样适合的。在高兹看来,资本主义条件下的医学已经发生了严重的异化,具体表现在这样一些方面:

首先,医生越来越多并且病人也越来越多,医学普及并没有减少疾病的发生和疾病的种类。相反,"文明病"所导致的疾病,如糖尿病、各种癌症、心血管病等既不能预防也不能根治,各种传染病的传染速度加快,传染范围扩大。这些疾病都与我们的生活方式和生活环境有关。

其次,"过度医学化","完美健康的医学神话"给人们的健康带来极大的损害。医疗部门鼓励人们去看大夫,用医学技术的方式迫使人们去接受人们感到茫然的技术处理手术,而不是引导人们探究导致疾病的真正的社会的、经济的、环境的原因,医学用技术的面罩掩盖了疾病生产的结构性的原因。"完美健康的医学神话"给人们这样一个误解:健康是可以用金钱买来的!健康来源于对药品和医生呵护的消费!似乎是人的一生有医学的保护,健康需要的各种器官可以购买,随时更换;各种疾病有医学专家对付,人们生命的各个阶段都有医生照顾。其实,健康不是天赋的,也不是恩赐的,要靠我们自己的养护。而完全药品化、过度医学化恰恰阻止或妨害了人们对疾病的自我抵制能力。

再次,在资本主义社会,医学异化了。器官移植、重症监护、高难手术使医院成为最赚钱的行业。医生们看待病人、疾病和对医学功能的理解还停留在18,19世纪的水平上,其中浸润着资产阶级意识形态的痕迹。他们把人的身体视为一部机器,如果它的齿轮、轴承、游丝有毛病了,医生则是工程师,用机械的、化学的、物理的、外科手术等手段来修补人的身体。过去人们相信奇迹,现在人们相信科学。医生在某种程度上变成了"牧师"。

最后,医学具有了阶级属性和意识形态的功能。高兹认为,在资本主义条件下,医学不是中立的,私人医院是富人的,而公立医院是穷人的,不同的医疗待遇是患者社会地位和经济收入不同的结果。医生行医等于经商,医生与患者的关系是市场关系、金钱关系。他还指出,医学是诉诸专家的,而卫生是依靠人民的。卫生与医学的不同差距就是大众文化与精英文化的不同差距。这样,医生和专家的社会作用就具有了意识形态的特征,人们屈从于医学的权威和屈从于技术的权威是一样的、同时的。在这样的意义上,医学技术就成为资产阶级控制人们的新工具。

高兹在分析资本主义社会健康问题时,特别强调了社会环境因素对健康的影响,提出了"社会的病理学"的概念。他认为,健康的基础在医学之外,在于人们的工作状态、生态环境和社区活动。雇佣工作的破碎性、市场关系的紧张、生活的厌烦乏味、社会交往的障碍都容易使人们感到病态。从批判的角度看,人们要保持健康,必须放弃对"全盘医学化""过度医学化"的依赖,在医学之外去探询健康之路。

高兹非常重视疾病与生态环境的关系问题。他多次强调,现代人经常患的"文明病",如糖尿病、高血压、心脏病和各种癌症等都与我们的生活方式和生存环境有关。健康的基础在于良好的生态环境,而不在于医生的多少、药品的精良及医院规模和等级的高低。清洁的空气、纯净的饮用水、多样化的食品、经常的锻炼和良好的卫生习惯,这些对提高人们的健康素质是最有效的,是人们的健康之基。在高兹看来,"工业的报复"(医学的报复就是其中的一种表现)才是致病的真正原因。因为工业的发展带来了汽车等交通工具的普及,人们走路的时间大大减少了,工业化生产的快餐食品增多了,而纯自然的食品减少了,结果是结肠癌、直肠癌的发病率在工业化的国家要比非洲农村地区高出10倍。80%的癌症是由工业社会的环境污染造成的。"工业的报复"破坏了自然、奴役了自然,大自然的机体已是伤痕累累,人类的机体怎么可能没有病?正所谓,覆巢之下,安有完卵?

高兹对发达资本主义国家医学技术异化问题的批判,对我们观察、剖析中国医药医学卫生领域出现的问题也有着直接的启示意义。不可否认,高兹在书中所涉及的医学领域的种种异化现象在我们国家也有所表现。2007年,原国家食品药品监督管理局局长郑筱萸被判处死刑的案例就很说明问题。在经济利益的驱动下,国内许多药厂的领导为了获得新药生产的许可,对郑筱萸等人大肆行贿。在这种情况下,许多老药披上"新衣"(取个新药名),以更高的价格推向患者,在一些人获得暴利的同时,却加大了广大患者的经济负担。据2007年12月

24日《黑龙江晨报》报道:宁波同和医院发布内部文件,把医生的收入和业务指标相挂钩,医生给病人开的药越多、价格越高,让病人来医院就诊的次数越多,医生赚的钱也越多。而且,医院要求医生给病人开直销药。所谓直销药就是医院直接从药厂购进的药,这种药的中间利润是很可观的。结果是:医生开药"只选贵的,不选对的"。

在中国古代,医生是一个高尚的职业,"不为良相,就为良医"是许多有识之士的人生选择;在现代中国,医生更被定义为"白衣天使",行使着"救死扶伤"的崇高使命。但是,金钱蒙蔽了一些医生的良心,利欲熏黑了一些医生的心肠。为了钱,为了经济指标,他们不顾自己的形象干起了丑恶的行为。

高兹关于"工业的报复"和疾病与环境关系的论述对我们认识中国的环境污染与疾病的关系也有很强的针对性。在中国高速发展经济的同时,环境的代价也是极大的,给人们的身体健康带来了极大的伤害。2005年松花江水污染事件,2007年无锡太湖的蓝藻危机可以说都是"工业报复"的典型事例。2006年9月15日《光明日报》报道了甘肃省徽县水阳乡群众血铅超标和湖南省岳阳县饮用水源砷超标事件。这些环境污染事件导致了严重的疾病。2007年7月3日英国《金融时报》报道:世界银行的中国污染报告称,中国每年约有75万人早亡,主要原因是大城市的空气污染。另外,还有6万多人因水质较差患上严重的腹泻、胃癌、肝癌和膀胱癌而早亡。

鉴于此,我们要深刻反思技术的异化问题,对生态环境恶化可能导致的疾病要有充分的警惕,把关爱大自然这个人类无机的身体与关爱人类的有机身体结合起来,达到自然机体生机盎然和人类机体健康勃兴的完美统一。

二、高兹的《经济理性批判》导读

在分析生态危机产生的原因时,生态学马克思主义不满足于仅仅从客观的外在因素寻找原因,而是更注重于从人们的心理层面、从认识根源上探索引起生态环境危机的思想基础。这是生态学马克思主义的一个学术共识。

同时,我们也注意到了生态学马克思主义对资本主义生态批判的理论维度,这是对资本主义社会进行批判的一个新的切入点。高兹的"经济理性批判"理论实际上就是这种学术道统的持续。在高兹看来,当代资本主义社会中的生态环境危机是资本主义追求利润最大化的生产方式的逻辑必然。这种利润至上的观念是资本主义经济理性的具体体现。所以,高兹对资本主义利润至上原则的批判就推进到了对资本主义社会经济理性的批判,这就是从抽象的观念层面探讨导致资本主义生态危机的思想根源。高兹的"经济理性批判"理论集中体现

✦ 在他的《经济理性批判》(*Critique of Economic Reason*. Verso,1989。以下引文出自该书的,只注页码)一书中。其正文有三篇,分别是:"劳动的变质";"经济理性批判";"导向与建议",外加一个附录。

(一)批判与重建:高兹对现代化的重新审视

纷乱杂陈的后现代主义思潮普遍认为,当今的生态危机"全是现代化惹的祸",人们要摆脱生态危机的厄运,就要放弃现代化的价值主张。对于这样的见解,高兹是不认同的。在该书的"导论"部分,高兹旗帜鲜明地表达了自己对现代化的看法。他说:"现在我们所经历的并不是现代化的危机。我们当今所面临的是要把现代化的前提加以现代化。当前的危机并不是理性的危机,而是合理性的日益明显的不合理的动机的危机,正如被人们变本加厉地追求的那样。当前的危机并不意味着现代化的过程已经走到了尽头,而我们必须走回头路。倒不如说具有这样的含义:我们需要对现代化本身加以现代化,需要反过来将现代化本身纳入其自身的行为领域,即将合理性本身加以合理化。"(第1页)在这里,高兹对现代化的合理性问题采取了辩证否定的态度。在他看来,对现代化的价值诉求是不能放弃的,当前资本主义社会出现的种种危机不是现代化本身的危机,也不是理性的危机。人们没有必要抛弃现代化,诋毁理性。更不能走回头路而"跟着感觉走,紧握着梦的手"。同时,高兹也敏锐地体察到了现代化、合理化中存在着的非现代化、不合理性的思想观念和认知标准。换句话说,导致危机的症结不在于现代化、合理化,而在于隐藏其后并驱使着现代化、合理化的那种"不合理的动机"。所以,我们当今要做的事情,是要让现代化本身现代化,让合理化本身合理化,而不是要退化到前现代化、非现代化的状态,更不是用非理性、无理性来取代合理化。这样,批判的目标就明确了,我们不是要驱逐现代化,而是要使现代化、合理化臻于完善,趋于发展。

那么,人们怎样才能达到上述目标呢?高兹提出了给"现代化划定界限"的思想。他重新审视了现代化的观念,发现了过去人们在理解现代化时存在的误区,即人们往往把现代化视为没有界限的、可以漫无边际地加以应用的观念。他说:"我希望证明现代化具有本体论的和存在论的界限,证明这些界限只有伪合理性、非理性的手段才能加以突破,而正是这种伪合理性、非理性的手段,使合理化走向了反面。"(第1页)因此,他强调:"这里我的主要目的之一就是给我们能加以合理化的领域划定界限。"(第2页)所谓给合理化的领域划定界限,就是要确立在现代化、合理化的进程中,哪些是我们可以做的,哪些是不能做的,而不像现在这样什么都可以做,什么都敢做。

我认为,高兹对现代化、合理化的看法是有道理的,他没有跟随着"后现代主义者"对现代化大放厥词,反对笼统地否定现代化,而是主张重新审视现代化,给其划定界限,这是一种真知灼见。

(二)经济理性的表现

高兹在反思现代化、合理化时认识到,人们在追求现代化的过程中,过分彰显了经济理性,而忽视了生态理性。而这恰恰是现代化中的"软肋",是合理化中的伪合理化和非理性的表现。高兹指出,当前资本主义社会普遍面临的生态危机不是现代化本身的危机,而是追求经济理性的非理性动机的危机,是生态理性严重迟滞的危机。资本主义国家在现代化的进程中,在经济理性的怂恿下,片面追求经济利润,陷入了唯利润主义的泥淖。所以,为了寻找导致生态危机的思想根源,我们必须考察经济理性在资本主义社会的运作情况。

什么是经济理性?高兹在《经济理性批判》中和在他的其他专著中多次提到"经济理性"或者"经济合理性"这个概念,他有的时候是用描述的方式,有的时候是用对比的方式阐发这个概念,从严格的学理层面上精确的定义还不多见。但我们仍然可以真切领会到"经济理性"这个概念的内涵与外延。下面摘录他关于"经济理性"的几段论述来说明该概念。

他说:"计算机化和机器人具有一种经济的合理性,确切地讲,它以尽可能有效地使用生产要素的经济需求为主要特征……这种合理性的目的在于使生产要素发挥作用时更加经济化,它要求用简单的度量衡单位标准对生产要素的使用加以衡量、计算和规划。无论这些要素是什么样的,我们都可以表述它们。这个度量衡单位就是'单位损耗',这种损耗本身就是劳动时间的一种功能,而劳动时间又体现在产品和用来生产产品的手段(广义地说即是资本,它是积累起来的劳动)之中。从经济合理性的角度看,由于所使用的手段的日益有效而在全社会的范围内节省下来的工作时间构成了这样一种工作时间,它可以用来生产附加财富……通过安排这种被节省下来的劳动时间给予失业者以补偿,其方式或是雇佣这些失业者从事其他经济活动,或是付给他们一定的报酬让他们去干那些以前既不付酬也不被认为属于经济活动范围的事。"(第2~3页)高兹在这里强调了"经济理性"的产生是与计算机化和高度机械化联系在一起的,它的特征是用度量衡的尺度来计算和核算生产要素的经济效益。对于由于劳动手段改进后节省下来的劳动时间也要加以经济上的利用,以便生产出更多的产品,获取更大的价值。

他说:"经济理性发端于计算和核算……从我的生产不是为了自己的消费而是为了市场那一刻起,经济理性就开始启动了……于是,计算和核算就成为具体的合理化的典型形式。计算与核算关心的是单位产品所包含的劳动量,而不考虑劳动带给人的活生生的感受,即带给人的是幸福还是痛苦,不考虑它所要求的成果的性质,不考虑人们与劳动产品之间的感情和美的关系……人们的活动取决于一种核算功能,而不顾及他们的兴趣和爱好。"(第 109~110 页)在这里,高兹指出"经济理性"是市场经济的理性符号,它是单向度的理性,仅仅考虑经济总量的增长和计算,而根本不考虑经济活动主体的感受与心情。所以,"经济理性"是冷冰冰的,缺乏人文关怀的维度。

高兹认为,在经济理性盛行的资本主义社会,人们普遍认为"与从事具体劳动导致的自由的丧失相比,挣钱所带来的满足更重要。赚钱成为工作的首要目的,人们不会从事任何没有经济补偿的活动。金钱取代了其他价值并且变成了资产阶级唯一的衡量尺度"。(第 46 页)这里,高兹突出了经济理性所内含的金钱至上、金钱万能的特性。

他还说:"在经济理性的指导下,生产必然是被商品交换所支配,它必然被在一个自由的市场上进行交换这一原则所驱使。在市场上,被割裂的生产者面对着同样是被割裂的购买者,他们在市场竞争中发现了自己。"(第 110~111 页)既然在经济理性的驱动下,生产的主要目的是市场交换,那么,这样的生产必然是越多越好。于是,人们在传统社会中形成的"够了就行"的价值理念就势必要被"越多越好"的经济理念所取代,"经济理性"的"幽灵"就会在人们的心中久久地徘徊。正如高兹所说的:"取代'够了就行'这种看法,人们提出了一种用来衡量工作成效的客观标准,即利润的尺度。从而成功不再是一种个人评价的事情,也不是'生活质量'问题,而主要是看挣钱的多少和财富的多寡。经济量化的方法确立了一种确信无疑的标准和等级森严的尺度。现在,这种标准和尺度不需要用任何权威、任何规范和任何价值观念来确认。效率就是标准,并且通过这一标准来衡量一个人的水平和能力:更多总比更少好,挣钱更多的人总比挣钱更少的人好。"(第 113 页)

从上面的论述中,我们可以比较清晰地把握高兹表述的经济理性的含义:即把经济活动建立在计算和核算的基础上,竭力奉行金钱至上的原则、利润效益最大化的原则、生产规模越大越好的原则、消费越多越有尊严的原则和商品越多越好的原则。在经济理性的视野里,人的主体地位、审美感觉、兴趣爱好、交往需要、完善自我等都失去了存在的必要。

高兹在共时性地揭示了经济理性的含义特征的同时,也用了一定的篇幅从历时性的角度论述了经济理性形成的历史过程。他强调指出,是资本主义的形成与发展催生并强化了经济理性,使得经济理性成为在资本主义社会占主导地位的时代理性。在前资本主义的传统社会中,"当人们可以自由地决定其需要和工作强度时,经济理性并不适用。那时人们为了使其工作控制在一定限度内,就自发地限制其需要,工作到自认为满意就行,而这种满意就是自认为生产的东西已经足够了。'足够'调节着满意度与劳动量之间的平衡……'足够'不是一个经济学范畴,而是一个文化意义或者存在意义上的范畴。'够了就行'(Enough is enough)意味着拥有更多东西并不意味着更好的服务,更多并不等于更好,正如英国谚语所云'知足常乐'(Enough is as good as feast)"。(第111～112页)高兹提到的前资本主义社会,属于自给自足的农耕文明时代,人们在生活中处处奉行着"够了就行"的原则。耕种、纺织、营造、饲养、制造、采集、渔猎等活动对大自然的索取和影响是微不足道的,人们对自然界的利用程度与自然界的恢复程度基本上是同步的。在传统社会中,经济理性并不占支配地位,人们在社会生活的诸多方面都信奉着"够了就行"和"知足常乐"的理念,还经常用这样的处世观念来提醒自己,那就是:"要怎样才算是好,只如此已是过分。"

（三）经济理性导致的生态危害和社会危害

高兹在分析批判经济理性过度膨胀导致的危害时,用了较大篇幅来揭示经济理性对生态环境的危害,这表明他的经济理性批判理论烙上了生态学马克思主义的理论印痕。

在该书中,高兹多次谈到生态环境问题,体现了高兹批判资本主义的生态维度和生态思维的理性导向。他指出"自然资源的有限性构成了经济合理性的障碍"。(第111页)以此为前提,高兹对资本主义的经济理性批判所得出的结论就是,建立生态社会主义是理性发展的必然。他善于借用已有的生态学理论来论证自己的观点,提到了法国存在主义哲学大师萨特的生态观点。萨特在《辩证理性批判》中涉及到了物质世界的整体性问题。在论述该问题时,萨特谈到人们初始行为的盲目性可能导致相反的结局。例如,每个个体劳动的农民为了扩大耕地这一初始目的而伐树开荒,结果是既破坏了植被,又造成水土流失、土壤侵蚀,引起了灾难性的生态恶果。高兹还引用了伽里特·哈丁的"公共地悲剧"假说,说明经济理性的生态危害。哈丁分析道:每个农民自由地追求自己的利益,最大限度地在公共草场上放牧,当公共牧场上"畜满为患"的时候,每头奶牛会因为牧草有限而减少牛奶产量。然而,个别奶牛产奶量的减少是与其他奶牛产奶量的减少相伴而生的。为此,每个农民都想通过增加牛群数量的方式来达到增加牛奶产量的目的,这样势必促使农民为了自己的利益尽快扩大自己的牛群数量。这样一来,每个农民都在寻求自己的利益,其结果是必然损害大家的利益。所以,要从法规上限制牲畜的总量,在实践上要限制每个农民的牲畜数量。这样,"公共地悲剧"的恶果才能被阻止。

在高兹的理论分析中,我们可以清晰地看到生态理性与经济理性的对抗,二者是价值取向迥异的不同概念。他说:"生态学有一种不同的理性;它使我们知道经济活动的效能是有限的,它依赖于经济外部的条件。特别是,它使我们发现,超出一定的限度之后,试图克服相对匮乏的经济上的努力造成了绝对的、不可克服的匮乏。但结果是消极的,生产造成的破坏比它所创造的更多。当经济活动侵害了原始的生态圈的平衡或破坏了不可再生的自然资源时,就会发生这种颠倒现象。"(ANDRE GORZ. Ecology as Politics[M]. London:Pluto,1980:16)高兹用对比的方法凸显了经济理性与生态理性的不同,他指出:"从总体上看,生产力的经济规则与资源保护的生态规则是根本不同的。生态理性是以尽可能少的劳动、资本和资源投入,采取尽可能好的生产方式和手段,尽可能提高产品的使用价值和耐用性来满足人们的物质需要。相反,经济理性把利润最大化建立在生产效率、消费和需求最大化的基础上。只有通过这种最大化的消费和需求才能获得资本的增值。结果是,企业生产力的发展导致整个经济领域浪费日益严重。人们可以看到,从生态观点看是对资源的破坏和浪费,从经济观点看就是增长的源泉……从生态观点看是节俭的措施,例如生产耐用消费品、降低能源和资源消费,从经济眼光看就是国民生产总量的减少,就是没有做到物尽其用。"(ANDRE GORZ. Capitalism·Socialism·Ecology[M]. London:Pluto,1994:32-33)通过高兹的分析,我们可以看到,资本主义倡导的生产最大化、利润最大化和消费最大化的经济标准是不同于资源保护的社会生态最大化标准的。企业在经济理性和生态理性的不同价值观驱使下,对企业本身的经济活动的看法是大相径庭的。从经济理性看,企业就是要追求利润最大化,而生产最大化是前提,消费最大化是手段。但从生态理性看,片面追求利润最大化势必导致自然资源的巨大浪费和枯竭,反过来制约经济的发展。从经济理性看,企业为了在激烈的市场竞争中立于不败之地,就一定要加快商品的淘汰率,以更多、更新颖的商品不断刺激人们的购买。但从生态理性看,这种异化的消费并不是要满足人们真正的需要,而是导致了巨大的浪费。正如美国销售分析家维克特·勒博说的:"我们庞大而多产的经济要求我们使消费成为我们的生活方式,要求我们把购买和使用货物变成宗教仪式,要求我们从中寻找我们的精神满足和自我满足……我们需要浪费东西,用前所未有的速度去烧掉、穿坏、更换或扔掉。"(艾伦·杜宁. 多少算够——消费社会和地球的未来[M]. 长春:吉林人民出版社,1997:5)可见,经济理性与生态理性是矛盾的,这种矛盾在资本主义制度下表现得尤为突出。

高兹认为,经济理性大行其道的资本主义社会是一个病态的社会,人们的思维被禁锢在狭隘的利润至上的精神桎梏中,忽视了对生活本质的反思和人生价值的追问。这样的社会氛围使得"社团成员间团结一致、互相帮助、志愿互助这些行为只能处于社会系统和经济理性的边缘……我们生活中一些最本质上的需求,例如没有污染的空气和水,避免工业污染而受到保护的地区,避免化学掺假物污染的食品和体贴周到的照顾等,只有在反对该社会系统中的经济理性,用暴力斗争的方式反对国家官僚和工业大机器的斗争中才能获得伸张和辩护"。(第99页)同时,人们也应该认识到市场不是万能的,经济理性也不是通神的,因为"人们的许多需求是市场不能提供的:对空旷地、空气、清洁的水、光线、安静、公共交通的需求,对疾病和事故的预防、公共卫生、教育、给破碎家庭的服务性的补偿和社区的团结互助关系等的需求"。(第131页)而这些需求才是人的本真状态的需求。

　　高兹认为,当代资本主义社会是一个异化普遍化的社会,而在众多的社会危机中,生态危机是最根本的危机。这是资本主义经济理性的必然结果。因为以经济理性为核心价值观的资本主义生产方式崇尚生产更多、利润更大和消费更快的原则。但是"事实上,传统的工作伦理已经过时了。这样的情况已经是不真实的了,即认为生产的产品多就意味着工作时间长,或者是生产的产品多就意味着能过上好日子。现在'更多'与'更好'之间的纽带已经断裂了,我们对产品和服务的需要已经超过了足够的程度。我们许多尚未满足的需要不能靠生产更多的产品,而是靠不同的产品,不同的生产,甚至靠更少的生产来满足。尤其是我们在满足对空气、水、空地、安静、美、时间和人际交往等方面的需要时情况更是如此"。(第220页)所以,在生态理性的视野里"生活质量依赖于环境,其中包括我们对空地、新鲜的空气、宁静、建筑样式和城市规划等方面的需求。这些东西在市场上是买不到的。自然资源不是生产出来的,无论什么价格也购买不到。特别是像扩大植树造林、控制污染、能源保护、城市发展和疾病预防这些事情更是如此"。(第237页)

　　高兹在指出了资本主义经济理性的生态危害的同时,也从人的存在状态和社会批判的角度展开了对经济理性的社会危害的剖析。

　　首先,作为生态学马克思主义者,高兹采用了马克思的理论来揭示资本主义经济理性的社会危害。在该书中,高兹多次引用了《1844年经济学哲学手稿》《共产党宣言》《德意志意识形态》《资本论》等马克思恩格斯经典著作中的观点。他说:"资产阶级所秉持的经济理性是单向度的,直截了当的,其含义是要扫除一切从经济角度看来不合理的价值和目的。这样的结果是,除了人与人之间存在着的金钱关系什么也没有留下,除了各个阶级之间存在着的暴力关系什么也没有,除了人与自然之间存在着的工具关系之外什么也没有。这样势必导致工人无产阶级完全被剥夺,仅仅沦为劳动力的交换者,他们任何的特殊利益都被剥夺了。无产阶级的劳动失去了劳动者的所有魅力,他们变成了机器的附属物。"(第19页)我们可以这样说,马克思在《共产党宣言》中对资本主义生产方式的批判就是对经济理性批判的理论先声。众所周知,马克思、恩格斯分析道:资本主义在历史发展中,用经济理性的利剑斩断了一些封建的、宗法的和田园诗般的社会关系,它使人与人之间除了赤裸裸的利害关系,除了冷酷无情的"现金交易",再也没有任何别的联系了。它把宗教虔诚、骑士热忱、小市民伤感这些情感统统淹没在利己主义的冰水之中,把人的尊严变成了交换价值。资产阶级的金钱关系抹去了一切向来受人尊敬和令人敬畏的职业的神圣光环,把医生、律师、教士、诗人和学者变成了资产阶级出钱招雇的雇佣劳动者。同时,资产阶级撕下了罩在家庭关系上的温情脉脉的面纱,把这种关系变成了纯粹的金钱关系。真可谓是一针见血!按照马克思、恩格斯的观点,资本主义经济理性展现之时,就是工人阶级生活状况非理性之日。在资本主义异化劳动中,工人变成了大机器的附属物,人们从劳动中获得的只能是痛苦和辛酸,劳动失去了它应有的魅力,它单调、重复、简单、毫无快感、毫无创造性。异化劳动不是对人们劳动能力的礼赞,而是对人类劳动的亵渎,它使劳动者以非人的方式忍辱苟活。

高兹在这里强调,按照马克思和恩格斯的论述,我们可以看到,经济理性的危害在异化条件下的表现可以归结为两方面:一方面导致了人与人的关系异化为赤裸裸的金钱关系,另一方面使人与自然的关系异化为单向度的工具关系。这样的结果就使得社会异化和自然异化成为资本主义社会经济理性的逻辑必然。

其次,法兰克福学派哲学家哈贝马斯的"认识－工具理性"理论也对高兹的经济理性批判理论有很大的启发。哈贝马斯认为,在资本主义经济理性的灌输下,人们喜欢用金钱的标准来衡量人们的各种行为,用成本－利益分析的方式来量度人们的各种表现。许多社会问题,例如从城市建设到预防犯罪的项目,由于以金钱为目的而被弄得一塌糊涂。在高兹看来,哈贝马斯的"认识－工具理性"实际上就是经济理性。所以,他就借用了哈贝马斯对"认识－工具理性"的批判进一步剖析了经济理性的社会危害。他说:"经济理性,作为'认识－工具理性'的一种特殊形式,它不仅仅扩充到了其并不适合的制度的层面上,而且使社会统一、教育和个人的社会化赖以存在的关系结构'殖民化'、异化和破碎化。哈贝马斯就把这种由'经济－管理的亚系统'发展起来的'势不可挡'的动力所推动的'殖民化'视为理性,视为由金钱和国家权力所支配的变异的调节。"(第107页)这里,高兹从哈贝马斯对"认识－工具理性"的批判中找到了理论上的知音,认为经济理性的社会危害主要表现于使人们的生活世界"殖民化"。

什么是生活世界的"殖民化"？在什么意义上我们说经济理性与认识-工具理性是一样的？高兹给人们描绘道："我想指出经济理性和认识-工具理性的共同根源，它们的根源在于思维的形式化，把思维编入技术的程序中，使人们的思维孤立于任何反思性的自我考察的可能性，孤立于活生生的体验。种种关系的技术化、异化和货币化在这样的思维活动中有其文化上的寄托。这种思维的运作是在没有主体的参与下进行的，由于没有主体，这种思维不能很好地说明自己。这是多么冷酷的文明，它的冷酷的、功能化的、核算化的和形式化的种种关系使生活中的个人面对着异化的世界各个视如陌路，而这个冷酷的异化世界正是他们的杰作，与其威力无比的技术发明结伴而来的却是生活艺术、交往和自发性的衰落。"（第124页）通过高兹的阐发，我们大致可以知道生活世界"殖民化"的含义。我们知道，殖民地人们的生活境况是被动的，被奴役的，他们没有自己的主体性呐喊，殖民地的人们总是生活在殖民者制定的种种限制性规约中，胆战心惊，如履薄冰，而资本主义经济理性也可以造成这样的后果。从现象上看，人们生活在"技术化、异化和货币化"的世界上，人与人的多种关系被简约为赤裸裸的金钱关系、利益关系，生活在异化世界中的人视他人为陌路，视他人为"地狱"，人与人的关系可以说是"提到钱，就没缘"。金钱至上观念的思维定式使得人们淡忘了对生活艺术的追求，放弃了对人际交往的憧憬，人们在社会生活中缺乏主动性、自发性和创造性。人们对经济利益趋之若鹜，而对生活目的缺乏价值追问，对生活意义没有理性的反思。从本质上看，生活世界的"殖民化"是"思维的形式化"，"思维程序的技术化"的逻辑必然。思维的形式化与思维的趋同化必将导致思维之花的枯萎，思维的内敛性过度而发散性不足。人们就像殖民地的顺民一样，成为资本主义经济理性的"俘虏"，思维活动缺乏批判性、否定性的特质，变成了单向度的人。

再次，高兹批判了当代资本主义经济理性的新危害——"新奴隶主义"的产生。高兹在剖析资本主义经济理性时发现，该理性也对社会结构、劳动力结构、对人们的生存方式产生了多方面的影响。高兹在其早期著作中用了大量篇幅论述他的"后工业社会论"，"非工人的非阶级（新无产阶级）论"。由于第二次世界大战以后科学技术的快速发展和社会生产力水平的极大提高，在很大程度上改变了以往以劳动、生产和工作为基础的社会，机械化、电气化、计算机化的大力普及，劳动时间日渐缩短，使得现代人从长时间的工作状态中解放出来，从而获得了大量的自由时间，"闲暇"已经不是少数富人的专享，而成为许多人的生活状态的一部分。社会已经不再需要那么多的人，花费那么多的劳动时间来生产物质生活资料。但因为资本主义社会的经济理性仍然起着牵引的作用，整个社会还沉浸在"越多越好"的理性狂欢中,从而造成了对节省下来的劳动时间加以不平等的分配,即人口中越来越多的一部分人不断被动地从经济活动领域中排除出去或者被主流经济活动边缘化。而与此同时,另一批职场"白骨精"(白领、骨干、精英)则继续从事着各项重要、关键和更多的工作,他们的收入高、工作环境好、社会地位受人尊敬,职场感觉令人羡慕。知识密集型、技术密集型的经济活动带来了丰厚的利润,而劳动密集型的经济活动正在向发展中国家转移。这种做法完全符合"越多越好"的经济理性。所以,整个资本主义社会在资本有机构成不断提高的前提下,劳动生产率日益提高,创造的物质财富越来越多,但导致的社会问题是:随着"技术鸿沟"和"信息鸿沟"的拓宽,社会中在技术和信息方面处于劣势的人群就逐渐沦为职业精英的奴隶,社会的两极分化进一步扩大,这样,技术化和信息化时代的"新奴隶主义"产生了。他说:"对经济领域中劳动的不平等分配,以及与此相伴随的对由技术发明所创造的自由时间的不平等分配,导致了这样一种状况,在这样的状况下,一部分人可以从另一部分人那里购买到额外的闲暇时间,而后者则沦为了为前者服务的人……至少是对于提供个人服务的这部分人来说,这样的社会层次决定了他们只能是服从于和依附于他们为之提供服务的那些人。这样的社会后果是,曾经被战后工业化所废除掉的'奴隶阶级'再次出现了。"(第6页)在高兹看来,今天这种被职业精英雇佣来为其服务的仆人和以前富人阶级雇佣的家奴没有什么本质上的区别。

高兹在这里提到的"新奴隶主义"的问题,实际上涉及科学技术发展和工业化加快所导致的社会分层问题,涉及经济理性造成人的社会关系的畸化和物化。该观点对我们洞察新的社会问题有一定的警示作用。

(四)逃脱经济理性的禁锢

高兹首先明确指出:"从经济或商品理性中解放出来是可能的,但要把它变成现实必须要有行动。"(第223页)而这个行动的理论指南就是前面提到过的给现代化划定界限,给理性划定界限。他一再重申,现代化的列车不能再以经济理性为引擎,而应该逃脱经济理性的禁锢,树立生态理性,使现代化列车在生态理性的指引下前进。

高兹认为,经济理性属于工具理性,生态理性属于价值理性,这两种理性在资本主义制度下是不相容的。作为工具理性的经济理性,它主要是要谋求外在的有利于自身的好处,就像人们只关注工具的性能、特点那样,只要"好使""能用"就行,至于用工具干什么,干得对与不对,那是价值理性要关心的事情。高兹指出,从经济理性考虑,只有作为商品的价格,交换价值才是一切事物现实性的体现。只有可以计算的、定量化的和可以用数字来描述的东西才是"真实的",而对经济活动的价值追问,对终极意义的思考是虚幻的,是不被人们看好的。正如高兹所言:"经济理性无所不在,它的终极目标就是最有效地使用各种手段并且最有效地利用各种手段来组成组织系统。从本质上看,经济理性就是工具理性,其终极目标就是发挥这些组织系统的合理功能,目的是积累金钱,创造利润,达到对自然资源的有效利用。"(第94页)高兹充分认识到资本主义的经济理性与生态理性在本质上是对立的,前者只抓住眼前的利润,后者考虑到自然循环的长期性和保护自然环境的必要性;前者是"今朝发财今朝对,管它明日是与非",而后者要奉行可持续发展的理念,树立生态思维方式,充分考虑到生态正义、生态平衡等问题。因此,超越经济理性的藩篱,摆脱其控制,树立生态理性就是一个社会理性成熟的思想诉求。

如何逃脱经济理性的禁锢?高兹为我们提供了解决问题的路径。

首先,要破除经济上"越多越好""多多益善"的思维惯性,打断"更多"与"更好"之间的联结,使"更好"与"更少"联系起来。高兹分析道,资本主义与其说是消灭了匮乏,不如说是在其他更为本质的需要方面再生产着匮乏:空闲时间、自然资源的匮乏,甚至新鲜的空气、干净的饮水、绿地园林、和平的氛围和安静的社区环境的匮乏。这些匮乏是不入经济理性的法眼的。所以,高兹主张,只要我们生产更多的耐用品以及不破坏生态环境的产品,只要生产的商品人人有份,那么工作时间的减少不一定使工资减少,消费品的减少不一定使生活窘迫。相反,人们生活水平的提高,就是完全可能的。他说:"特别是当人们发现更多并非必然是更好的,发现挣得越多,消费得越多并非必然导向更好的生活,从而发现还有着比工资需求更为重要的需求时,他们也就逃脱了经济理性的禁锢……当人们认识到并不是所有的价值都可以量化,认识到金钱并不能购买到一切东西,认识到不能用金钱购买到的东西恰恰是最重要的东西,或者甚至可以说是最必不可少的东西之时,'以市场为根基的秩序'也就从根本上动摇了。"(第116页)

其次,要大力弘扬生态理性,把它从经济理性的遮蔽中解放出来,使其成为生态文明时代的新理性。高兹说:"生态理性的思路在于,以尽可能好的方式,尽可能少的、有高度使用价值和耐用性的物品来满足人们的物质需要,并因此以最少量的劳动、资本和自然资源来实现这一点。"(ANDRE GORZ:Capitalism · Socialism · Ecology[M]. London:Pluto,1994:32)"生态理性可以归结为一句口号:'更少但更好',它的目标是建立一个我们在其中生活得更好而劳动和消费得更少的社会。"(ANDRE GORZ. Capitalism · Socialism · Ecology[M]. London:Pluto,1994:33)高兹认为,经济理性实际上是"不理性""非理性",而生态理性才是真正的理性。健全的生态理性反对人们无节制地追求高消费、把消费与幸福满足等同起来的传统观念,主张劳动是建立人与自然和谐关系的中介,实现劳动与休闲的有机统一。要告诫人们,消费不是快乐之源,只有在劳动中人们才能体会到主体的创造性和能动性,才能体会到发自内心的喜悦与快乐。人们要注重提高生活质量,做到物质生活与精神生活的平衡和谐,学会从创造性的、有特色的、非异化的劳动中感到劳动者的价值与尊严,从而保证生态理性、经济理性和社会理性的内在统一。高兹很注重揭批消费主义,破解"不消费就衰退","不消费就不幸福"的神话,他把是从消费领域还是从生产领域获得满足概括为经济理性与生态理性的区别,认为从经济理性向生态理性的转换过程也是人们不断地从生产领域而不是从消费领域获得满足的过程。

再次,社会发展的整体趋势要从经济社会逐步向文化社会过渡。要挣脱经济理性的禁锢,人们就要重新认识闲暇的意义。由于科学技术的发展,资本有机构成的提高和劳动时间的缩短,人们可以自由支配的时间大大增多了。在这样一个足够大的自由空间中,人们的生活不再被劳动所占据,不再被挣钱所累。人们发现在社会生活中并不是所有活动都是可以量化的,不以金钱为衡量标准的活动也是人们生活中的自主活动。以经济为目的所进行的劳动大大减少之时,自主的行为有可能在社会生活中占据支配地位。所以要把经济理性从闲暇时间中清理出去,因为人们在劳动之余的许多活动,例如,艺术创作、照料老人与病人、与人交往、从事体育锻炼、观光旅游、读书写作、野外考察、科学研究、参与环境保护等并不是唯经济理性的马首是瞻。闲暇活动不再只是劳动的剩余或补偿,而是人们真实生活中必不可少的内容。要使闲暇时间超过劳动时间,使自由时间压倒非自由时间。让人们在自由的时间里充满创造性、欢乐、美感,徜徉在人际和谐、人与自然和谐的氛围中。高兹指出,当劳动降低到从属的地位,当一个社会不再建立在劳动之上,而自由闲暇的活动也是社会普遍价值的承担者时,人类的一个可能的社会远景就出现了。在他看来,"这个未来的社会不再是一个以劳动为基础的社会"。(第212页)而且这个社会"所涉及的是从一个生产主义的以劳动为基础的社会向一个时间解放了的社会的转折,在这样的社会中,文化和社会被赋予了比经济更大的重要性,一句话,就是向一个德国人称之为'文化社会'的社会的转折"。(第183页)

最后,人们应该从挣钱的权利向劳动的权利回归。在高兹看来,超越经济理性,摆脱经济理性的羁绊,不要简单地理解为让闲暇时间压倒劳动时间,也不意味着我们的社会不再以劳动为基础了。从本质上看,超越经济理性的一个重要表现就是使劳动本身成为一种自主性的行为,成为一种目的性的行为。人们在劳动中要能体现出自我的价值和创造性,要通过劳动使主体获得更大的自由发展,而不是把劳动仅仅当成养家糊口的手段。那样的劳动是被动的,压抑的,劳动失去了它的意义、目的和动力。挣钱的劳动不是自己选择的人生目标,而是被雇主付给的报酬所支配的机械反应。这样的行为类似于马戏团中为了吃到驯兽师手中的食物而表演的动物行为。他说:人们"存在着一种普遍的混淆,就是把'劳动'(work)与'工作'(job)或'就业'(employment)混为一谈,把'劳动的权利'与'挣钱的权利'以及'得到收入的权利'混为一谈"。(第221页)高兹分析道,在经济理性这股"暖风"的吹拂下,人们普遍把挣钱的权利,获得收入的权利完全等同于劳动的权利,实际上你有权挣钱并不意味着你真正获得了劳动的权利。在劳动领域摆脱经济理性的羁绊,就是让人们不仅要拥有挣钱的权利,更重要的是要有获得劳动的权利。要让劳动者在劳动的全过程中,充分发挥其主观能动性,把劳动看成是实现自我价值、达到个人全面发展的途径。

要获得劳动的权利就需要有一定的劳动岗位,但现实的情况不容乐观。由于前面提到过的原因,大批普通劳动者失去了原来的劳动岗位,而日益缩小的劳动岗位又被一小部分职业精英所占有,从而使前者成为后者的仆人、打工仔。所以,鉴于此,高兹特别强调了当前公平合理地分配劳动岗位的重要性。他说,在劳动岗位逐渐减少的情况下,有着两种不同的解决方法:一种解决方法是像当代资本主义社会正在发生的情况那样,把减少掉的劳动岗位悉数交给职业精英,而让更多的人失业,迫使他们把自己的劳动廉价出售给职业精英,成为其奴隶;另一种解决方法是在劳动岗位减少的情况下,也要力争使每个人都有劳动的岗位。哪怕把人均劳动时间减少,也要让每个人都在自己的劳动岗位上。他认为,如果一个人被排除在经济活动领域之外,那就谈不上劳动者的劳动权利和劳动创造性问题,劳动者的主体地位和尊严也无从谈起。所以,在目前的情况下,劳动的解放首先要干的事情就是把人均劳动的时间减少,以保证每个人都能从事劳动,都有属于自己的劳动岗位。他说得很清楚:"劳动的解放和'劳动得少些从而每个人都能从事劳动'的理念,说到底是劳动斗争运动的发源地。"(第221页)

(五)生态理性重建之路

高兹全方位批判资本主义社会的经济理性,其目的就是为生态理性的重建扫清思想上的障碍。他虽然没有用专门的篇幅来论证生态理性重建的问题,但人们通过散落在该书中的思想片段,还是可以触摸到高兹的生态理性重建的思想脉搏。

高兹认为,社会的生态重建就是要重新调整经济理性与生态理性的关系,使经济理性服从于生态理性。在资本主义社会,经济理性与生态理性处于尖锐的对峙状态。在经济理性"天马行空"的时期根本没有生态理性的位置,因为生态理性的价值追求与资本主义生产最大化、利润最大化和消费最大化的时代理念格格不入。长期以来,经济理性遮蔽了生态理性,人们忽视了、麻木了经济理性膨胀所带来的生态环境危机。现在是到了给生态理性"祛蔽"的时候了,重新思考两种理性的关系,展现生态理性重建的逻辑必然已经是顺理成章的事情了。

高兹所倡导的生态重建,主要是指经济上的生态重建,即资本主义工业社会的生态重建。所谓工业社会的生态重建,就是要把生态理性贯彻到经济活动中去,产品的设计上要注意原材料的节约,产品必须是耐用品,是便于个人维修、可重复使用的产品;原料尽量选用当地的,减少运输造成的能源浪费和空气污染;对于工业废水、废气和废渣的处理,要遵循可持续发展和循环利用的原则。对资本主义工业体系的生态重建,就是要对其进行生态现代化的变革,经济活动的全过程都应该置于生态理性的监控之下,经济理性必须服从于生态理性,因为生态理性是对人类生存与发展的最本质需求的理性考量。

高兹认为,在资本主义社会,生态重建有两个方向:一个是资本主义的生态重建,即走一条资本主义生态重建的道路。资本主义在生态重建方面是有一定作为的,但在经济理性的统辖下,这样的生态重建也是以赢利为出发点的,所谓的绿色商品、绿色食品、绿色农业、生态技术、生态商业等行为在资本家看来,只不过是追求利润最大化的现代方式,在现代社会生活中,披上生态环境保护这样的绿色外衣,就是打开商品销路的最佳方式。所以,在一定条件下,资本主义社会也会挥舞着生态环境保护的大旗,许多资产阶级的政客们也会利用各种机会,利用各种媒体标榜自己也是环境保护的"绿派"。在高兹看来,资本主义方向的生态重建企图一方面追求利润最大化,另一方面又尽可能地保护生态环境,保持生态平衡。而这个企图是不可能实现的,因为,假设经济理性完全服从于生态理性,用生态思维的视角去观察经济活动的话,那么生态重建就不能包含利润最大化的目标,因为利润最大化无疑是经济理性的价值期盼。这种条件下的服从不是真正意义上的服从,"资本主义的生态重建"这个命题本身就是一个悖论。所以,高兹认为,资本主义方向上的生态重建的道路不是理想中的生态重建的社会模式,"资本主义的生态重建"是一个伪命题,其实践的结果必然是以失败告终。

另一个是社会主义的生态重建,即走一条生态社会主义的道路。在社会主义的生态重建中,生态理性要扩大其影响,彰显其威力。生态环境对经济发展的外在制约性、承受能力都应当是人们从事经济活动时首先要考虑的问题。高兹指出,人类经济活动的长期实践已经证明,从生存论的意义上来说,生态上非理性的东西就不可能是经济上合理的东西,生态上的非理性将在终极的意义上导致经济的非理性。生态重建(生态现代化)的努力就是要说明,生态理性与经济理性有着内在的关联性,从辩证的角度看,二者在一定程度上是一个东西。生态社会主义的生态现代化就是要转变人们已有的认识范式,使经济理性服从于生态理性,不要处处以核算、统计等量化标准来牵制人们的行为,不要把人们的其他活动也商品化、货币化,更不要让人们整天哼唱着经济理性的"醉歌"而遗忘了人的全面而自由的发展。所以,高兹主张对经济理性所发挥作用的领域施加新的社会限制。只有这种限制才能保证劳动者的总体性,确保他们无论是在个体的层面上,还是在集体的层面上,都有自己决定自己怎样度过自己一生的权利。高兹憧憬的未来社会应当是一个生态社会主义的社会。

(六)《经济理性批判》——评价与借鉴

高兹认为,当代资本主义社会存在着各种各样的危机,如过度积累危机、金融危机、再生产危机等,而资本主义危机从根本上说就是生态危机。而危机的根源则在于资本主义的生产方式。高兹对资本主义生产方式的核心价值观——"经济理性"进行了深入的批判,这是难能可贵的。深入挖掘导致资本主义生态危机的思想意识根源,比表面上指出资本主义生态环境恶化的事实更重要,也可以加深人们对资本主义生产方式反生态性的了解。不破不立,破立兼行,破得深,才能立得稳。高兹在批判资本主义经济理性的同时树立起生态理性的大旗,认为只有生态理性才体现了启蒙理性的真谛。他反复强调,批判经济理性不是要主张经济非理性,也不是要毁弃理性精神,人们应该认真辨识理性精神的本意,赋予理性精神新的含义,只有逃脱经济理性的羁绊,踏入生态理性的坦途,才能说明人类在真正用理性的方式思考的道路上又前进了一大步。

像许多西方马克思主义思想家一样,高兹也认为,不是理性本身出的错,而是"理性僭越"惹的祸。在资本主义生产方式下,理性超出了自己的范围,各种理性的变种粉墨登场,工具理性、科技理性、经济理性过度膨胀,理性的衍生物(如科层制、技术官僚、技术法西斯主义、劳动分工、精英政治等)也成为人自身的异己力量,造成了理性的错位。而过度膨胀的经济理性导致了人与人、人与自然的尖锐对立,现代化进程中出现的各种病态都可以说是经济理性浸润的结果,是经济理性过分"坚挺"所带来的负面影响。人们要矫正现代化的发展方向,就必须反思经济理性,把它和生态理性进行有机的整合。

我们应当看到,高兹对资本主义经济理性的批判可以给中国人接纳和反思现代化提供理论借鉴和启迪。资本主义从诞生的那一天起,经济理性作为其核心价值观一直是资本主义工业文明的基石,其科学技术的发展、经济奇迹的产生以及政治民主化的进程都与经济理性有着直接的关系。所以,在一般的意义上,我们不能笼统地否定经济理性,如果过度否定经济理性、强调生态理性,这本身就是一种非理性,属于理性上的矫枉过正。同时,高兹倡导的生态理性是否能成为引领现代化列车前行的思想引擎也是一个值得探讨的问题。

同时,我们也要看到,高兹只从经济理性的角度,从人与自然的关系角度来批判资本主义,给人们的印象是:资本主义危机的普遍化"全是经济理性惹的祸",只要克服了经济理性,用生态理性取而代之就可以万事大吉了。这样的思路有避重就轻之嫌,忽视了对资本主义制度的批判,掩盖了资本主义社会的基本矛盾,回避了对社会经济、政治制度弊端的有力剖析,企图以保护生态环境的"善良意志"来改变资本家追逐利润的本性,这肯定是不切实际的空想,充满着浪漫主义的情怀。从他对经济理性的阐述来看,其经济理性实际上就是资本主义的生产方式。马克思对资本主义生产方式的特点进行的淋漓尽致的批判早已为人们所熟悉,在这个意义上,我们认为,高兹对资本主义经济理性的批判基本上没有超出马克思批判的高度。

今天,我们在看待高兹的经济理性批判理论时,一定要具备清醒的本土意识,要有中国的思考背景。高兹的经济理性批判是在西方现代化出现种种弊端的背景下发韧的,是对经济理性过度膨胀的打压。所以,我们不能机械地照搬西方语境下的经济理性批判理论。相反,我们承认,经济理性在中国还是人们追求的积极向上的理性,在中国的现代化进程中要辩证地看待经济理性的社会作用,把经济理性与生态理性有机地结合起来,既要重视经济理性,又要重视生态理性,使中国现代化的发展道路更加理性。在经济发展和生态保护的双重和谐中推进中国的绿色现代化。

三、高兹的《资本主义·社会主义·生态学》导读

高兹批判资本主义经济理性的目的,是要论证资本主义社会制度与生态环境保护的理念是有"排斥反应"的,资本主义的经济合理性必将导致生态环境的不合理性。所以,保护环境的最佳选择就是先进的社会主义制度。高兹在《资本主义·社会主义·生态学》这部书中,集中论述了这个观点。该书第一版是法语版,出版于1991年,是高兹在苏联解体、东欧剧变后推出的一部带有反思特点的重要著作。全书由九篇相对独立的论文构成。这些论文的标题分别是:①错位,定位:保护现代化;②需要重新定义的"左派";③资本主义,社会主义,生态学;④正在重新定义的社会主义;⑤新奴隶;⑥"劳动"的危机和后工业社会的"左派";⑦冲突中心的新老角色;⑧哪条是"左派"的道路? 后工业时代的社会变革;⑨减少劳动时间,同样的工资。后面还有一个附录:存在着一种欧洲的"左派"吗? 理论与政治上的询问。

高兹在该书中进一步深化了他在《别了工人阶级》《通向天堂之路》《政治生态学》《经济理性批判》等著作中提到过的一些观点。他分析了后工业时代劳动变化的情况，指出了劳动时间缩短、劳动手段改变后，无产阶级的社会地位和社会作用与传统意义上的无产阶级有了很大的变化。新"左派"、工会组织的工作方式和工作重点要有新的变化。生产方式的巨大变化带来了许多新的社会问题，劳动对一个人的社会意义也与以往有了重大的差别等问题。由于本书主要关注高兹的生态学马克思主义的内容，所以上面提到的高兹论述过的重大的社会政治问题，留到以后笔者研究高兹的社会政治思想时给予充分的分析。

高兹在《资本主义·社会主义·生态学》这部著作中最能表明他生态学马克思主义者和生态社会主义者身份的理论贡献，就是他关于资本主义、社会主义与生态保护之间关系的论述。他在这个问题上的一系列理论阐发，使我们认识到，在所有的生态学马克思主义者中，高兹从生态学角度对资本主义制度的批判最尖锐，也最为系统，并把对资本主义的批判与对经济理性和科技理性的批判紧密结合起来，这体现了他在生态学马克思主义理论研究上的独创性，展示出他与马克思相同的理论旨趣。尤为可贵的是，高兹探讨了在震撼法国的"五月风暴"失败后社会主义革命的可能性问题，他认为，未来社会革命的可能性来自于资本主义社会日益严重的生态危机，而生态环境的受害者将成为社会革命的主力军。通过对资本主义经济理性和生态危机的批判直接论证了建立生态社会主义必要性的生态学马克思主义理论家也只有高兹。他具体、生动地描绘了生态社会主义的图景，他阐发的生态社会主义的生产和消费方式虽然燃烧着"绿色乌托邦"的激情，但对我们还是有着强烈的吸引力，对我们建设社会主义生态文明有着直接的启迪。

（一）资本主义经济理性与生态理性的矛盾

在高兹看来，资本主义工业社会发展的历史就是建立在无节制地掠夺自然资源的基础上的，这从根本上破坏了我们与大自然的关系，使资本主义在"生产过剩危机"之外，又增添了更为严重的生态危机。面临日益严重的生态危机，资产阶级的技术官僚们鼓吹，可以从科学技术中找到解决问题的途径和新的发展道路。但高兹认为，由于自然资源的有限性，人类活动有自然界的外在限制性，使得科学技术也无能为力。即使是"零增长"，持续性的消费也会使有限的资源枯竭。所以，他主张"生态现实主义"（ecological realism），改变资本主义的生产方式和生活方式。因为资本主义的"生活方式没有明天，当他们长大之后，我们的孩子没有了石油，也没有了金属资源。如果现在实施核计划，到那时铀的储存将被用尽。如果仍向以前那样生活，我们的世界将结束，海洋、大河将因污染而贫瘠,土地不再肥沃,城市中空气污浊,人们不能呼吸"。(ANDRE GORZ. Ecology as Politics[M]. London:South End Press,1980:12)

高兹以德国、法国莱茵河谷的大型化工厂为例,说明经济效益与生态环境是有关系的。工厂密集的地区,人口众多,拥挤不堪,水和空气的污染非常严重。资本家要想继续开工生产,就必须处理工业废气,煤烟和污水等环境问题,必须生产过去视为免费的环境条件,这成为经济活动中不可缺少的一环。投资于防止污染成为一种必然,安置各种防止污染的设备也成为生产的重要环节,而这样势必增加固定资本的数量,增加了生产成本,降低了利润,降低了竞争力,而就是资本家不愿意干的事情。所以,保护生态环境与资本家的本质相矛盾。

对于资本主义经济理性,经济逻辑的本质,马克思在《资本论》中给予了淋漓尽致的揭示与批判。马克思曾经说过:"资本来到世间,从头到脚,每个毛孔都滴着血和肮脏的东西。"(马克思恩格斯全集:第44卷[M].北京:人民出版社,2001:871)马克思在讲这句话时,在注脚还曾经引用过这样一段形象的话:"资本害怕没有利润或利润太少,就像自然界害怕真空一样。一旦有适当的利润,资本就胆大起来。如果有10%的利润,它就保证到处被使用;有20%的利润,它就活跃起来;以50%的利润,它就铤而走险;为了100%的利润,它就敢践踏一切人间法律;有300%的利润,它就敢犯任何罪行,甚至冒绞首的危险。"可见,赚钱是资本主义经济理性的唯一目的,资本有了获利的可能,它就敢冒天大的风险,践踏人间的一切法律。所以,在资本主义的利润动机支配下,实施生态理性是不可思议的。

高兹指出:"资本主义经济理性的目的是追求效率最大化。而效率最大化是靠单位数量的固定资本和流动资本所带来的剩余价值来计算的。"(ANDRE GORZ. Capitalism·Socialism·Ecology[M]. London:Verso,1994:76)他还说:"资本主义过去是现在仍然是那样一种社会的唯一形式,它使竞争成为该社会的第一信条,它以劳动生产率和利润的最大化为目的,不懈地追求把社会、教育、劳动、个人和集体的消费纳入到资本无所不包的价格服务体系之中。其结果是把经济理性的统治扩充到生活和劳动的所有领域,这样的经济理性借助于市场的逻辑肆无忌惮地炫耀自己。"(ANDRE GORZ. Capitalism·Socialism·Ecology[M]. London:Verso,1994:39)

资本主义的逻辑(经济理性)奉行最大化原则:创造最大的需要,生产最多的产品,目的是获得最高利润,靠的是最大限度地消耗能源和自然资源。所以资本主义的经济发展导致了自然生态上的障碍。同时,资本主义经济发展也遭到了外在的、不可超越的自然资源稀缺性的阻击。自然资源的有限性给了资本主义经济理性当头一棒。高兹专门分析了生态环境因素对资本主义再生产造成的危机。自然界的各种资源是有限的,对资本主义国家的重工业地区来讲,其扩大再生产势必要利用有效的土地、空气、水、土壤的自然肥力、森林、海产品,增加一些原材料。但生态环境的制约加剧了资本主义的经济危机或者是加速了它的到来。高兹具体分析了两种情况:一是当空气、水和土地变得稀少,不论什么价格,这些东西不能大批量生产,只能以不同的方式对其进行分享、分配。所以扩大再生产必需的一切前提条件都需要费用、征地建工厂、修路、空气循环、污水处理等,而这些再生产的必备条件在以前是充足的、免费的。水和空气,在资本家以往的生产中是根本不必费心考虑的东西,成本中不用核算它们的价值。而现在空气、水的净化,废气和污水的处理都要纳入经济核算中去。所以,资本主义生产力的提高遭遇到生态环境的限制。二是可供开采的矿产将耗尽。新的矿产资源不易被发现,即使发现了,开采利用也是个问题,除非比以前投入更多的开采资金。而这样势必导致原料价格的暴涨,从而以此为原料的产品的价格也是非涨不可。人们可以预期,今后矿产的开采费用比现在还要高,而要更加有效地利用这些矿产,发现新的能源,就离不开增加大量的投资。这样,资本主义经济理性导致的矛盾现象出现了:工业消费的东西多于它生产的东西,生产过程的环境成本大大提高了,产品中自然资源的成本也大大增加了。高兹得出结论:资本高度积累的危机、生产过剩的危机是由于自然资源的稀缺性造成的。解决危机的关键,不在于恢复经济增长,而在于改变资本主义的逻辑(经济理性)。

(二)从生态角度对苏联模式社会主义的批判

从生态角度对苏联模式社会主义的批判,是一个新的理论切入点,给人们耳目一新之感。虽然,高兹就此而发的许多对社会主义的评论笔者不完全同意,但笔者仍然认为,他对传统社会主义的生态批判,在一定程度上揭露了苏联模式社会主义的缺陷与不足,这对于我们总结国际社会主义建设的经验教训,对于我们坚持中国特色社会主义道路,构建和谐社会,建设社会主义生态文明还是很有现实意义的。西方马克思主义的许多学者都对斯大林模式的社会主义提出过批评,而从生态的角度进行的批判,高兹是第一人。

高兹是有着生态社会主义乌托邦理想的人,他为了避免人们把他提倡的生态社会主义与苏联模式的社会主义相混淆,他在《资本主义·社会主义·生态学》一书的开头,就强调了这一点:"作为一种体系,社会主义已经终结。作为一种运动和有组织的政治力量,它也岌岌可危。它曾经提出的所有目标都已经过时了。支撑社会主义的社会力量消失了,它已经失去了它的预言、它的物质基础和'历史主体';正在导致即使不是无产阶级,至少也是工人阶级消失的历史的和技术的变化已经表明,这种社会主义关于劳动和历史的哲学被曲解了。"(ANDRE GORZ. Capitalism·Socialism·Ecology[M]. London:Verso,1994)

我们要用历史的眼光来看待高兹的观点。很显然,他所说的现存的和传统的社会主义,主要是指苏联模式的社会主义,也就是人们常说的斯大林模式的社会主义。在他看来,经济理性主导下的苏联,在忽视生态环境保护与建设方面,几乎与资本主义没有什么区别。其问题的关键在于,苏联模式的社会主义奉为圭臬的同样是经济理性,而不是生态理性。也就是说,在苏联模式的社会主义体制下,社会的经济活动和人们的评价标准都要受到经济理性的牵制,追求数量积累和经济指标的增长同样是其目的。而唯一与资本主义不同的是"殊途",即达到此目的的手段不同,社会主义是靠计划经济,而资本主义是靠市场经济。但二者又是"同归"的,即二者追求的目的是一致的。所以,苏联模式的社会主义与资本主义在奉行经济理性、忽视生态保护、导致严重的生态灾难方面没有实质性的差别。

高兹的看法是有道理的,众所周知,苏联模式的社会主义不仅存在着生态环境危机,而且相当严重。下面摘取几个片段来描绘苏联时期生态环境的惨状。

片段一:苏联在20世纪50年代后期,赫鲁晓夫机械理解美国大面积种植玉米的经验,在中亚地区,即今日的哈萨克斯坦,大力垦荒,大面积种植麦子,取消了草田轮作制。结果是前几年麦子收成较好,但从20世纪60年代开始,由于土地表面土层被破坏,形成了严重的生态灾难——中亚黑风暴(黑色沙尘暴)。使得库班和斯塔夫罗波尔地区的几百万公顷的土地被流沙吞没。1963年5月的大风暴卷走了几百万吨沃土,使苏联损失了600万公顷的耕地。

片段二:在美苏两个超级大国搞核竞赛的冷战时期,据瑞典国防研究所的研究资料,在哈萨克斯坦的赛米巴拉金斯克的核试验场,从1949年8月到1963年12月,进行了124次空中和地面核爆炸。核试验造成的环境污染长期存在。苏联时期,在中亚仅核武器库就有100多处。苏联解体后,由于种种原因,对这些生化武器、生物武器、核装置的管理程度不等地失去有效性。1985年5月,吉尔吉斯斯坦发生的氰化物污染伊塞克湖事件就是一例。

片段三:在苏联时期的中亚工业区,工业污染给当地生态环境带来了毁灭性的灾难。当时,中亚工业区是有色金属、矿业开采和冶炼的重要地区。由于工艺落后,有害的工业废物严重污染了当地的土壤、空气和水。生态环境问题导致经济发展受阻,社会差异扩大,生活质量下降,大量人口迁移,形成了一定规模的"生态难民"。生态环境问题严重威胁着当地人们的生存。

片段四:1986年4月26日,前苏联基辅地区的切尔诺贝利核电站4号反应堆猛烈爆炸,外泄了大量放射性物质,周围13万居民被疏散。由于放射性污染物质在空中漂浮并逐渐降落,使得西欧及亚洲部分地区受到污染。核电站周围30公里范围内环境严重污染,东西欧许多国家受到核扩散放射性尘埃的不同程度的污染。50年内核电站周围10公里不能耕作、放牧,10年内100公里内不能生产牛奶。1990年调查发现,周围60公里地区患癌症、贫血、视力衰退、免疫力下降等辐射病的人数明显增加,牲畜大量畸形。迄今其危害程度仍难以确切估计,专家预测,这次事故的后果要经过100年才有可能完全消除。

通过这些事例,我们可以看到,前苏联在社会主义建设中同样存在着相当严重的生态环境问题。苏联是人类历史上第一个社会主义国家,在苏联共产党的领导下,苏联人民完成了社会制度上伟大的历史进步,成功跨越了资本主义制度的"卡夫丁峡谷"。但是,社会制度上的跨越,不等于经济制度的跨越,不等于生产力的跨越。所以,加速经济发展、快速提高生产力是摆在苏联人民面前的重大历史任务。当时,国内外反动势力对苏联的扼杀,从客观上促使苏联加速实现工业化、发展经济,成了党和政府最重要,也是最紧迫的工作。这样,只能以消耗大量自然资源,以污染生态环境为代价来赶超发达的资本主义工业化国家。从主观上看,当时的苏联领导人没有注意到在西方兴起的环境保护运动,没有认识到自然资源的有限性问题,在经济理性的主导下,片面强调为了生产而生产,为了利润而生产,结果导致了日益严重的生态环境问题。这样的社会主义是令人反思的。

(三)保护生态环境的最佳选择是先进的社会主义

高兹对苏联模式社会主义的生态批判并不是对社会主义制度的彻底否定,而是为他构建生态社会主义做理论铺垫。在他看来:"社会主义工人运动应当被视为是对资本主义发展的积极的否定……社会主义工人运动的目的就是要对经济理性加以限制,使其最终为人类社会的需要服务。"(ANDRE GORZ. Capitalism·Socialism·Ecology[M]. London:Verso,1994:68)

高兹在书中提到,资本主义经济理性与外在生态必然性的矛盾是不可调和的,生态上的限制决定了资本主义生产方式的有限性。"罗马俱乐部"的报告《增长的极限》就证明资本主义的经济理性及生产方式是错误的。"罗马俱乐部"于1972年发表了《增长的极限》一书,提出了"零增长"论。他们认为,如果世界在人口、工业化、污染物、粮食生产和资源利用等方面按当时的速度增长下去,未来100年内地球上的增长将达到极限,其结果必然会导致人口和工业生产力的增长率突然不可抑制地下降。所以,生态道路与资本主义理性不一致,资本主义最终要承认外部的生态强制性。(ANDRE GORZ. Capitalism·Socialism·Ecology[M]. London:Verso,1994:94)

高兹在批判资本主义经济理性的基础上,用了大量篇幅来论证他的观点,即只有在先进的社会主义制度下才能消除生态环境危机,保护生态环境的最佳选择是先进的社会主义。

高兹清醒地看到:"资本主义与社会主义的冲突不在于经济理性,而在于经济理性发挥作用的范围。"(ANDRE GORZ. Capitalism·Socialism·Ecology[M]. London:Verso,1994:30)社会主义不是不要经济理性,而是要合理地限定经济理性。社会主义制度之所以为生态环境保护提供了可能性,关键在于社会主义不以利润作为生产的动机。他认为,在人们面前存在着两种理性:一是经济理性,即资本主义以利润为生产动机的理性;二是生态理性,即社会主义以生态保护为宗旨的理性。前者是与生态保护相抵牾的,而后者才与生态保护相一致。真正的社会主义所实施的、所倡导的必然是生态理性。如前所述,高兹清楚地向人们描述了这两种理性的区别:经济理性不惜对自然资源进行肆意开发,不顾对生态环境的破坏,追求最大限度的生产和消费;而生态理性力图尽量少地消耗劳动、资本和自然资源,努力生产耐用品,生产具有高使用价值的东西,提倡正确的消费观,满足人们正常的消费需求。透过这两种理性不同的价值倾向,人们可以窥见隐藏其后的两种截然对立的动机,即利润动机和生态保护动机。在资本主义的利润动机支配下,实施生态环境保护,弘扬生态理性是不可思议的,因为这颠覆了"资本主义不增长就死亡"的逻辑。基于这样的认识,高兹反复强调,要实施生态理性,就必须扬弃资本主义的经济理性,改变资本主义的利润动机,而这就进一步意味着必须用社会主义的生产方式来取代资本主义的生产方式。社会主义的生产方式可以而且应当与生态理性相结合,这样,社会主义生产方式的合理性就内蕴有生态理性的合理性。

高兹还从控制消费的角度分析了资本主义与生态环境保护的矛盾。资本主义制度下的异化消费对生态环境造成了巨大的伤害,所以,实施生态环境保护的要旨就是要对人们的消费水平和消费规模进行一定的控制,而要控制消费的一个前提就是要能做到对社会消费品的合理分配。显然,这一点在资本主义社会是做不到的。因为,资本主义社会的消费模式是建立在私有制基础之上的,对消费品占有的多少体现了不同的社会地位、特权和富有的程度。资本主义社会的消费现实是:人们不仅在日用生活品方面的消费是不同的,就连在大学学位、管理岗位、文化话语权、政治话语权和财富占有权方面的消费也是不同的。高兹强调,在这样的情况下,唯一的出路在于突破资本主义的生产方式,建立一种真正能体现公平合理分配消费品的生产方式,即社会主义的生产方式。

高兹不仅从理论上论证了生态社会主义的必然性,而且用温暖的心态、朴实的话语在《政治生态学》绪论中给人们描绘了一幅未来生态社会主义的"生活画卷"。

在生态社会主义社会,人们生产使用的是可再生的资源,衣服可穿多年,家家备有耐用而简单的工具,有助于人们从事家庭维修,这些都可以依靠科学技术的进步来达到。人们出行有公共交通,有公共洗衣房,减少易碎、昂贵商品的生产。

人们集体生活在一个社区内,人人为社区,社区为人人。社区有孩子们的活动室、娱乐室、图书馆、洗衣房和设备齐全的车间。高兹反问道:"有了这样的生活条件,我们还需要个人的设备吗?有了完备的公共交通,我们还有必要购买个人轿车去饱尝交通堵塞之苦吗?"

那时工厂的生产是中央控制的,产品只满足人们最基本的需要,4~5种经久耐穿的鞋和衣服,3~4种耐用的汽车,社会的各种服务设施齐备。人均每周20小时的劳动时间,减少各人的劳动时间,保证有劳动岗位使得人人不失业。每个社区有设备齐全、工具完备、原料充足的生产车间,居民们自己生产。在市场经济之外,不必要按照个人的口味和欲望来进行生产。劳动时间缩短,使得成年人也有了学习的时间,人们做各种手工艺品,从事缝纫、皮革、石匠、泥瓦匠、制陶、金属制品、机器生产和农业生产等项工作。

高兹呼吁:"为了生活得更好,现在,我们就必须要有不同的生产与消费方式,因为更少,人们才能做得更好,增加耐用品以清除浪费,例如不必要的包装,质量差的绝热材料和因轿车拥挤不畅的公路交通。"(ANDRE GORZ. Capitalism·Socialism·Ecology[M]. London:Verso,1994:106)

为了达到生态社会主义,高兹非常提倡在人们的思想意识层面上来一场"文化革命",为此,他提出了许多值得我们认真关注的新概念,例如,"生态重建"(the ecological restructuring)、"生态重塑"(the ecological reshaping)、"生态现代化"(ecological modernization)、"生态健康"(the ecological sound)等。我注意到高兹在提到这些概念时,其限定词都是"资本主义工业社会的"生态重建、"资本主义工业系统的"生态重塑。显然,生态社会主义的"生态重建""生态重塑"或者"生态现代化",不是要彻底否定资本主义现代化的成果,也不是要完全摈弃经济理性,而是要合理利用资本主义的工业化成就,摆正经济理性的位置。在高兹看来,社会主义应当被看成是对经济理性的超越。经济理性支配下的劳动已经不在人们的社会生活和个人生活中扮演主要角色,所以,人们应该从资本主义买卖的商品关系中解放出来,"人们要逃脱经济理性的掌控,要认识到更多并不必然意味着更好,挣钱和消费更多并不必然意味着导致更好的生活。所以,要知道人生中有更多重要的需求超过了对工资的需求"。(ANDRE GORZ. Critique of Economic Reason[M]. London:Verso,1989:116)人们应当用文化上的、教育上的、交往上的满足来充实人们的日常生活,使每个人在不可量化的、不能用金钱来衡量的文化领域实现自由而全面地发展。

高兹进一步说道:"社会主义运动形成于这样一种斗争之中,这种斗争的主体是团结在一起的个体,它建立在伦理要求的基础之上,对经济理性发挥作用的领域加以新的社会限制。只有这样的限制才能保证劳动者的总体性,以及确保他们无论在个体的层面上还是在集体的层面上,自我决定自己怎样度过自己的一生的权利。社会主义运动的含义及目标过去是,现在仍然是使个人从这样一些领域中解放出来,在这些领域中,市场的逻辑、竞争和利益的功能,正阻碍着个人获得独立和自我实现。"(ANDRE GORZ. Capitalism·Socialism·Ecology[M]. London:Verso,1994:38)高兹生态社会主义思想的另一个可取之处,在于他区分了资本主义和社会主义两种不同的"生态现代化"。他看到了,迫于生态的外部压力,资本主义也提倡"环境保护",也要构建"生态现代化"。但是,高兹清醒地认识到:资本主义的生态现代化充满着危险,它破坏了生活的自然基础,威胁着可持续发展。在资本家看来,生产与生活的自然基础的再生产可以通过工业的方式实现,倡导生态现代化可以发展成盈利的生态工业、生态农业和生态商业。用人工循环来取代自然循环,把自然资源当成商品买卖,通过工业化的方式再生产出人们的生活必需品。资本家打着"环境保护"和"生态现代化"的幌子,而实质上是在经济理性的蛊惑下,把环境保护也纳入利润的名利场中来,资本主义会发展很挣钱的生态商业来满足大众的需要,正像它以往发展过的暴利的军火工业一样。为了应对新的控制污染的标准,资本家应当更严格地处置污染物,循环利用工业垃圾。但这需要生态技术,有的人没有资金购买这样的技术。所以,因为生态环境问题就产生了新的贫富悬殊。这就是资本主义社会中普遍存在着的"马太效应"。

因此,高兹认为:唯有生态社会主义现代化,而不是资本主义的生态保护、生态技术和权威能提供解决问题的答案。生态运动不能简化为对环境保护的需求,不像英语国家施行的"环境主义",政治生态学不把自己限定在减少现在的生产系统对环境的影响方面,它首先要对隐藏在技术、产品和消费模式后面的种种理由提出挑战,这些理由包含在资本主义积累的逻辑中,即尽可能增加资本的数量并用来投资以获得利润,要求增加消费尽可能多的商品和有偿服务,诱导人们通过最大量的商品消费来满足自己的需要,而这样的需要是可以创造的。现在,人们许多方面的需要可以通过数量不一定多,但质量好、经久耐用的产品来满足。更加轻松和快乐的生活样式既可以减少人们的消费需要,也可以增加更多的消闲时间。消费得更少,更有特点,我们就会生活和工作得更好。我们的技术、社会关系、消费模式或者我们对自然的关系不改变的话,上述目标是实现不了的。(ANDRE GORZ. Capitalism · Socialism · Ecology [M]. London: Verso, 1994:94)

高兹认为:"环境主义"和"生态方式"有着本质的不同。前者只是对资本主义经济理性施加压力和增加新的限制,但是这些压力和限制不能改变资本主义社会系统的基本趋势,即扩展经济理性的范围并增加资本的价值。相反,生态方式涉及范式转变,这个范式可以概括为这样一句口号"更少但是更好"。生态方式的目的是减少经济理性和商品交换适用的范围,使其服从于不可量化的社会和文化的目的,让每个人都得到自由的发展。

通过上面的论述,我们可以看到高兹的生态社会主义的主要内容。他从分析经济理性与生态理性的对立入手,侧重指出了经济理性与资本主义,生态理性与社会主义的内在契合性。告诉人们资本主义生产方式的生态非理性和建立生态社会主义的必然性和可能性。尤其可贵的是,高兹坚决主张"保护生态环境的最佳选择是先进的社会主义",这是一个很有创意的思想,体现了高兹作为一个生态社会主义者和生态学马克思主义者的基本立场。

我们应当看到,高兹的生态社会主义的理论诉求在中国特色社会主义实践中得到了积极的反响。我党在领导中国特色社会主义现代化建设中,充分汲取了西方发达国家工业化过程中生态环境危机的经验教训,借鉴了他们在生态环境治理和保护方面的新思想、新观点和新理论,并结合我国的特点而消化吸收。同时,我党也认真反思了传统社会主义模式在加快工业化进程中,长期忽视生态环境保护所导致的严重的生态环境问题。鉴于此,我党提出了"科学发展观",提出了以人为本的发展理念,强调了发展的质量,突出了人与自然的和谐。在中国特色社会主义现代化中,我们要使经济理性与生态理性有机地结合起来,既要注重经济理性又要注重生态理性,达到人与自然的和谐发展,使生态理性与社会主义制度紧密结合起来,为人类社会的未来发展提供一个"中国模式",用中国特色社会主义现代化建设的伟大成就去印证高兹的命题"保护生态环境的最佳选择是先进的社会主义"。

第四章 詹姆斯·奥康纳《自然的理由——生态学马克思主义研究》导读

詹姆斯·奥康纳是美国当代著名的生态学马克思主义理论家,他曾经担任著名的生态社会主义期刊《资本主义·自然·社会主义》的主编及合伙创办人。《自然的理由——生态学马克思主义研究》是他的代表作(詹姆斯·奥康纳.自然的理由——生态学马克思主义研究[M].唐正东,臧佩洪,译.南京:南京大学出版社,2003。以下引文出自该书的,只注页码)。在该书中,奥康纳运用马克思主义的基本原理和观点分析了资本主义生态危机产生的原因,特别是提出了资本主义"第二重矛盾"理论,为人们分析认识资本主义生态危机的实质提供了批判的武器。在分析资本主义生态危机的过程中,奥康纳始终坚守着马克思主义的理论立场,把经济因素和环境因素结合起来,将马克思主义关于资本主义的经济危机理论与生态学马克思主义关于资本主义的生态危机理论联系在一起,提出了当代资本主义面临着的双重危机理论。奥康纳对资本主义生态批判的最大亮点就是超越先前生态学马克思主义者对马克思主义经济危机理论的否定以及对资本主义社会仍然存在着经济危机的否定,将资本主义的社会危机归结为经济危机和生态危机同时存在的双重危机。这样,他不仅恢复了马克思主义经济危机理论对资本主义批判的合理性,而且进一步发挥了马克思主义的危机理论在批判资本主义时的作用。

一、奥康纳对马克思恩格斯生态思想的分析与评价

在詹姆斯·奥康纳所处的理论氛围中,人们普遍对生态学和马克思主义之间的关联性持怀疑的态度。有些学者(包括奥康纳本人)认为,生态学是主张非人类中心主义的,而马克思恩格斯的理论主旨展现着人类中心主义的价值追求,他们不喜欢自然界,否认自然界的内在价值,缺乏对自然界之间的关联性、差异性和相互依存性的关注。马克思恩格斯是"生产力至上论者",他们把自己的理论视阈聚焦在科学技术的不竭动力上,在他们看来,资本主义生产力的发展是把人类从

自然界的束缚中解放出来的根本力量。他们对资本主义经济危机的分析和论证只是建立在资本主义社会的内在矛盾(第一矛盾)上,而没有认识到生产条件的破坏和外部自然资源的稀缺性也同样会导致资本主义的经济危机(第二矛盾)。

在注意到学者们对马克思恩格斯理论指责的同时,奥康纳也发表了自己对他们生态思想的分析与评价。奥康纳承认:"在马克思、恩格斯和其他的马克思主义理论家那里,尽管的确存在着上述所论及的以及其他的一些理论空场,但在他们的视阈中,人类历史和自然界的历史无疑是处在一种辩证的相互作用关系之中的;他们认知到了资本主义的反生态本质……至少可以说,他们具备了一种潜在的生态学社会主义的理论视阈。"(第6页)奥康纳还具体指出了马克思的一些生态学思想和观点。马克思对当时一些重要的生态问题,例如,资本主义农业面临的土地肥力衰竭,城乡对立导致的农村与城市物质新陈代谢断裂问题都有自己的生态学见解。在李比希农业化学思想的启发下,马克思阐发了生态农业的一些思想萌芽,他对农业生产的自然条件很感兴趣,主张采用深耕法、轮作制、休耕制和施用骨粉和农家肥等生态方法来增加土壤的肥力,恢复和提高农业生产力。马克思并没有忽视自然界,相反,马克思曾经清晰地论证了外在于人类的自然界,自然发展变化的过程对人类生产和生活的影响,强调自然界是人的无机的身体,离开了自然界,人类就无法生存。同时,在马克思的思想里,自然界不是孤悬于人类社会之外的异类,而是被人类社会,被人们的社会实践所中介了的、现实中的自然界。所以,自然界是可以由人类的实践活动改造的。同时,马克思还认为,人类与自然界是相互影响、相互作用的,有什么样的社会状况,有什么样的生产力水平,人们对自然界就有什么样的态度。人与人的异化一定会表现在人与自然界的关系上,导致人与自然的异化。所以,解放自然的前提是解放人,解放人类社会。

事实上,作为一个生态学马克思主义者,奥康纳对马克思恩格斯的生态思想是相当倚重的,这不仅体现在他对马克思恩格斯生态思想的挖掘与阐发上,而且展示在他用马克思恩格斯的社会批判理论与方法对资本主义进行了深刻而严厉的生态批判上,凸显在他用马克思恩格斯的阶级分析方法和历史唯物主义方法对生态环境理论与实践的评价上。所以,奥康纳对马克思恩格斯生态思想的分析与评价的某些提法和观点我们不一定认同,但我们应当承认,奥康纳的生态学马克思主义理论还是有很多值得我们借鉴和给我们启迪的地方。

二、奥康纳对传统历史唯物主义理论的诘难与修正

在奥康纳的生态学马克思主义理论中,他对传统历史唯物主义的诘难与修

正是其理论的一个"亮点",也是很能引起人们争议的一个理论热点。

奥康纳生态学马克思主义理论的发轫点是对传统历史唯物主义理论的诘难。在他看来,生态科学的出现以及各种各样的生态斗争的事实,已经说明了历史唯物主义理论内涵的革新与发展是一个必然的趋势。但是,传统的"历史唯物主义事实上只给自然系统保留了极少的理论空间,而把主要的内容放在了人类系统上面。在历史唯物主义的经典阐述中,决定物质生产和自然界之间的关系的,主要是生产方式,或者说对劳动者的剥削方式,而不是自然环境的状况和生态的发展过程。马克思主义理论虽然成功地论证了在不同的生产方式中,自然界遭遇着不同的社会性建构,但是,自然界之本真的自主运作性,作为一种既能有助于又能限制人类活动的力量,在该理论中却越来越被遗忘或者被置于边缘的地位。"(第7页)在他看来,"历史唯物主义的确没有一种(或只在很弱的意义上具有)研究劳动过程中的生态和自然界之自主过程(或'自然系统')的自然理论"。(第62~63页)

他还认为,"历史唯物主义在两个重大方面是有缺陷的。马克思倾向于把他对社会劳动即劳动分工的讨论从文化和自然中抽象出来。在马克思或传统历史唯物主义那里,是不可能找到将社会的文化和自然系统这两者都包含在内的某种内涵丰富的、成熟的社会劳动概念的。第一个缺陷是,关于生产力的传统观念忽视或轻视了这一事实,即这些生产力从本质上来说是社会的,它们包含着人们的协作模式,这些模式是深深植根于特定的文化规范和价值观之中的。第二个缺陷是,关于生产力的传统观念还轻视或忽视了另一个事实,即这些生产力既具有社会的特征,又具有自然的特征。"(第436~437页)

奥康纳认识到:"在认识论的层面上,对历史唯物主义观念进行修订是很有必要的,因为它已既不够历史也不够唯物了;不够历史,是因为马克思在商品和拜物教理论之外,并没有一种社会和文化理论;不够唯物,是因为《资本论》并不包含一种自然和生态学理论"。(第458页)

的确,传统历史唯物主义理论凸现了自然界的人化问题,强调了生产实践,特别是生产力与生产关系构成的生产方式在社会历史发展中的决定作用。传统历史唯物主义中的"物",主要是生产力之"物",生产关系之"物",社会物质财富之"物",却没有强调历史唯物主义自然基础的自然界之"物",没有看到人类生产与生活所依赖的自然前提以及自然界的自我转型问题。奥康纳说:"在人类的物质生活,以及人类的历史和人类意识的进步史中,自然界对于人类来说始终是一个能动的伙伴。生态科学和人们的生态意识的兴起和发展,就是对这一点的最好证明。由人类自身所推动的自然界的变化,反过来会决定人类历史发

展的可能性及其界限。"(第9页)

所以,奥康纳反复强调:"历史唯物主义理论的确需要把自己的内涵向外扩展到物质自然界之中去,因为,自然界,不管是'第一'自然,还是'第二'自然的历史,都将对人类历史产生影响,反之亦然,这取决于具体的时代和环境的因素。"(第9页)

在对传统历史唯物主义理论的诘难中,奥康纳亮出了自己的理论旗帜,他说:"生态学马克思主义的历史观致力于探索一种能将文化和自然的主题与传统马克思主义的劳动或物质生产的范畴融合在一起的方法论模式。"(第59页)因为在传统历史唯物主义的"生产力和生产关系的解读模式中,'文化'和'自然'的线索是缺失的(或没有获得其应有的地位)。事实上,生产力和生产关系同时都是文化的和自然的(这是经得起辩论的)"。(第61页)

这样,奥康纳就从"文化"与"自然"两个维度上展开了他对传统历史唯物主义的质疑与诘难,并在此基础上展开了对传统历史唯物主义的理论重构。限于本书的主题,笔者不打算涉猎奥康纳从"文化维度"对传统历史唯物主义的修正,他在这方面的论述本来就不多。笔者研究的重点放在奥康纳从"自然维度"对传统历史唯物主义的修正上。

奥康纳多次强调,生产力与生产关系范畴不仅仅是社会的、历史的,它们也是自然的,是产生并发展于自然界提供的自然条件基础上的,不同的自然条件和自然环境,造就了不同类型的生产力和生产关系,自然条件的变化也必将导致生产力与生产关系的变化。他列举了大量事实,充分论证了自然界中真实的生产力与生产关系的自然基础,明示了自然条件对生产力和生产关系的影响。

先来看看生产关系的"自然维度"。奥康纳说:"'自然'的生产关系意味着自然条件或自然过程(不管是否受人类活动的影响)的一定形式,与任何其他因素相比,对任何一个既定的社会形态或阶级结构的发展,提供更为多样的可能性。"(第74页)英国能成为最早崛起的资本主义国家之一,在一定程度上得益于内陆河流纵横的水路系统和岛国沿海发达的海洋交通,这样的自然条件和地缘优势为商品的流通,为经商的便捷都提供了难得的自然前提。在地中海和大西洋沿岸各地,商业资本主义的阶级结构的形成与发展与当地四通八达的海洋交通有着直接的关系。相反,在没有很好的内陆或沿海的水上交通系统的国家和地区,商品经济的发展受到自然条件的限制,自给自足的小农经济模式就会大行其道,封建的生产关系就会繁荣起来,超稳定的封建社会结构就会持续下去。在早期的英国和法国,生铁铸造业只具有很小的规模,这是因为这些铸造厂必须紧挨着树木或森林,以便获取燃料。这样,这些铸铁厂的所有权也只能是小规模的。而美国钢铁工业的规模就大多了,资本主义工业时代早期的钢铁巨擘几乎都产生在美国,这是有自然原因的。美国地域辽阔,钢铁企业往往位于很远的铁矿与煤田之间,高额的运输费用是小企业负担不起的,所以,资本的积累和集中就是钢铁生产发展的必然要求,这样,大规模、超大规模的企业所有权就产生了。在农牧业方面,自然条件对生产关系的影响就更加明显。农村小规模的财产所有制与地形特征有关,缺乏优良土壤条件的山区和丘陵地区,小规模的个人所有制比较多些,对大地主的依赖性不强,基本上是自耕农。而平原地区的土壤条件使得大规模的农业生产成为可能,形成了土地的大规模私有制,无地农民租种地主土地的现象很普遍,这样,农村的剥削关系就有了自然的基础。牧场的自然条件也决定了对牲畜的所有权,没有牧场的牧民只能为霸占了牧场的牧场主放牧。

生产关系的形成不是随意的,它反映了人们在生产活动中人与人的关系。人与人之间的关系是多方面的,但其中最主要的就是生产关系。"生产关系"顾名思义就是人们在生产实践中结成的关系,如果生产实践得以展开的自然条件都不具备或者是遭到了严重破坏,使得人们的生产实践无法持续进行,那么,人们之间的生产关系就不会形成,即使原有的生产关系也会因为自然条件的变化而解体。所以,缔结生产关系是有"自然维度"的。

再来看看生产力的"自然维度"。奥康纳认为:"不仅是生产关系在这种或那种程度上体现出自然性的特征,而且,生产力也是如此。"(第76页)自然条件对生产力的影响是非常突出的。马克思曾经说过:"劳动是财富之父,土地是财富之母。"这个形象的比喻说明了生产的自然条件在财富创造中的地位和作用。马克思在《资本论》中用了大量的篇幅来说明生产的自然条件对生产力的作用与影响。在马克思看来,社会上直接的生产者,主观上除了要有自己的劳动力之外,客观上还要具备生产的自然条件。就农民来讲,他所耕种的土地的自然条件,必须有足够的肥力。如果劳动力是微弱的,劳动的自然条件是贫乏的,那么,剩余劳动也是微小的。在马克思看来,生产的自然条件制约着生产力的水平,劳动生产率是同自然条件相联系的。如土壤的肥力,牧场的状况,渔产的储量,丰富的灌溉水源,可以航行的河流,森林、金属、煤炭的储存等,这些自然条件的好与坏,对生产力的影响是极大的。马克思还具体分析了自然条件对劳动力、生产工具和劳动对象三要素的影响。

奥康纳基本上继承了马克思的上述思想,认为在采矿业、农业和渔业等领域,生产的自然条件是生产过程的"自主的合作者",它在劳动协作中发挥着重要的作用。奥康纳还特别提到了建筑业和交通行业对空间等自然条件的依赖性。所以,生产力的形成与发展也离不开"生态维度"。

奥康纳对传统历史唯物主义理论缺乏"生态维度"的批评是有一定道理的。传统历史唯物主义的理论旨趣主要是探索和发现社会历史的发展规律,阐发推动社会历史进步的动力因素,论证人民群众是历史的创造者。所以,传统历史唯物主义可以说是"红色理论",是为社会革命服务的。奥康纳本人也看到了这一点。他认为,无产阶级革命的需要是马克思创立历史唯物主义的重要原因,马克思在阐发自己的历史唯物主义理论时,生态科学还处于萌芽阶段,生态环境问题没有像现在这样进入人们的视野。但是,当生态环境问题凸显为现代社会发展的重要问题时,历史唯物主义理论建构中的"生态维度"就是不可忽视的最大理论问题了,换句话说,就是"红色理论"也要关注"绿色问题",历史唯物主义理论"红"与"绿"结合的时代到来了。

在这里,笔者以传统历史唯物主义理论中的生产力理论为例,来说明历史唯物主义理论建构中增加"生态维度"的必要性。传统生产力理论主要是"斯大林范式"的。该范式在解读生产力理论时往往过分强调人类对自然的改造能力。"生产力是人类改造自然、征服自然的能力"的定义在传统历史唯物主义的教科书中俯拾即是。生产力固然是人与自然之间的关系,但这种表述却是一种单向性的关系,自然界只是被视为人类征服和改造的对象,忽视了自然条件对人类社会的影响,没有科学地概括出人与自然的全部关系。传统生产力理论存在明显的缺陷,即将人类与自然的有机联系割裂了,抛开了人所处的环境,孤立地强调人对自然的作用,没有把人类协调自身与自然关系的能力纳入生产力理论的范畴中去,没有准确概括出人与自然关系的全部内涵。传统生产力理论过度膨胀了人的主体性,忽略了自然条件对人类的限制和制约作用。因此,历史唯物主义的紧迫任务就是要摆脱苏联教科书模式的影响,将历史唯物主义的视角扩展到自然领域,在生产力理论中,开展对"生产的自然条件"概念的研究。

当在历史唯物主义生产力理论中添加"生产的自然条件"这个概念后,一个不可回避的问题接踵而至,那就是:"生产的自然条件"概念的规定性是什么?它与历史唯物主义原有的"地理环境"概念有什么关系?

"生产的自然条件"是一个新概念,学者们还没有对其给予足够的关注。"生产的自然条件"主要是指人类生产活动形成与发展面对的自然前提和自然基础,包括地质条件、气候条件、土壤条件、牧场状况、动植物资源、矿产资源、水利资源、海洋资源、物产资源等自然因素。

"地理环境"一词,最早是1876年由法国地理学家列克留提出的,他认为地理环境是"围绕人类的自然现象的总和"。此后的学者们大都采用此种解释。如李秀林等人将地理环境定义为:"与人类社会所处的地理位置相联系的各种自然条件的总和,如气候、土壤、山脉、河流、矿藏以及植物和动物等等。"(李秀林.辩证唯物主义和历史唯物主义[M].北京:中国人民大学出版社,1995:261)不难看出,这里的"地理环境"在一定程度上指的是"自在自然",是一种狭义的地理环境的理解。有学者认为,地理环境是指一定社会的自然条件,即进入社会生活领域的自然条件,而不是抽象的脱离人类的单纯的自然界。尤其需要注意的是,这些学者认为,"地理环境"不单单指"自在自然",它是人类赖以生存和发展的地球表层。它一般包括自然环境、经济环境和社会文化环境。还有学者认为,在地理环境作用的考察上应该包括两个方面,即一方面应把地理环境作为社会的外部因素看待,另一方面应把地理环境作为社会的内部因素看待。

通过概念的辨析,人们可以看到,"生产的自然条件"与"地理环境"在内涵与外延上有一定的交叉,那为什么还要引进"生产的自然条件"这个新概念呢?笔者认为,在历史唯物主义,尤其是生产力理论中引进"生产的自然条件"概念是十分必要的,因为"生产的自然条件"与"地理环境"概念,在历史唯物主义理论中的地位和功能是不同的。首先,两个概念的论域不同。"地理环境"是就人类社会所处的场域来讲的,是从历史唯物主义的"物"的意义上讲的;而"生产的自然条件"是就人类生产活动面对的自然条件而言的,是在生产力理论中论述的。其次,两个概念的范围不同。"地理环境"还有广义的理解,既包括自然环境,也包括经济环境和社会文化环境;而"生产的自然条件"是指生产力形成和发展的自然基础和自然前提,是指在生产过程中起到限制以及促进作用的"自在自然条件"和"人化自然条件"。再次,两个概念的语境不同。"地理环境"是在社会存在的语境中使用的,生产方式、地理环境和人口因素构成了社会存在的主要内容;而"生产的自然条件"是在生产力语境中出现的,生产力、生产关系和生产的自然条件构成了生产力理论的新内容。最后,两个概念的出场境遇不同。"地理环境"在历史唯物主义中是一个意义相对较弱的概念,为了突显生产方式在社会发展中的作用,"地理环境"往往受到矮化的处理,轻描淡写解释一下"地理环境"的作用,最后结论是,"地理环境"在社会发展中不起决定作用,在批判"地理环境决定论"的喧闹中,"地理环境"黯然退场了,更遑论其环境保护的意义。而"生产的自然条件"思想是在生态文明理念的呼唤下,在人类反思传统生产力理论缺乏"生态维度"的理论重构中,进入人们理论视野的。

通过上面的分析,我们可以看出,提出"生产的自然条件"概念是有充分理由的,也是很有意义的。

在理论意义上,研究"生产的自然条件"概念是对历史唯物主义理论体系的丰富和完善。由于"斯大林哲学体系"的影响,我国现有的历史唯物主义教科书中,只研究生产力和生产关系,而没有探讨在生产力与生产关系理论中不容忽视的"生产的自然条件"问题。人们都是在预设"不缺乏生产的自然条件"的情况下来研究生产力和生产关系理论的,而没有突出强调"生产的自然条件"在人类生产活动中的关键作用,没有考虑一旦用于生产的自然资源枯竭、自然条件遭到破坏的情况下,人类的生产活动还会继续下去吗?"生产的自然条件"是生产力与生产关系形成并展开其辩证关系的自然前提,离开了"生产的自然条件",生产力与生产关系就无从谈起。事实上,马克思非常重视自然界的使用价值,他把自然条件、自然资源的状况和社会生产劳动的效果联系起来,充分肯定自然界是有价值负载的实体性要素,在生产劳动中,没有自然界所提供的劳动资料和劳动对象,人类社会的生产将无法维系。所以,"生产的自然条件"概念应当成为历史唯物主义不可或缺的一个重要范畴。

在实践意义上,研究"生产的自然条件"概念有助于我们重视对生产的自然环境和自然条件的保护,有利于生态农业的发展。在一定意义上,我们可以说当代生态危机与人们长期忽视"生产的自然条件"有关,这种现象集中表现在农业生产方面。例如,我国人多地少和单纯追求粮食的高产量,导致了化肥、农药、农膜的大量使用。据调查,化肥施到地里真正被农作物吸收的只有30%左右,大部分被雨水冲刷到江海湖泊中或者残留在土壤里,导致了对水域与农田的污染,农药和农膜对农业生产的自然条件破坏更大,它们长时间不能被降解,造成了农业的生态灾难。在畜牧业方面,牧民们受经济利益的驱动,超载放牧,滥采乱挖等现象非常严重,这种掠夺式、粗放式的生产方式给草原造成了极大的伤害,造成牧区县牲畜超载已近70%,半牧区县超载80%,草产量平均单产下降30%~50%。在牧区,人们疯狂采挖麻黄草、甘草、发菜和冬虫夏草等中药材和经济作物,把草原破坏得千疮百孔,导致了草原的沙漠化。这种"杀鸡取卵""竭泽而渔"式的农牧业生产方式完全无视"生产的自然条件"状况,结果势必葬送了农牧业发展的可持续性。在这个问题上,"生产的自然条件"概念是值得人们高度重视的。

通过上面的分析,我们可以形成这样的认识,奥康纳对传统历史唯物主义缺乏"生态维度"的诘难,在一定程度上唤起了人们在生态文明时代对历史唯物主义的重新认识和理论建构。现在,国内外学术界已经形成了构建生态唯物主义,拓展历史唯物主义生态维度的研究氛围。

三、奥康纳关于资本主义的"第二重矛盾"理论

在对人类社会产生的影响方面,19世纪的资本主义加剧了社会内部人与人

之间的不平等,剥削加重,人与人的异化加剧。而20世纪,特别是20世纪后半叶的资本主义,有一个更为严重的现实凸现出来,即人与自然的异化加剧,资本对自然的破坏所引起的资本对自然的关系问题成为当代资本主义社会面临的重大问题。那么,人们要建构一种怎样的新理论,使之能帮助我们清晰地思考全球环境被破坏的问题呢?奥康纳认为,它不仅要能够恰当地分析系统性的经济力量、社会性和政治性的运动,还要能够在社会的运动与变迁以及人们的日常经验领域展开生态、科学、政治经济学以及社会学的理论思考,更为重要的是要以一种足以阐明和发展生态性及其他类型的社会运动的方式来界定资本主义发展过程中的生态性及其他类型的矛盾。从马克思的资本理论和波兰尼的社会理论出发,结合现实的社会运动,奥康纳重新理解了马克思的"生产条件"概念,并以此为核心,从生态学的视角提出了"资本主义的第二重矛盾"理论,最终揭示出在第一重矛盾与第二重矛盾的双重作用下,资本主义的可持续发展是不可能的。

马克思主义的生产力理论中只有两个基本范畴,即"生产力"和"生产关系",并指出人与自然的对立是表面的,社会的物质基础和制度本身也是自然的一部分,自然以这两种方式进入社会领域,规定并限制着人们的社会活动。在新的历史条件下,奥康纳认为,有必要在生产力理论中再引进第三个范畴——"生产条件",从而可以帮助我们更清晰地思考全球面临的生态环境被破坏的问题。

奥康纳在界定"生产条件"概念之前,参考了卡尔·波兰尼和马克思的"生产条件"思想。波兰尼把"生产条件"定义为,它并不是作为一种商品生产出来的,但却被当作一种商品来对待,从而成为虚拟的商品,例如:劳动和土地。(第229页)奥康纳认为,马克思有时候是在一种更为宽广的意义上来使用"生产的物质条件"这一范畴的,他不仅把土地和劳动当作商品来看待,还包括"资本的所有权"和"土地所有权"两个部分,即马克思所确认的是三种而不是两种"生产条件",它们分别是:①"生产的个人条件",即工人的劳动力。②"外在的物质条件"或"自然条件",主要指生产资料的自然财富(如:肥沃的土地、渔业资源丰富的水域等)和劳动工具的自然财富(如:瀑布、用于航行的河流、树木、金属、煤炭等),也可以指进入不变资本和可变资本之中的自然因素。③"社会生产的公共的、一般性的条件",即"交通与运输的设施"。(第230页)奥康纳追根溯源,发现"条件"一词最早来自古希腊语,在那里,它被赋予了一种非常"客观的"内涵及意义。马克思使用这一词语,可能是因为他有意要在一种优先的层面上来探讨劳动力、基础设施和空间以及自然界的问题。以此为基础,奥康纳给出了自己的"生产条件"概念的定义:"生产条件指的是这样一些东西,它们并不是按市场规律(价格规律)生产出来的商品,相反,它们只是被当作商品来看待,换句话说,它们只是具有'虚拟价格'的'虚拟的商品'。"(第388页)依据这个定义,他认为自然、城市空间与基础设施、社区以及劳动力无疑是符合这个定义的,这三类生产条件在资本主义市场下具有共同的特性,即在商品市场中,它们都被看成了虚拟的商品,而实质上,它们都不具备交换价值,不直接由市场力量或价值规律所支配。奥康纳指出,这些生产条件都是具体的、历史的、变化的,外在自然界具有其自身的、自主性的"规律"或发展原则;劳动力既是交换和劳动的客体又是其主体;空间场所及基础设施除了直接地被政治和市场所建构之外,还独立地完成对资本的地理维度上的配置。

奥康纳认为:"尽管马克思恩格斯是研究由资本主义的发展所导致的社会动荡问题的重要理论家,但他们两人确实没有把生态破坏问题视为其资本主义的积累与社会经济转型理论中的中心位置。他们低估了作为一种生产方式的资本主义的历史发展所带来的资源枯竭以及自然界的退化的厉害程度。他们两人也没能准确地预见资本在'自然的稀缺性'面前重构自身的能力,以及资本所具有的保护资源和防止或消除污染方面的能力(这些措施往往是无效的)。"(第198页)尽管马克思曾谈到过"生产条件",但他并没有对资本周围及整个资本主义生产条件的生产和再生产过程内部,以及这两者之间的系统性的经济和社会联系进行梳理。换句话说,马克思没能把多方面的因素统一起来,并且阐明"自然性的妨碍因素"有可能是由资本化所导致的,即"第二重"的资本化的自然,当然他也没有发展出如下的观念:资本主义的矛盾有可能会导致一种在危机及社会转型问题上的"生态学"理论。因此,奥康纳认为,我们需要进一步来认识和批判当代资本主义。他指出,传统历史唯物主义(马克思主义)所讲的关于资本主义的基本矛盾(生产力和生产关系之间的矛盾)可以概括为第一重矛盾,虽然它对19世纪甚至20世纪的大部分时间来说,都有重大的直接的现实意义。但自20世纪后半期以来,时代主题的转变使人类和自然界之间的矛盾已经凸现出来并成为最严重的问题,也就是说,在今天的资本主义社会中应该存在两种而不是一种类型的矛盾,除了第一重矛盾之外,还应该有以生产条件为核心范畴的"资本主义第二重矛盾",即资本主义生产的无限性与资本主义生产条件的有限性之间的矛盾,它所研究的是资本主义生产力和生产关系与生产条件三者之间的矛盾。

奥康纳把他的资本主义"第二重矛盾"理论等同于生态学马克思主义理论。那么资本主义的第一重矛盾与第二重矛盾之间存在着一种什么样的关系?它们又有哪些不同之处呢?奥康纳认为,资本主义的第一重矛盾可以简单地作如下概述:剥削率(剩余价值率)既是一个社会学的范畴,又是一个经济学的范畴。

它所反映的是资本对劳动所拥有的社会及政治性的权力,以及资本主义所固有的走向现实维度上的危机,即资本的生产过剩的危机趋势。第一重矛盾内在于资本主义制度当中,因为资本主义的生产不仅是商品的生产,而且是剩余价值的生产,也就是对劳动的资本主义剥削过程,它与生产条件(不管是经济维度还是社会政治维度)没有什么直接的关系。而资本主义的第二重矛盾则需要一种更为复杂的术语来进行分析,这些术语实际上内含在使用价值这一范畴之中,它不仅需要与传统马克思主义理论一样单纯地从经济的维度进行阐释,还需要从社会政治维度予以说明,它产生的根本原因"是资本主义从经济的维度对劳动力、城市的基础设施和空间以及外部自然界或环境的自我摧残性的利用和使用"。具体而言,第一重矛盾与第二重矛盾的不同之处表现如下:

(1)在理论对实践的阐明上,前者是对传统的无产阶级革命实践的阐明,而后者所要阐明的是以生态环境保护为主要内容的新社会运动的实践。

(2)在经济危机以及社会转型问题的出发点上,前者关注的是资本主义的生产力和生产关系之间的矛盾,而后者更加注重的则是资本主义的生产力、生产关系与其生产条件之间的矛盾。

(3)在社会主义革命的动力问题上,前者主要依赖产业工人阶级,而后者的重要力量则是"新社会运动"中的社会力量,主要有青年学生、环保人士、女权主义者、少数民族、外来移民、环境难民、土著居民等。

(4)在社会转型的最直接目标及必要条件上,前者是资本主义的生产关系,具体体现在政治制度、国家及生产和交换过程的转变上,生产力和生产关系的更为社会化的形式的发展成为其转型的必要条件,而后者则是由生产条件再生产的社会关系构成的,直接体现在生产条件的生产与再生产和生产过程本身之中,其必要条件是生产条件的更为社会化的供应模式的发展。

(5)在经济危机表现的形式上,前者的价值生产与实现之间的矛盾以及经济危机是以"实现维度上的危机",或者说是以资本的生产过剩的形式表现出来的,即在剩余价值的生产方面是没有问题的,只是在价值和剩余价值的实现方面才存在问题,而后者的经济危机则是以"流动性危机"("liquidity crisis"),或者说资本的生产不足的形式来表现自身的,即价值及剩余价值的实现是没有问题的,有问题的恰恰是在剩余价值的生产方面。

(6)在经济危机对资本内部要素的整合上,无论是在传统的历史唯物主义理论还是在生态学马克思主义理论中,经济危机都是一口"大锅",但是资本在其中整合的要素不同,前者是生产力和生产关系,后者仅仅是生产条件。

(7)在关注的焦点上,前者在对"资本的生产过剩"这种经济危机进行探讨时，其焦点在于内在于资本维持商品价格稳定的过程之中的矛盾，简而言之，就是在于交换价值，而后者则认为使用价值其实是很重要的，它在或多或少的程度上都应该与交换价值处于同等重要的地位，我们越是在理论上接近使用价值，在实践中，我们就越能够接近真实的实践语境以及真实的、活生生的人。

（8）在对利润变化的影响上，当个体资本为了维持或恢复利润而降低成本时，前者是从需求的角度对资本构成进行冲击的，其意想不到的后果是市场对商品的需求也会下降，从而真正获得的利润也会下降，后者则是从生产的自然成本的角度来对资本构成冲击的，当它们把成本外化到生产条件上面时其意想不到的后果是抬高了其他资本的成本（最起码是抬高了资本总体的成本），由此，生产性利润就会降低。

综上所述，奥康纳指出，尽管传统马克思主义通过第一重矛盾认识到资本主义是一个充满危机的制度，但是从更深层次上，即其所提出的第二重矛盾来看，由于资本主义的生产力和生产关系对自身生产条件的损害或破坏而不是再生产，从而使资本主义制度具有了自我毁灭的力量。

我们应当如何看待奥康纳的资本主义"第二重矛盾"理论呢？笔者认为，他的理论还是具有很强的现实针对性的，为人们了解资本主义的新矛盾，认识资本主义面临的新危机提供了一个生态批判的理论维度。曾几何时，人们被资本主义战后科技飞速发展，物质空前繁荣的景象所陶醉，大规模生产、炫耀式消费带来的虚假景象，遮蔽了人们的思维，"今日人人都快乐"成为人们的共识，似乎资本主义社会俨然没有了任何危机，资本主义社会可以高枕无忧地发展，人们对资本主义未来的期盼仿佛也是"没有最好，只有更好"。

然而，像奥康纳这样的一批生态学马克思主义者，面对着资本主义社会的虚假繁荣，始终保持着理论的批判性，思维的敏锐性。他们在人们对资本主义社会普遍的喝彩声中，洞察到了资本主义社会面临的新危机——生态危机，从"生产的自然条件"这个更为根本的基础上，看到了资本主义生产方式的不可持续性，看到了资本主义社会走向"死胡同"的生态原因。他们秉承着马克思对资本主义社会批判的理论特质，与时俱进地推进了马克思主义的发展，针对资本主义社会面临的新困境和新危机，指出了另一条导致资本主义灭亡的生态路径，从资本扩张逻辑与生态环境条件的制约性矛盾的角度，敲响了导致资本主义灭亡的生态丧钟。从生态理性的角度论证了资本主义社会必然被生态社会主义取代的必然性。奥康纳的这些理论和观点无疑是很有价值的，值得我们认真地对待。

四、奥康纳对资本主义的生态批判

对资本主义的生态批判是生态学马克思主义理论家的重要理论场域,奥康纳也不例外。他在阐发自己的生态学马克思主义理论时,没有仅仅在书斋中"坐而论道",而是十分重视资本主义国家生态环境危机的种种表现,从生态环境恶化的大量现象出发,为自己的理论建构提供事实的支撑。

(一)"水龙头"和"污水池"的隐喻

在奥康纳对资本主义的生态批判中,有几个提法是值得人们玩味的。他认为,资本在利用自然界的过程中把自然界既看成"水龙头"又当作"污水池"。"水龙头"是自然资源面临枯竭的一个隐喻,即人们的生产资料和生产对象以及再生产的资料和对象最初都是以各种不同的方式从大自然中获取的,而人类过分地开采和使用自然资源,已经使自然界这个"水龙头"里的"水"不多了,自然资源面临枯竭的红灯已经亮起来了。而"污水池"是环境污染的一个隐喻,即人类生产和生活中产生的所有废弃物,最终都将以各种不同的形式回归到自然界这个"污水池"中,现在这个"污水池"中的"污水"大有泛滥之势。这种现象在过度工业化的资本主义国家表现得尤为突出。

从资本主义工业化发展的历史入手,奥康纳指出,资本主义工业化的历史启程就伴随着严重的生态灾难。众所周知,英国是资本主义工业的摇篮,而蒸汽机的轰鸣意味着资本主义工业化时代大幕的开启。英国工程师詹姆斯·瓦特对蒸汽机的改造,使得蒸汽机用一种比无烟煤便宜得多的硫烟煤作燃料就可以了。这样的技术改造,使得蒸汽机的大范围、大规模使用成为可能,此举为资本主义工业化的早期发展提供了巨大的动力。所以,那个时代被人们称为"蒸汽机的时代"。

但是,正如奥康纳指出的那样:"瓦特的蒸汽机在经济领域中是一种胜利,可对生态领域来说无疑是一种灾难。"(第15页)瓦特对蒸汽机的改造,解决了发动机内部的损害问题,但却带来了更为厉害的环境污染问题。蒸汽机的普及导致了"工业黑化"问题的加剧,蒸汽机产生的黑烟污染了我们的城市和乡村,街道上、庭院里、人们的衣服上和房间里到处都是煤烟污染的痕迹,我们的水、空气和土地被污染了,甚至就连一些鸟类的羽毛都因此而黑化了。蒸汽机使用过程中煤的不完全燃烧所释放出来的二氧化碳转化为硫酸,硫酸导致的酸雨腐蚀了建筑物、机器设备、铁路、桥梁、汽车等交通工具和街头塑像,酸雨还使土壤的肥力降低,破坏了农业生产的自然条件。煤烟密布在城市的上空,遮蔽了阳光的照射,从而导致了佝偻病或者异常性骨质生长病的流行,这些儿童疾病都是由于缺乏维生素 D 而引起的。蒸汽机在世界范围的大量使用,使人们对煤炭的需求量飞速增加。撇开资源枯竭不说,单是对煤的过度开采就导致了严重的生态环境问题——水污染。采煤所产生的污水含有酸性物质、微颗粒、铁、含铁化合物以及对动植物都具有极强毒性的重金属浓缩物,这些污水对煤矿附近的河流、土地和动植物都构成了严重的生态威胁。

蒸汽机导致了资本主义工业的快速崛起,与之相伴而来的是资本主义国家城市、超大规模城市的出现和城乡对立时代的到来。人口在城市的大量集聚,加剧了城市对农村的生态剥削,引起了一系列的生态环境问题。为了给城市居民提供大量的粮食,迫使农业资本家过度开荒,滥用土地,过度使用农药和化肥,使原本肥沃的土地日渐贫瘠,严重的甚至丧失了作为农田的能力。奥康纳提到了像美国纽约和洛杉矶这样的大城市面临的生态环境恶化的事实。他说:在纽约市"空气中的一些有毒物质通过露水、雨水和雾对整个哈得逊河领域产生了极坏的影响,它们使树叶凋零、未成熟的水果早落、树木死亡,谷物、蔬菜和森林也同样遭殃。在一定程度上可以说,城市居民的生活是以牺牲自然界为代价的,他们直接导致了自然环境的恶化"。(第16页)

洛杉矶也是资本主义工业污染的典型。奥康纳指出,在洛杉矶这样迅速崛起的工业化城市,它的"生态的危机也就出现了:水源的缺乏、缺少污水处理设施、交通堵塞、污染等。再加上一些社会危机——未能解决的种族与劳动关系的问题——所有这些危机开始阻碍这个城市的发展与繁荣。公共的空地被毁坏了;清洁的空气变成了被污染的空气;沙滩正在受到污水和废弃油料的侵袭。户外的空地变得越来越拥挤;高速公路成天交通堵塞……"(第191页)

所以,奥康纳总结说:"我们的祖先留给我们的是一笔模糊的遗产,我们的先辈跟魔鬼订下了契约,我们现在正在吞下这些契约的恶果,这种状况如果得不到改变的话,我们的后代将遭遇更糟糕的命运。"(第17页)

(二)可持续发展的资本主义是否可能?

"持续(sustain)"这个词共有四层含义,最早的解释为"支持""维护某种进程"或"保持一种状态";第二种是"提供食物和饮水,或生活必需品";第三种是"忍受而不放弃或不屈服";最后一种理解为"生态可持续性"。但至今生态学家们对这一表述尚未形成一致的意见。目前在关于社会发展的讨论中,对于如何界定和运用"可持续性的发展"或"可持续性发展的资本主义"这个问题,在全世界范围内都有争论。奥康纳认为,人们讨论可持续性发展的资本主义应该是指其"生态可持续性",然而在回答"可持续性发展的资本主义是否可能?"这个问题时,他给出的简短答案就是:不;如果答案稍长一点的话那就是:"大概不。"

(第 377 页)

为什么他会给出如此答案呢？通过前面的论述，在奥康纳看来，当今资本主义社会存在着双重矛盾，它们决定了在生态上具有可持续性的资本主义是不可能的。据其分析，第一重矛盾揭示了生产力和生产关系之间的矛盾，二者之间的相互运动必然会带来以需求危机为特征的经济危机，即生产无限扩大与消费需求相对不足，危机产生的主要原因是资本追求利润的本性和资本主义生存的需要。具体而言，在利润的驱动下，资本必然会不断进行扩张，经济增长则是其实现利润的手段，资本主义的可持续性就依赖于利润率的提高。但是资本主义生产力和生产关系的矛盾却对资本获得利润的能力构成了威胁，因为资本是通过进一步加大对工人的剥削和提高劳动生产率等方式来获得更多的利润，但是由此产生的后果却是生产过程中工人的消费能力呈不断下降的趋势，而商品却呈现出不断增长的趋势，这样市场需求的减少必然会导致生产过剩的经济危机，从而使资本主义无法持续运行下去。接下来，他又指出，第二重矛盾则揭示了资本主义生产力和生产关系与生产条件之间的矛盾，它内在于资本主义的本性之中。众所周知，资本主义的本性是为了获取剩余价值和利润，它通过不断扩大生产而进行无限地追求经济增长和自我扩张，丝毫不考虑这种扩张所带来的政治的、经济的、地理的或生态的后果。但是，自然界既无法进行自我扩张，也无法跟上资本运作的节奏和周期，其必然结局是自然生态环境的破坏和资本各要素成本的增加。这是因为，由于在资本主义制度下资本的自我扩张具有无限性特点，这样所带来的必然结局是：如果经济不断增长，那么对原料的需求就会不断增加，原料在商品的价值中所占的比重就会加大，资本就会加大对开采自然资源的投资，这就意味着生产成本和积累的增加，利润率下降。反之，如果资本通过更有效地使用原材料进行生产，导致原材料价格下降，从而使成本下降和平均利润率上升。但由于原材料价格相对便宜又会带来对资源需求的加快和积累的增加，并导致资源的快速耗费。可以说，资本主义生产过程既是一个充满矛盾和经济危机的过程，同时也必然导致生态危机。从总体上说，经济危机是与过度竞争、效率迷恋以及成本削减（譬如，剥削率的增强）联系在一起的，由此，也是与对工人的经济上和生理上的压榨的增强、成本外化力度的加大以及由此而来的环境恶化程度的加剧联系在一起的。

奥康纳通过以上分析指出，资本主义生产过程的必然结局是对自然资源越来越高的耗费和对自然界越来越严重的污染，这样所导致的生态危机反过来又会由于增加资本的成本和环境运动进一步加重经济危机。总而言之，当今资本主义的危机不仅是资本主义生产过剩的危机，也是资本不充分发展的危机。危机不仅来源于传统马克思主义所说的需求层面,而且来源于生态学马克思主义所说的成本层面。成本危机产生的根源一方面在于个别资本为了维护其利润,忽视或破坏其赖以生存的外部物质条件,同时以劳工运动、环保运动、妇女运动等为代表的新社会运动又进一步削弱了资本获得利润的能力。"众所周知,劳动力、自然资源和市政基础设施及空间在供给上的严重瓶颈会危及个别资本单位的生存能力,甚至还会危及整个部门或全国的资本主义秩序。因此,总地来说,这些瓶颈因会抬高成本削弱资本的适应能力而威胁资本主义的可持续性。所以,'增长的极限'并不首先表现为劳动力、原材料、清洁水源和空气、城市空间以及诸如此类的东西的绝对性的短缺,而是表现为高成本的劳动力、资源以及基础设施和空间。"(第389页)这些都对资本主义的盈利能力构成巨大的威胁,从而使资本主义社会危机四伏,其趋势是自我毁灭。

鉴于以上说明,奥康纳认为,从第一重矛盾与第二重矛盾交织的状况来看,"可持续资本主义"是一个致命的悖论。资本主义社会存在自身无法解决的生态矛盾,它将自然看成是资源的"水龙头"和废弃物的"污水池",资本主义的生产矛盾使可持续发展、"绿色资本主义"成了一种不可能实现的梦想,从而成为一种自欺欺人的骗局。除此之外,奥康纳还认为这样的一些因素也同样促使了可持续性发展的资本主义是不可能存在的,如:在全球范围内,或者起码在西方七国工业集团之间缺乏一个进行宏观经济调控的能力;三种生产条件,即人类劳动力、环境和市政基础设施,它们也不能在恰当的时间和地点,以适当的数量和质量,按合适的虚拟价格出现;在所有发达资本主义国家中,不存在那种致力于生态、市政和社会的总体规划的国家机构或社团型的环境规划机制等。他指出:"除非等到资本改变了自身面貌以后,到那时,银行家、短期资本经营者、风险资本家以及CEO们在镜子中看到的将不再是他们现在的这副尊容,舍此而外,这种生态上具有可持续性的资本主义绝无可能。"(第384页)

正是在这个意义上,奥康纳得出了资本主义必然要被另一种社会模式所代替的结论。

奥康纳进一步认为,资本主义的趋势是步入各种经济危机和生态环境危机并自我毁灭,因此,"可持续发展的资本主义是不可能的"。美国总统大选中"绿派"们对环境保护的承诺、绿色口号的提出、生态环境问题的讨论等只是为了选票。政客们努力把自己装扮成绿色爱好者,或者至少使自己在公众面前获得一种绿色形象,也只是在大选期间的一抹绿色。他们入主白宫后的政治经济政策则是为了资本主义的经济利润。所以,奥康纳指出:"绿色话语与资本主义话语其实有着天壤之别,这两者完全是风马牛不相及的。"(第380页)绿色主义的改革派考虑的问题是"以何种方式来再造资本主义才能使其与自然的可持续性相适应",而企业资本家思考的问题是"以何种方式来再造自然才能使其适应利润的可持续性和资本积累的要求"。这样的"再造自然"理论意味着在更深的程度上把自然界仅仅当作"水龙头"和"污水池"。再造自然就是要对自然进行重新加工或者是彻底改造。例如,按照工业标准化的生产要求来扩大单一树种的速生林的种植面积,改变粮食的基因来防止农作物的减产而扩大粮食产量等做法。而这些人类的作为有其潜在的危险:人工单一树种的林场会破坏生物的多样性,而粮食作物的转基因则包含着不可知的生物学危险。这样,也许在未来的某个时刻,人们会惊奇地发现,我们所熟悉的自然界已经是面目全非了,与我们大多数人经验中的自然界相去甚远。为什么会是这样,"其原因就在于,资本主义再造自然的构想(仍处于萌芽期)也是一种按资本的形象来再造(所谓的)科学和技术的构想"。(第382页)

不可否认,资本主义的经济增长方式虽然还是有效的,但这种方式一直是片面的和有局限性的。原因在于这种经济增长方式假定的一个条件就是马克思所说的"生产的自然条件"的供给是无限的,是取之不尽、用之不竭。资本家们认为,资本主义的经济增长仅仅会受到消费需求的限制,而不会面临自然资源限制的潜在瓶颈。然而,资本主义经济增长的实际过程并不是这样的。一旦这种经济增长方式遇到劳动力的短缺,自然资源的枯竭和环境污染而导致的生产成本显著增长的话,资本就遭遇到它的"第二重矛盾"了,即一种源于生产条件限制而导致生产成本增加引起的经济危机。

生产条件限制导致的生产成本增加的危机,其根源主要有两个方面:一方面是个别资本为了捍卫或保持其利润而导致的生态环境的破坏。资本家为了减少前期投入,残酷地榨取"人的自然"——劳动力,不愿为了工人的健康而增加费用,引起工人生产和生活环境的极端恶化。同时,他们残酷地榨取"天然的自然",破坏土壤肥力而不采取任何保护措施,降低了土地的生产力;疯狂地开采各种矿产,使得自然资源日渐枯竭;不愿为市政基础设施建设投资,任其衰败。而交通堵塞、生产空间的狭窄也导致了生产成本的上涨。另一方面是普遍高涨的环境保护意识和以环境保护为主要内容的新社会运动的崛起,也在社会大背景下迫使资本家在环境保护、污水与空气净化、垃圾处理、土壤改良、提高医疗保健水平,加大市政基础设施建设的步伐等方面做出努力,而这一切都会增加资本的生产成本并降低资本的适应能力。这种在传统主流经济学家看来是"额外成本"的生产条件,也会对资本主义的盈利能力构成致命的威胁。

从理论上讲,可持续发展的资本主义要求所有这些生产条件在恰当的时间和地点,以适当的数量和质量,按合适的价格出现。但是,在资本主义实际的扩张历程中,这种理论上的合理性是很难达到的。生产条件的稀缺性必然导致生产条件的资本化、商品化,尤其是环境和自然资源的资本化和商品化运作,在客观上具有提高资本成本并降低其适应能力的倾向。"简单说来,第二个矛盾表明,当个别资本试图通过削减或外化成本来维护或重建其利润时,就产生了一个它们所没有料及的后果,即减低了生产条件的'生产率',因而也就提高了平均成本。"(第391页)

生产的自然条件的限制以及生态辩证法的内在规定性的作用,使资本家起初追求降低成本的努力最终都事与愿违。例如,在农业生产中,农业资本家起初大量使用杀虫剂是为了降低成本,但是,农业害虫的化学抗药性在人们大剂量、高频次地使用化学杀虫剂的过程中也越来越强。这样,许多具有超强化学抗药性的害虫不仅没有得到消灭,反而导致了大量益虫和其他动植物的死亡,残留的化学农药经过食物的环节而直接威胁着人类的健康,同时,也使土壤的自然肥力遭到严重破坏。在北欧的一些国家,资本家为了降低生产成本,加大了单一品种速生林的培育速度。但是,几年以后人们发现,树种的单一化导致了生物多样性的丧失,单品种森林的病虫害更容易发生。这种森林的生态系统的生产力还是大幅度下降了,而且树型也变小了,出材率也大大降低了。在美国,电力资本家原本指望核能会降低能源成本,竭力主张上马核电项目。但是,由于保护核安全的投入、核设施的检修与维护、核电站本身对能源与水的消耗、核垃圾的处理及其社会已经形成的对核能的反对态度都在不同程度上增加了核能的成本。城市的公共交通设施可以视为生产的"公共"条件,新的高速公路原来设计用来提高交通能力,疏导交通,降低交通拥堵和上下班来往通勤的成本,但是由于它们引发了更大的交通量并导致了更多的交通拥挤,大大增加了汽车尾气的排放量而形成更加严重的环境问题,这些也有着提高交通成本的趋势。为什么会是这样?因为"资本的自我扩张逻辑是反生态的、反城市规划的与反社会的……换言之,在所有发达资本主义国家中,那种致力于生态、市政和社会的总体规划的国家机构或社团型的环境规划机制是不存在的"。(第394~395页)

在奥康纳看来,不仅发达资本主义国家的资本逻辑与可持续发展理念是矛盾的,而且,许多实行资本主义制度的发展中国家也面临着严重的生态灾难。例如,印度、巴西和墨西哥等国家,在追求资本主义工业化的过程中付出了大量贫困和众多灾难的代价,生态环境恶化的状况日趋严重,极大地破坏了生态的稳定性。这些国家成了经济、政治、宗教、社会和生态环境灾难的多发区。

五、奥康纳的生态社会主义理论探析

奥康纳以颇具独创性的关于资本主义的"第二重矛盾"理论为基点,展开了对资本主义全方位的生态批判。在此过程中,他也提出了自己的生态社会主义观念。他的生态社会主义观念有许多独到之处,为我们正确看待生态学与社会主义的关系,推进具有中国特色的社会主义生态文明建设很有启发意义。

(一)苏联模式社会主义生态灾难的原因剖析

奥康纳为了论证生态学与社会主义联姻的必然性,展开其生态社会主义思想,他从生态学的视角,对以苏联模式为代表的传统社会主义展开了深入的生态批判。在他看来,传统社会主义阵营的国家也曾出现过严重的生态问题。"社会主义国家同资本主义社会同样迅速地(或者更快地)耗尽了它们的不可再生资源,它们对空气、水源和土地等所造成的污染即便不比其对手资本主义多,至少也同后者一样。"(第407页)的确,奥康纳的批判并非空穴来风。苏联模式的社会主义不仅存在着生态危机,而且相当严重。

奥康纳也提到了,在改革开放的初期,中国为了推动农业和工业的一体化进程,促进经济发展,在农村建设了许多乡镇企业,这些小型的铸铁厂和其他的一些工厂,由于工艺落后,设备陈旧,产生了严重的生态环境问题,形成了"污染源"。

这些事实表明,社会主义国家在经济建设和实现工业化的进程中,的确发生过严重的生态灾难。如何反思该现象?传统社会主义是否需要发展到生态社会主义?生态问题如何使生态学与社会主义的联姻成为可能?这些都是奥康纳生态社会主义理论形成的契机。

对导致苏联模式社会主义生态灾难原因的深入剖析,是奥康纳生态社会主义理论的一个亮点。在这一点上,奥康纳很有辩证思维的理论特质。在导致生态灾难的原因上,他既看到了社会主义与资本主义的相同点,也分析了两种社会制度的不同点。他认识到:"对社会主义国家环境问题的任何真正的理解都必须被置放在自20世纪早期以来主要的西方国家对社会主义所发动的政治—经济—军事—意识形态斗争的语境之中,同时,还必须被置放在第二次世界大战结束以来的冷战的语境之中。"(第419页)

首先,在他看来,社会主义国家环境破坏的原因同资本主义国家是类似的。都在自身的发展进程中导致了严重的生态环境灾难,都耗费了大量的自然资源。资本主义和社会主义两种经济体系所追求的相同的价值理念是造成环境退化的根本原因,这些价值理念是"工业化的道路""城市化的发展""技术万能论""庞大的官僚机构"和"生产至上论"等等。而所有这一切,都被资本主义和社会主义国家奉为圭臬。

其次,"由于社会主义国家的财产关系和法律关系是不同于资本主义世界的,所以,对于它们来说,破坏环境的原因和影响又是不一样的。也可以这样讲,因为存在着两种政治体制,而且它们在市民社会和国家之间的关系上也存在着一些相应的差异,所以这也会造成环境破坏的原因和影响的不同"。(第409页)其不同点表现在:第一,在生产力方面,社会主义国家通常没有西方国家"先进",给生态环境造成的压力要小很多。第二,在生产关系方面,与资本主义国家截然不同,因此,在社会主义世界中所发展起来的技术的特定形式,以及农业、采矿业、工业等等所采取的独特方式,是不同于资本主义国家的。第三,在政治体系方面,一个是资本主义体系,另一个是社会主义体系,二者在生态退化过程中以及环境斗争与重建过程中所起到的重要的影响作用也是不同的。

奥康纳认为,虽然在社会主义阵营的内部,生产关系和生产力以及它们同生产条件的关系在形式上的变种有很多,市场关系的范围和类型、文化传统以及政治体系的变化也很大,但是社会主义国家还是存在着一些明显的相似之处,如:生产资料国有化,工人对于生产资料具有获得、使用和实施控制的权力,为了竭力"赶上西方"大多数都经历了一段粗放型经济发展史等等。从而他概括出社会主义国家的生态问题的成因:第一,粗放型经济增长模式。由于社会主义国家大部分是在经济文化相对落后的基础上建立起来的,而且在政治和军事上面临着西方资本主义世界的敌视和包围,为了国家主权的完整和新生政权的巩固,这些国家积极发展经济,扩大资本投资项目,重点发展重工业,推进巨型能源工程建设,普遍推行赶超型发展战略,推崇以经济增长为目标的粗放型发展模式,其目的是搞好"社会主义建设"和"赶上西方"。这些做法虽然在经济上的确取得了长足的增长,但却付出了沉重且高昂的生态代价。第二,以工业化为发展目标。社会主义国家的经济增长是通过迅速的工业化来实现的,但过度工业化以及与此相关的技术的滥用,必然带来严重的生态问题。第三,全球经济一体化的影响。全球经济的一体化,使社会主义国家必然同样受到普遍的资本和市场规律的制约,由此也会带来生态问题。

除此之外,在奥康纳看来,社会主义国家的生态问题与资本主义相比较,还存在以下特点:第一,从生产的目的来看,资本主义经济遵循的原则就是"积累或者死亡",其生产是为了获取更多的利润。而社会主义的生产则是为了满足人民生活的需要,追求的是使用价值而不是利润,没有生产无限扩大之必要,减轻了对自然资源的消耗和废弃物的排放,极大地弱化了生态灾难。第二,从生产运行方式来看，社会主义国家采取的是中央计划经济，将充分就业和工作保障作为一项基本任务，从而既消除了企业之间为了争夺市场份额而展开的斗争，也削弱了企业通过外化成本和污染环境的动机，减少了环境污染。第三，从实现生产目的的手段和消费方式来看，资本主义为了维持其经济体系的正常运行，往往通过广告、包装以及产品的升级换代等手段促进商品的销售，其结果是异化消费、炫耀性消费的泛化。此举既浪费了资源，又污染了环境。而"社会主义经济所使用和消费的资源要比资本主义经济少，而且社会主义的个人消费所产生的污染也比较少"。（第416页）第四，从社会产品的分配来看，社会主义社会遵循平等原则，而资本主义社会在社会产品的分配上不仅导致了贫富分化，而且迫使贫苦大众不得不以破坏环境的方式维系其生存。

通过以上分析，奥康纳强调，虽然社会主义国家也存在生态问题，但同资本主义国家相比，它们有着本质上的区别。因为"社会主义国家的资源损耗和污染更多是政治而非经济问题；这也就是说，与资本主义的情况不同，大规模的环境退化可能并非是社会主义的内在本质"。（第418页）"坦率地说，社会主义革命的生态危害性事实上要比资本主义相互间的对抗以及它们的反革命行为的生态危害性小得多。"（第408页）

正是因为资本主义的资本逻辑与生态学是抵牾的，资本主义的本质是反生态的，所以奥康纳才坚定地认为："资本主义已证明自己就是社会主义与生态学能达成某种婚姻关系的媒人，或者更谨慎地来讲，如果说这种婚姻关系的前景还遥不可及，那么至少可以说，某种婚约关系已开始了。"（第432页）

（二）奥康纳生态社会主义的建设构想

奥康纳认为，资本主义的发展模式导致了严重的生态危机，从生态学角度看，资本主义是不可持续的。他对于在西方国家内部出现的各种激进的绿色思潮，环境运动和传统社会主义发展模式也持批判态度。他指出前者单纯地强调了"绿"（自然解放），而后者却只突出了"红"（社会解放）。奥康纳试图将这些激进的绿色思潮和环境运动纳入到社会主义运动中去，在生态学与社会主义之间建立理性的联姻，即人们讲的"红"与"绿"的结合。

为此，他认为需要有一种崭新的替代性方案，即生态社会主义。在奥康纳看来，生态社会主义不是一种乌托邦以及空想式的"绿色情结"，而是建立在对资本主义生产方式、基本矛盾和社会发展趋势分析研究的基础上的。"有充分理由可以坚信，世界资本主义的矛盾本身已经为一种生态社会主义趋势创造了条件。"（第430页）他对其理解是一种社会主义管理方式与生态保护的结合。生态社会主义是奥康纳开出的既能解决生态危机又能走向社会主义的一剂良方,亦是其所主张的理想政治制度(社会模式)。他憧憬的生态社会主义是一种生态合理而敏感的社会,这种社会以对生产手段和对象、信息等的民主控制为基础,并以高度的社会经济平等、和睦以及社会公正为特征,在这个社会中,土地和劳动力被非商品化了,而且交换价值是从属于使用价值的。

生态社会主义作为一种崭新的替代方式,它的优势表现在哪里呢?首先,与资本主义相比主要体现在两个方面:第一,生产所追求的目标不同。生态社会主义"它们希求使交换价值从属于使用价值,使抽象劳动从属于具体劳动,这也就是说,按照需要(包括工人的自我发展的需要)而不是利润来组织生产"。(第525~526页)因此,生态社会主义反对资本主义生产关系对利润的追求和生产目的的不正义性,从而对资本主义生产关系影响或建构生产力的方式进行了批判。第二,社会文化价值观的不同。生态社会主义所表达的是"保护第一"的理念,即运用劳动力与原材料、技术与机器、知识与社会组织以及其他一些生产要素去斗争、去修复、去保护,对自然生态条件的保护、对劳动者生命的保护、对人们生产生活条件的保护。其次,"生态社会主义在多大程度上构成为对资本主义的一种批判,那么它也就在多大程度上构成为对传统社会主义的一种批判"。(第529页)在厘清生态社会主义与传统社会主义的区别时,奥康纳明确指出:"传统社会主义关联于资本的生产和再生产,生态社会主义则关联于生产条件的生产和再生产。因此,生态社会主义同传统社会主义相比,其范围更为宽泛,即更为普遍化。但是,生态社会主义同时也更为特殊化。因为,譬如它会关心某些特定工人群体的健康问题,某些特定社区的污染问题,以及某些特定行政区的分区问题等等。"(第527页)奥康纳指出,只有生态社会主义,才能抛弃资本主义和传统社会主义对定量性改革实践的追求和共同坚持的分配性正义,而代之以追求定性的改革实践和坚持生产性正义,因此也必然地关注生产条件,关注人和自然。

那么,如何走向生态社会主义这种理想的社会政治制度呢?奥康纳对此又是怎样建构的呢?他指出,要实现生态社会主义最重要的一点就是从"分配性正义"转向"生产性正义"。这种转向的必要性体现在三个方面:第一,"分配性正义"是资产阶级所倡导的,是其"私有财产神圣不可侵犯"理念的一种体现,它关涉的是保护个体的权利,满足个体的要求,而不是社会的权利和要求。此举难以谋求化解生态危机的出路。第二,资产阶级的"分配性正义"是虚幻的,其结果是不公平的:资本对劳动者、妇女、少数民族和其他一些人有欠下的经济债务;当代人对后代人有欠下的经济债务;北部发达国家对南部贫穷国家以及其他地区有欠下的生态债务;资本对那些在社会性和伦理维度上被扭曲的社区有欠下的社区债务。这些债务应当被分期清偿掉。第三,"分配性正义"导致的结果是不正义(债务),继续"分配性正义"只能使一些人与另一些人,当代人与后代人,某些团体与其他团体,一些社区与其他社区,北方国家与南方国家之间关系更趋紧张,人与自然之间的矛盾更加尖锐。因此,"生产性正义"成为奥康纳生态社会主义理论的核心。"生产性正义强调能够使消极外化物最少化,使积极外化物最大化的劳动过程和劳动产品(具体劳动和使用价值),例如,如果某个公司致力于社区建设、工作中自我发展的可能性、对有毒废弃物的拒斥等,那么生产性正义就对其持赞成态度。生产性正义将需求最小化,或者说,彻底废止分配性正义,因为,分配性正义在一个社会化生产已达到高度发展的世界中是根本不可能实现的。因此,正义之唯一可行的形式就是生产性正义;而生产性正义的唯一可行的途径就是生态社会主义。"(第538页)奥康纳认为,正义唯一可行的形式就是通过生态社会主义而实现的生产性正义,而且在日益社会化的生产、分配、交换和消费体制的发展形势下,唯有以生产性正义为导向,才能尊重"自然的自主运作性"的特性,处理好生产力和生产关系的自然维度和文化维度,规范社会生产的理性,致力于生态和人类社会的平等。

通过分析与考察,奥康纳根据现实情况提出了生态社会主义的具体建构设想:第一,在社会政治方面,主张基层民主、批判精英统治。问题的关键在于使国家民主化,尤其要消除脑力与体力、思维与实践之间的差别;要在工会、工作场所、社会和国家管理机构中把主要权力交给基层组织,实行分散化管理和基层自治,使工人能够真正参与到管理中来;同时,反对集中化、官僚化和无政府主义,反对政府对土地、劳动等的"过度控制",还要积极发展地方非权威主义,维护社会平等和社会正义,真正实现人的全面的自由的发展。第二,在经济方面,以使用价值代替交换价值,对具体劳动和使用价值进行理论上的再认识,突显使用价值和具体劳动的重要性。第三,在思想文化方面,主张生态文化,培育人们的生态意识和生态敏感性,要极力扭转导致自然异化、人的异化以及劳动异化的传统的思维模式。反对生态剥削,反对消费异化,培育和树立健康的消费理念。第四,在技术问题上,奥康纳认为,技术的设计与定型是受社会、政治、文化以及经济制约的,它不仅仅是单纯的技术问题,同时也是社会和政治问题。生态社会主义技术应用的一个前提条件就是需要用社会互助关系来代替那些使其退化、疲软、危险的劳动关系,只有在这样的框架内技术才不会异化为压迫、剥削和破坏的力量,它才能变得更为安全或更易控制,才能将技术转化为生产进而趋向正义。第五,在国际层面上,反对生态殖民主义、生态帝国主义等,主张实现国与国之间的贸易平等、财富和收入的再分配等。至此,奥康纳心目中的理想社会模式就全部构建起来了。

最后,奥康纳点明了社会主义与生态学联姻的可能性和必要性。在他看来,一旦社会主义从传统社会主义的发展模式中解放出来,沿着生态文明的发展道路前进,那么社会主义和生态学不仅不是相互矛盾的,而且恰恰是互补的。"社会主义需要生态学,因为后者强调地方特色和交互性,并且它还赋予了自然内部以及社会与自然之间的物质交换以特别重要的地位。生态学需要社会主义,因为后者强调民主计划以及人类相互间的社会交换的关键作用。"(第434~435页)生态学与社会主义的融合将为构建一种崭新的替代性方案——生态社会主义提供扎实的理论基础。离开了对"生产的社会统辖",缺少一种"对自然的深刻的科学理解"为基础的社会计划,一种在生态上可持续的社会几乎是不可能的。总而言之,奥康纳的结论就是:"我们需要'社会主义'至少是因为应该使生产的社会关系变得清晰起来,终结市场的统治和商品拜物教,并结束一些人对另一些人的剥削;我们需要'生态学'至少是因为得使社会生产力变得清晰起来,并终止对地球的毁坏和解构。"(第439页)

(三)怎样看待奥康纳的生态社会主义理论?

在生态学马克思主义理论家中,奥康纳不是第一个论述生态社会主义理论的人。在他之前,阿格尔、莱斯、高兹等人也有过生态社会主义的理论主张。但是,随着苏东传统社会主义的剧变和世界范围内生态运动的深入发展,奥康纳的生态社会主义理论有了深入拓展的理论与现实空间,他开始探索将生态学与社会主义结合在一起的可能性,为社会主义与生态学的联姻提供理论上的支撑。他非常详细地列出了传统社会主义与生态社会主义的比较和对照表,比较全面地论述了生态社会主义的理论特征,从而将生态社会主义作为解决资本主义双重危机的一种主要选择。

当然,我们也要看到,奥康纳的生态社会主义理论也没有摆脱生态学马克思主义的理论窠臼。生态学马克思主义是以批判资本主义为基础的,是在生态危机日益严重的背景下,在不从根本上触及私有制的前提下,对现实资本主义的一种改良和修补。奥康纳作为生态学马克思主义的理论家,也秉持着这样的理论范式,其构建的生态社会主义也是在不推翻资本主义私有制的基础上对资本主义和传统社会主义的理论"装修",对资本主义制度的生态批判并没有触及资本主义的"死穴",没有超出资本主义的范围。这样,难免使他的生态社会主义理论有"花拳绣腿"之感,对资本主义的生态批判也只能起到"隔靴搔痒"的作用。甚至与奥康纳本人的生态学马克思主义理论相比,与他的"资本主义的第二重矛盾"理论相比,其生态社会主义理论的战斗力、批判力也大大减弱了,呈现出理论上的"疲弱"之感。

但是,瑕不掩瑜,如果我们从积极的意义上去看待奥康纳的生态社会主义理论,特别是在中国特色社会主义已经高擎起生态文明大旗的今天,我们会更加深刻地体会其生态社会主义理论的启发性,进一步认识到社会主义与生态学联姻的可能性和重要性。

奥康纳生态社会主义理论的产生有其时代背景和极强的针对性。他没有避讳社会主义国家的生态问题,而是敢于面对现实,从多角度剖析了社会主义国家产生生态危机的原因,这些分析是有借鉴和警示意义的。

奥康纳重点分析了社会主义与生态学联姻的可能性,这一点对我们很有意义。他首先论证了资本主义反生态的本质,指出资本主义与生态学是矛盾的。接下来,他从多方面论证社会主义与生态学没有本质上的冲突,它们在许多方面的一致性决定了社会主义与生态学联姻的可能性。例如,生态整体性原则与社会主义的集体原则是一致的。正如法国生态学马克思主义思想家高兹所说:"保护生态环境的最佳选择是先进的社会主义。"在社会主义国家,政府强调短期利益服从长远利益、个人利益服从集体利益、局部利益服从整体利益。这在生态学上也是适合的。社会主义能够集中力量办大事,能从全局利益出发制定生态保护规划。我国实施的"三北防护林工程""退耕还林工程""天然林保护工程""青海三江源生态保护工程"等都说明了这个问题。再例如,社会主义的平等、公正原则与生态利益的代际与代内平等的原则是契合的。社会主义强调只有平等公正,才能有效地凝聚社会各方面的力量,调动大家参与的积极性,推动符合社会整体利益、全局利益的改革,才能在利益多元化的格局中推动生态环境保护各项政策的贯彻落实。无论是处理社会主义国家内部的环境问题,还是在国际气候变化博弈中坚持和维护"共同但有区别的责任",都要体现出平等公正的价值诉求。

可喜的是,生态学马克思主义关于社会主义与生态学联姻的可能性在中国变成了现实性。我们党认识到了生态学与社会主义的关系,在认真总结新中国成立以来社会主义建设经验教训和认识成果、充分借鉴国外发展经验的基础上提出了科学发展观。科学发展观虽然是针对中国发展问题提出的,但其中也包含着国际视野,站在了世界发展理念的最前沿,具有很强的前瞻性。科学发展观强调建立人与自然和谐相处的和谐社会,提倡建立资源节约型、环境友好型社会。我们党在科学社会主义发展史上第一次提出了建设社会主义生态文明的理念,高擎起生态文明的大旗,这的确是对科学社会主义理论的新发展。

第五章 约翰·贝拉米·福斯特《马克思的生态学——唯物主义与自然》和《生态危机与资本主义》导读

在当代生态学马克思主义的理论版图上,美国的生态学马克思主义者占据很重要的位置,而其中突出的代表人物是约翰·贝拉米·福斯特(John Bellamy Foster)。福斯特1953年出生于美国的太平洋西北岸。1984年,他在加拿大的约克大学获得博士学位。他曾经担任过美国杂志《资本主义·自然·社会主义》的编辑委员会成员。现在,他是杂志《组织与环境》的主编之一及杂志《每月评论》的主编,并且是该杂志基金会董事和撰稿人。福斯特现在是美国俄勒冈大学社会学教授,当代生态学马克思主义理论的代表人物。最能反映他的生态学马克思主义理论要旨的主要著作是:《马克思的生态学——唯物主义与自然》(2000年)和《生态危机与资本主义》(2002)。除此之外,福斯特还发表过一些关于生态学马克思主义方面的论文。

一、《马克思的生态学——唯物主义与自然》导读

虽说生态学马克思主义属于马克思主义的理论范畴,但对于诸如"马克思是否具有生态学思想"?"马克思的思想、观点对克服生态危机、对社会奉行可持续发展是否具有指导性的意义"? 这样一些根本性的问题,生态学马克思主义者在不同的时段,不同的理论家对这些问题的回答是不同的。

(一)福斯特对马克思生态思想的认识

福斯特在《马克思的生态学——唯物主义与自然》(刘仁胜,肖峰译.北京:高等教育出版社,2006。以下引文出自该书的,只注页码)一书中看到,在生态环境运动兴起的时代,许多人,包括早期的一些生态学马克思主义者都程度不同地指责、批评马克思缺乏生态意识。福斯特注意到了这个现象并归纳了他们诟病马克思的几个主要论点:第一,马克思著作中的生态观点与其著作中的主体内容没有系统性的联系,因此被作为"说明性旁白"而抛弃。第二,马克思的生态思想被认为是不成比例地来源于他早期对异化现象的批判,而在其后期作品中

则较少出现。第三,我们被告知,马克思最终没有解决对自然的掠夺问题(没有将其融入他的价值理论),而是采取了一种"普罗米修斯主义的"(支持技术的、反生态的)观点。第四,作为"普罗米修斯主义的"论据的一种必然结果——他们坚持认为,这是根据马克思的观点——就是资本主义的技术和经济进步已经解决了生态限制的所有问题,并且生产者联合起来的未来社会将存在于物质极大丰富的条件之中。因此,正像经济学家阿历克·诺夫据说是运用马克思的逻辑所写到的那样,无需"对稀有资源的分配问题采取认真的态度"或者提出一种"具有生态意识"的社会主义。第五,他们认为马克思对自然科学或者技术对环境的影响不感兴趣,因此他并不具备研究生态问题所需要的真正的自然科学基础。英国著名社会学家迈克尔·雷德克利夫特和格雷厄姆·伍德格特都认为,马克思曾经提出了如下这种观点,即人类与自然的相互作用在具有社会属性的同时,也是"无所不在而且是没有任何改变的,贯穿于社会存在的每个阶段……这样一种观点就是没有充分认识到技术的作用及其对环境的影响"。第六,马克思一直被视为"物种主义者",即把人类与动物彻底分开,并认为前者优于后者。(第11~12页)

这样,马克思的批评者就把马克思定性为反对崇拜自然,抵制生态中心主义的一个功利主义、人类中心主义的代表人物。所以,早期生态学马克思主义的理论出发点就是"拾遗补缺",目的就是要用生态学来"修正""补充"和"完善"马克思主义。但是,到了后期,特别是北美的生态学马克思主义理论家对马克思的生态思想给予了很高的重视,全面地彰显了马克思生态思想的理论意蕴。这其中最突出的代表人物就是福斯特。

我们为什么要研究马克思的生态思想?福斯特是这样认为的:"因为我们的目的是要理解和发展一种对于我们今天来说具有重大意义的革命性的生态观。这种生态观运用我们现在所认为的属于生态学的方法将社会变革与人类和自然的关系变革联系在一起。"(第2页)

福斯特自己说到,写作《马克思的生态学——唯物主义与自然》一书的目的就是"致力于系统地重建马克思的生态思想"。(第12页)所以,福斯特对上述关于马克思生态思想的"误读"进行了纠偏。首先,他从批评的方法上指出,许多批评都是把马克思与曾经被马克思批评过的其他社会主义理论家的观点相混淆。例如,对于技术的"普罗米修斯主义",马克思本人也是强烈反对的。对于德国社会学家拉萨尔把劳动作为财富的唯一源泉的"超自然的"观点,马克思也是进行过激烈批判并认识到了自然对财富的作用。但是,即使这样,人们也要指责马克思忽视了自然的价值和作用。其次,在福斯特看来,马克思对生态的见解通常都是相当深刻的,这些见解并不只是一位天才瞬间闪烁的"思想火花",而是在唯物主义自然观的基础上对环境问题进行系统研究的结果。比如,马克思在《1844年经济学哲学手稿》中,就从生态的角度仔细地分析过人类与自然的异化问题,阐发过生态辩证法的思想,论述过生态自然观、生态美学观,自然主义-人道主义-共产主义三位一体等生态思想。在《资本论》中,马克思对资本主义展开过全面的生态批判,论述过城乡对立与土壤退化、排泄物的利用、循环经济、科学技术的生态维度、合理的新陈代谢等生态问题。正是在这样的意义上,福斯特得出结论:"马克思的社会思想是与生态学世界观不可分割地联系在一起的。"(第24页)。这时的马克思更注重把生态问题与社会问题统一起来考虑,对导致生态环境问题的社会制度根源进行了深入的剖析,开辟了对资本主义生态批判的新视阈。而恰恰是在这方面,表现出了马克思作为一个社会生态学家的理论风采。最后,福斯特论述了唯物主义与生态思想的关系。他认为,奉行唯物主义就必然导致对生态价值的忽视的观点是幼稚而错误的。相反,唯物主义是在更为广阔的理论层面上,在更加基础的学理层次上探讨了人类与生存环境之间的相互作用和共同进化问题,而这是比仅仅关注生态价值更为重要,也更为困难的问题。在福斯特看来,唯物主义也有"支配自然"的主张,但是:"很明显,或者应该很明显的是,人类'支配自然'的观念,虽然具有人类中心主义的倾向,但并不必然是对自然或者自然规律的极端漠视。"(第14页)事实上,整个生态学思想发展的最大成果就是唯物主义自然观的凸显。众所周知,从中世纪直到19世纪,宗教唯心主义意义上的,神学目的论的"存在之巨链"的世界观占统治地位。这种世界观根据神圣的天命来解释万物的起源,上帝为了"人"的目的而创造了所有的物种,地球是宇宙的中心,人依照上帝的指令来控制万物。正如有的西方学者指出的那样,正是这种根深蒂固的宗教唯心主义思想才是导致今日生态环境危机的认识论根源。

福斯特对马克思生态思想的研究主要体现在《马克思的生态学——唯物主义与自然》一书中。该书出版后好评如潮,许多学者发表评论,赞许福斯特对马克思生态思想的深入耕读,欣赏他对建构马克思的生态学所做出的贡献。下面摘录几段学者们对福斯特的评价,这样有利于人们对福斯特思想观点的了解。

——哈佛大学的理查德·雷温斯教授认为:"福斯特书中的新见解推翻了对马克思的传统解释,勾勒出更加理性地解决当今环境危机的方案。人们通常认为,马克思只关心工业增长和经济发展,而福斯特仔细研究了被人们所忽视的那些马克思关于资本主义农业、土壤生态学、哲学自然主义以及进化理论的著作。他证明了以批判资本主义社会而闻名的马克思也同样深切地关注着改变人类与自然的关系。福斯特通过重新解释唯物主义的自然观和社会观,证明了生态学在历史唯物主义中的核心地位,也证明了历史唯物主义在生态运动中的核心地位。"

——加利福尼亚大学伯克利分校的卡罗琳·麦钱特教授认为:"《马克思的生态学——唯物主义与自然》对马克思生态思想的历史背景和历史文献进行了大胆的、令人兴奋的解释,并对环境史进行了令人着迷的探索。对所有关心我们这个'脆弱的星球'的命运的人们来说,这部著作应该很有意义。"

——哈佛大学的 R.C. 雷文廷教授提道:"当我一旦开始阅读该书的时候,我简直无法释手。它使我重新认识了马克思的唯物主义的整体性,以及他提出的人类社会与自然之间的主要矛盾。"

——加利福尼亚大学圣克鲁兹分校的巴巴拉·爱泼斯坦教授认为:"福斯特的书成功地拓展了我们对马克思思想的理解,证明了马克思理解包括人类对自然界的疏离在内的异化。福斯特批判了当今把马克思主义和现代性与自然的退化等同起来的环境主义,并指向一种深奥的没有怀旧情调的环境主义,这种环境主义把资本主义而不是现代性作为本质上所要解决的问题。"

的确,通过上述几位学者的评价,我们可以对福斯特《马克思的生态学——唯物主义与自然》一书的主要内容及其意义有个大体的了解,但这是远远不够的,我们必须通过自己的解读来把握福斯特对马克思生态思想观点的梳理与建构。应当看到,福斯特在书中为了阐发马克思的生态思想进行了广角的学术扫描,涉及的领域既广且深。而笔者的主要目的是介绍福斯特对马克思生态思想的认知与建构,所以,研究的重点是勾勒出福斯特对马克思生态思想的主要观点,以便为其他学者和普通读者深入研究和一般了解马克思的生态思想提供一点帮助。

福斯特在《马克思的生态学——唯物主义与自然》一书的前言中,谈到了他对马克思生态思想认识的变化过程。他说到,本书在酝酿阶段的原名为《马克思与生态学》,后来在写作的过程中,由于某些原因,本书更名为《马克思的生态学——唯物主义与自然》。书名的变更不是随意的,它标志着福斯特对马克思以及生态学的思考发生了明显的变化。福斯特讲道:"马克思常常被看作是一位反生态的思想家。但是,由于我一直非常熟悉马克思的著作,因此我从来没有认真对待过这种批评。据我所知,马克思在其著作中的许多地方都表现出了浓厚的生态意识。"(前言第1页)实事求是地讲,福斯特也不是一开始就认识到了马克思生态思想的重要性,相反,1994年,当他写作《脆弱的星球:短暂的环境经济史》时,他仍然认为,马克思的生态观点在其思想中是居于次要地位的;这些生态观点对我们今天的生态学知识并没有什么新的或实质性的贡献;只是认为历史唯物主义的分析方法是生态学所迫切需要的。到了20世纪80年代以后,福斯特才认识到要把生态问题作为马克思的主要思想来对待。他说:"我最终得出结论:马克思的世界观是一种深刻的、真正系统的生态(指今天所使用的这个词中的所有积极含义)世界观,而且这种生态观是来源于他的唯物主义的。"(前言第3页)

当时,在对待马克思的生态思想上,有两种做法,一种是把生态绿色理论移接给马克思,即把马克思"绿化";另一种是把马克思移接给生态绿色理论,即把生态绿色理论"红化"。在福斯特看来,这两种做法都不会产生现在所需要的有机结合。所以,福斯特从马克思理论的基础入手来研究马克思的生态思想。

(二)福斯特对马克思生态思想的唯物主义基础的探究

为了反驳一些生态绿色理论家对马克思唯物主义思想的责难,福斯特深刻阐释了马克思唯物主义思想的哲学特质,强调了马克思唯物主义与其生态思想的关联性。在马克思主义哲学发展史上,人们普遍认为德国古典哲学中唯一的唯物主义哲学家费尔巴哈的思想是马克思唯物主义的理论渊源。但在福斯特看来,古希腊哲学家伊壁鸠鲁的原子唯物主义哲学思想才是马克思唯物主义思想的真正来源,才对马克思生态思想的形成产生了直接的影响。

为了阐发马克思的生态思想,为什么要追溯到伊壁鸠鲁的唯物主义思想呢?福斯特在该书的《导言》中,非常明确地说明了这个问题。他说:"本书立论的基础是一个非常简单的前提:为了了解生态学的起源,必须理解随着17世纪到19世纪的唯物主义和科学的发展而出现的关于自然的新观念。此外,本书的重点是论述唯物主义和科学的发展如何促进了生态学思维方式的产生——实际上是使这种思维方式成为可能,而不是像当代绿色理论所普遍认为的那样,把唯物主义和科学简单地描绘成那些早期的、据说是更可取的自然观的敌人。"(第1~2页)

福斯特认为,马克思的唯物主义思想对我们理解和发展具有重大意义的革命性的生态观是十分重要的。马克思思想在这方面的关键作用在于他发展并改造了伊壁鸠鲁关于唯物主义和自由的思想,而这些唯物主义和自由思想对于生态思想的兴起是不可或缺的。

伊壁鸠鲁(前342—前270年)是晚期希腊的重要哲学家,是德谟克利特原子唯物主义的忠实继承者。他在原子唯物主义发展上的主要贡献是对德谟克利特原子唯物主义的重要补充。他认为,原子除有形状、次序和位置之外,还有重量这一性质。原子的运动原因有二:一是由于原子自身的重量,原子在无限的虚空中垂直下落;二是由于原子互相碰撞,造成原子碰撞的原因是某些原子在下落运动时产生偏斜,碰撞沿着另外垂直方向运动的原子,产生出横向和斜向的运动。

马克思非常欣赏伊壁鸠鲁的哲学思想,他在自己的哲学博士论文《德谟克利特自然哲学与伊壁鸠鲁自然哲学的差别》中首次阐发了伊壁鸠鲁新贡献的意义,指出原子的重量和偏斜所造成的运动既有必然性,又有偶然性。用这样的方式,伊壁鸠鲁否认了目的论、宿命论和神意,也克服了物质运动机械性的缺陷。

马克思对伊壁鸠鲁的兴趣来源于他早期对宗教和启蒙哲学的研究。在研究过程中,马克思发现,培根、康德等许多哲学家都把伊壁鸠鲁的哲学思想作为各自哲学的发展基础。同时,马克思还看到,对现存宗教进行斗争的实践需要,使得大批青年黑格尔分子重新对唯物主义学说产生了兴趣,而这些英国和法国的唯物主义思想家的共同基础都是伊壁鸠鲁哲学。因为伊壁鸠鲁哲学代表了一种反目的论的观点:拒绝一切根据终极原因、根据神的意图而对自然所做出的解释。正是在这一点上,唯物主义与科学取得了一致。

按照福斯特的分析,伊壁鸠鲁的思想包含着重要的生态学的基本主张,这就使马克思的生态思想有源可溯了。马克思的许多观点都可以与伊壁鸠鲁的思想相契合。首先,伊壁鸠鲁的唯物主义表达了一种反目的论,反神创论的哲学特质,强调任何东西都来源于自然界的进化,这样就把神学目的论从自然界中驱逐出去,捍卫了唯物主义的进化论。伊壁鸠鲁强调了人类存在于一个适者生存,不适者则灭亡的规律所支配的世界之中。他的这些思想对达尔文的进化思想的形成与发展产生了深刻的启迪,也与马克思的唯物主义观点相一致。理解生态问题需要以唯物主义为基础。其次,马克思在自己的博士论文中,指出了伊壁鸠鲁哲学所体现出来的辩证性质的独特意义与能动的革命精神,那就是对决定论的批判,创造了一个逃离决定论王国的可能。福斯特断言:"马克思深受非决定论的唯物主义的影响,他认为他在伊壁鸠鲁那里发现了这种唯物主义。"(第286~287页)这种非决定论在生态学的意义,就是它为人类与环境之间的交互作用提供了一个理论基础。最后,伊壁鸠鲁强调自然界中的任何东西都不可能归于无,隐含着现代科学的生态世界观倾向。

福斯特强调:唯物主义与生态学的理论旨趣是一致的,许多生态学家的学术成果印证了二者的高度契合性。例如,达尔文的自然进化论就是关于自然的唯物主义,它的出现标志着"神学目的论"的终结和反人类中心主义观念的成长壮大。"可以说,现在生态学在19世纪中期出现的基础就是达尔文在生物历史学领域所做出的成就,以及其他科学家在生物物理学领域的发现,比如德国伟大的农业化学家尤斯图斯·冯·李比希所强调的土壤肥质的循环及其与动物新陈代谢的关系。"（第16页）生态环境保护运动的开创者，美国海洋生物学家，《寂静的春天》的作者雷切尔·卡逊认为，今天，很难发现任何受过教育的人会否认进化论的事实，但是我们当中的许多人仍然在否定人类通过进化而形成的与其他物种的相互联系，否认人类受到环境的影响。生态学家巴里·康芒纳的生态学的四条规则更加体现了唯物主义对生态学思想的全部意义。这四条规则是：第一，万物皆是互相联系的；第二，万物皆有归属之地；第三，自然知晓最多；第四，"无"无以产生"有"。

正是在这样的意义上，福斯特得出结论："彻底的生态学分析同时需要唯物主义和辩证法两种观点。"他在书中引用了理查德·利文斯和理查德·雷文廷在《辩证的生物学家》一书中的论述，也表达了福斯特自己的观点。"生态学必须妥善处理以下问题，比如相互依存与相对自主，相似性与差异性，一般与特殊，偶然与必然，稳定与变化，连续与非连续，以及诸多矛盾过程等问题。它必须逐渐自觉地认识到它自己的哲学，并且在同时成为唯物主义哲学和辩证哲学的意义上，这种哲学将是有效的。"（第19页）

生态环境危机加剧的事实，促使许多社会科学理论也开始关注并讨论环境问题。然而，在福斯特看来，由于缺乏马克思唯物主义和辩证法的分析视野，使得社会科学对环境问题的研讨仅仅局限在自然对人类扩张的限制的思想和人类中心主义与生态中心主义的对立这样一些问题的抽象争论中，环境社会学领域的争论也出现了在概念和理论的圆圈内无休止地做圆周运动的倾向，这对于解决真正的环境和社会问题起不到任何作用。马克思主义之所以对解决环境问题具有巨大的理论优势，在于它依赖的社会理论属于唯物主义，强调物质生产条件这个社会存在与发展的自然前提，强调物质条件与自然历史之间的必然联系。所以，马克思恩格斯的唯物主义具有生态唯物主义的理论内蕴，而他们的辩证法也是关于自然进化和历史演进的辩证法。福斯特明确指出："本书的目的在于揭示当代绿色理论本身的弱点，当代绿色理论之所以失败，就在于它同时属于唯物主义也属于辩证法的思维方式难以协调一致，而在资本主义社会革命兴起时期，正是这种思维方式首先导致生态学（更重要的是社会生态学）的发现。换一种说法，本书的目的就是通过恢复马克思著作中的中心内容，也就是马克思对人类与自然的异化所进行的深刻批判，从而超越当代许多绿色理论中的唯心主义、唯灵论和二元论。"（第23页）

（三）福斯特从生态学角度对马克思著作的深度耕读

福斯特阐发马克思的生态思想是以马克思原著为基础的。从生态学的理论视角阐发马克思的思想观点，对内蕴其中的生态思想进行深入而系统的探究，这是福斯特对马克思生态思想研究的一大贡献,也是福斯特的生态学马克思主义理论的重要组成部分。

福斯特对马克思《1844年经济学哲学手稿》(以下简称《手稿》)中蕴涵的生态思想进行了深度耕读。在他看来,马克思在《手稿》中除了对黑格尔哲学进行理论清算之外,在人与自然的关系问题上提出了许多富有生态学意蕴的重要思想,对资本主义经济发展所导致的生态环境危机及其危害进行了深刻地批判,开启了对资本主义生态批判的理论先河。

第一,马克思提出的"异化劳动"概念,就值得我们从生态学的视角去再认识。马克思在这里所提到的"异化"现象,是一个较为宽泛的概念,既包括了资本主义条件下人类对自身劳动、劳动产品和劳动关系的异化,也包括了人类同自然关系的异化。这里,马克思是用"异化"的理论,说明了资本主义生态环境恶化事实的存在。在《手稿》中,马克思多处提到异化劳动导致了人之外的自然界同人的本质相异化,资本主义现实的自然界是以异化的形式存在着,异化劳动还导致了"文明的阴沟","完全违反自然的荒芜,日益腐败的自然界"等。这些思想都体现出马克思的生态意识。

第二,马克思强调了人与自然之间的辩证联系,批判了以费尔巴哈为代表的机械的、孤悬于人类实践活动之外的僵化的自然观,强调了自然的社会历史特征。福斯特认为,在马克思看来:"人类同自然的关系不仅可以通过生产来调节,而且可以通过更加直接的生产工具(它本身也是人类通过生产活动改造自然的产物)来调节——这使得人类能够通过各种方式改造自然……根据这种观点,人类在很大程度上是通过生活资料的生产而产生了与自然的历史性联系。自然因此而对人类呈现出实践的意义,因为自然作为一种生命活动的结果,也是生活资料的一种结果。"(第82页)

第三,马克思在《1844年经济学哲学手稿》中提出了"自然界是人的无机的身体","人靠自然界生活","自然是人为了不致死亡而必须与之不断交往的、人的身体","人是自然的一部分","人再生产整个自然界","人也按照美的规律来建造"等一系列闪烁着生态智慧的论述。今天,马克思的这些思想观点的生态学意义受到了越来越多学者的重视,人们也是从对马克思上述思想的研读中,认为有理由把马克思视为一个早期生态哲学家。

第四,福斯特非常重视马克思关于"自然异化"的概念。福斯特认为,马克思高明的地方在于,马克思不是抽象、孤立地看待"自然异化"问题,而是从资本主义社会政治经济冲突的过程中,从资本主义原始积累(如圈地运动、土地私有制和农民的背井离乡)对生态环境的破坏的角度,深刻剖析了"自然异化"的社会制度根源,揭示了"劳动异化"与"自然异化"的关系。马克思明确指出:"在私有财产和金钱的统治下形成的自然观,是对自然界的真正的蔑视和实际的贬低。"(第 75 页)在资本主义社会,这种自然观仅仅把自然资源和生态环境看成是人们获取经济利益的物质基础和条件,自然环境仅仅具有经济效益时才是有价值的。所以,人们仅仅看到了自然界的经济价值,而忽视了自然界的生态价值。而这正是在资本主义社会导致"自然异化"普遍化的深层原因。正是基于这样的思考,马克思反对对"自然异化"问题进行纯粹思辨的解决方案,"马克思坚持认为,只有在实践的王国中,在人类历史中,才能发现解决人类对自然异化的方案"。(第 88 页)在这里,马克思把解决"自然异化"的问题,放在了社会革命的大背景下来思考,从解决"劳动异化"入手,来解决"自然异化"问题,赋予"自然异化"问题以社会批判的意义。这正是马克思比一般的环境保护学者思想深刻的地方,也为我们具体看待和处理环境问题指明了实践的路径。

第五,福斯特特别注意到了马克思关于自然主义、人道主义和共产主义三者统一的思想。他特别欣赏马克思关于把劳动者联合起来,建立共产主义社会制度,从而真正达到人与人的和谐、人与自然的和谐的社会理想蓝图。马克思指出:"作为完成了的自然主义,等于人道主义,而作为完成了的人道主义,等于自然主义,它是人和自然之间、人和人之间的矛盾的真正解决,是存在和本质、对象化和自我确证、自由和必然、个体和类之间的斗争的真正解决。"(马克思恩格斯全集:第 42 卷[M].北京:人民出版社,1979:120)在马克思看来,共产主义就是通过联合的方式积极废除私有财产,不再把土地等自然资源仅仅视为可以买卖的私有财产,而是把自然资源看成是通过自由的劳动和自由的享受,重新成为人的真正的自身的财产。人道主义的自然本质与自然主义的人道本质是统一的,满足人类需要与保护生态环境在根本上也是一致的。共产主义社会"是人同自然界的完成了的本质的统一,是自然界的真正复活,是人的实现了的自然主义和自然界的实现了的人道主义"。(马克思恩格斯全集:第 42 卷[M].北京:人民出版社,1979:122)这里,马克思强调了未来社会发展的生态维度,把自然界的真正复活与共产主义社会制度联系在一起,这给我们从生态学的视角重新认识马克思的共产主义和社会主义理论,拓开了广阔的思考空间。

第六,马克思恩格斯对资本主义大城市中"普遍污染"现象的揭示,对资本主义工业文明所导致的"工业病"的批判,这些都给了福斯特强烈的理论震撼。国内外有不少学者都有这样一个共识,即马克思恩格斯是人类最早的生态社会学家,他们最早开展了对资本主义的生态批判。在资本主义城市化、工业化刚刚起步的阶段,马克思恩格斯就非常敏锐地注意到,私有财产制度与自然的敌对不只发生在农业领域和农村社会,生态环境的退化也发生在大城市中。在《手稿》中,马克思明确指出了"大城市中的普遍性污染"。在资本主义条件下,工人阶级不仅遭受着经济上的剥削,而且是环境恶化的牺牲品。在工人居住的贫民窟中,阳光、新鲜空气、清洁饮水、整洁的环境都不再是他们生活的一部分,而洞穴般的住房,黑暗的光线、污浊的空气和未经处理的污水成了他们每天都不得不面对的生活环境。"肮脏,人的这种腐化堕落,文明的阴沟(就这个词的本意而言),成了工人的生活要素。完全违反自然的荒芜,日益腐败的自然界,成了他的生活要素。"(马克思恩格斯全集:第42卷[M].北京:人民出版社,1979:133-134)

马克思在《资本论》中,进一步发展了对资本主义社会"普遍污染"现象的批判。他具体分析了资本主义煤矿、纺织、建筑、印刷、制衣等行业工人所遭受到的职业病、噪声污染和空气污染的情况。福斯特特别提到,晚年的费尔巴哈注意到了马克思《资本论》中关于"自然异化"和对资本主义的生态批判。在费尔巴哈看来,英国工人的居住环境十分恶劣,工人的住宅简直就像"猪栏",那里连新鲜的空气都非常缺乏,他认为,要想深入了解资本主义环境恶化的事实,可以参见马克思的《资本论》,因为,"在这一著作中至少提供了大量的最富有兴趣的同时也是使人战栗的不可争辩的事实"。(第90页)

恩格斯在《英国工人阶级状况》一书中,也对资本主义工业化、城市化过程中出现的环境污染的类型、状况和工人阶级遭受的环境危害做了具体的分析,开启了环境社会学、环境政治学的先河。恩格斯以英国"工业文明摇篮"城市曼彻斯特为范例,以自己亲身感受为第一手材料,描写了工人阶级与资产阶级的生活环境是两个完全不同的世界。高等的资产阶级的郊外房屋或别墅都位于空气流通的高地上,而乡间新鲜的空气对健康非常有益。便捷的交通使往来于郊外与城市中心非常方便。而贫苦的工人阶级只能蜗居于都市的肮脏的贫民窟中。在调查工人阶级状况时,年轻的恩格斯特别关注环境污染的情况。他观察到,工人房子的通风不好,毒性物质不能充分流走,燃烧与呼吸产生的碳酸气仍然滞留在房屋内。因为没有人类和动物垃圾的处理系统,这些垃圾堆积在公寓、院子、街道上,形成了严重的空气和水污染。传染病,诸如结核病(通过空气传播)和斑疹伤寒(通过虱子传播),所引起的高死亡率,就是人口拥挤、公共卫生条件差以及通风条件不足的后果。

恩格斯当时也分析了生产环境污染对工人身体造成的伤害,他提出了一系列由环境污染所导致的职业病的名单,包括肢体异位、视觉异常、铅中毒以及工业粉尘引起的黑肺病等等。[参见拙作:马克思恩格斯对资本主义的生态批判及其意义[J].马克思主义研究,2006(8)]

马克思恩格斯对资本主义社会的生态批判,是他们对资本主义的全面批判的重要组成部分。他们的批判深刻地说明,工人阶级既受到经济危机的剥削,又受到环境危机的伤害。大城市的"普遍污染"就是工人阶级的居住环境,无产阶级因此就成为一个遭受"普遍污染"和普遍苦难的阶级。无论是从社会的解放,还是从自然的解放的角度来看,工人阶级的革命都是必然的。这样,马克思就把对"劳动异化"的克服与对"自然异化"的克服结合起来思考,开辟了社会革命的生态环境视阈。

福斯特注意到了在《关于费尔巴哈的提纲》中,马克思对费尔巴哈旧唯物主义批判中蕴藏着的生态意义。对马克思哲学思想发展脉络熟悉的人都知道,费尔巴哈的唯物主义思想对青年马克思的吸引力是巨大的,马克思给予了高度的评价,认为费尔巴哈的唯物主义,特别是其自然观,批判了黑格尔的客观唯心主义,使唯物主义重新登上了哲学的王座。自然界是不依赖于任何哲学而客观存在的,它的客观优先性是毋庸置疑的,它是人类这个自然界最杰出产物本身赖以生长的自然基础,在自然界及其产物——人类社会之外不存在任何东西。这样,黑格尔客观唯心主义的神秘"堡垒"被摧毁了,"体系"被炸开了。

但是,福斯特认为:"马克思对阶级斗争、无产阶级状况以及资产阶级政治经济学的分析研究越来越感兴趣,这就意味着费尔巴哈的自然主义——抽象的、静止的自然观——已经无法满足要求,而且逐渐显得成为一个死胡同而必须被超越。"(第123页)

在马克思看来,费尔巴哈抽象的唯物主义是一种静止的、非历史的观点,他的人本主义缺少具有改革能力的实践观。根据马克思的说法:"从前的一切唯物主义(包括费尔巴哈的唯物主义)的主要缺点是:对对象、现实、感性,只是从客体的或者直观的形式去理解,而不是把它们当作感性的人的活动,当作实践去理解,不是从主体方面去理解。因此,和唯物主义相反,能动的方面却被唯心主义抽象地发展了,当然,唯心主义是不知道现实的、感性的活动本身的。"(马克思恩格斯选集:第1卷[M].北京:人民出版社,1995:54)马克思的这个批判是我们熟悉的,但是,以往人们对马克思实践唯物主义的生态意义是认识不够的。在马克思看来,自然是一个历史概念,是一个社会概念,费尔巴哈眼中的自然界是不存在的,脱离了人们的实践活动自然而然存在着的自然界对人来说是没有意义的。正如福斯特所说:"在马克思的分析中绝对没有忽视外在的自然王国。然而,在发展历史唯物主义的过程中,他倾向于只有自然涉及人类历史的时候他才研究自然,因为没有被人类触及的自然已经越来越难以发现。在这方面他的分析力量在于他强调了人类与自然之间相互作用的性质,或者他最后所称作的

人类与自然之间的'新陈代谢':通过生产。"(第127页)

马克思现实的自然观为我们观察处理人与自然关系奠定了理论基础。我们面临的自然界是经过人类实践活动中介了的自然界,所谓自然界的生态环境问题其实是人类错误的实践活动造成的,我们不能回避这样的现实问题。相反,我们要认真反思我们的实践活动,正确理解人与自然的辩证关系。

马克思对费尔巴哈纯粹直观的唯物主义、自然主义和人本主义的批判,在马克思恩格斯的伟大著作《德意志意识形态》中得到了进一步的发挥。众所周知,马克思恩格斯的这部著作主要是对费尔巴哈、施蒂纳以及"真正的社会主义者"的批判。但福斯特仍然指出了这部著作中蕴涵着的丰富的生态思想。福斯特注意到,马克思恩格斯非常强调社会存在与发展的自然基础和生产的自然条件。他们写道:"全部人类历史的第一个前提无疑是有生命的个人的存在。因此,第一个需要确认的事实就是这些个人的肉体组织以及因此产生的个人对其他自然的关系。当然,我们在这里既不能深入研究人们自身的生理特性,也不能深入研究人们所处的各种自然条件——地质条件、山岳水文地理条件、气候条件以及其他条件。任何历史记载都应当从这些自然基础以及它们在历史进程中由于人们的活动而发生的变更出发。"(马克思恩格斯选集:第1卷[M].北京:人民出版社,2012:146-147)他们还讲道:"人们为了能够'创造历史',必须能够生活。但是为了生活,首先就需要衣、食、住以及其他东西['地质与水文地理条件',等等]。"在这里,我们可以看到,虽然因为该书的批判目的,马克思恩格斯不能"深入研究各种自然条件",但他们从实践唯物主义的立场出发,明确提到了各种自然条件对人类社会、对人们日常生活的前提性和基础性作用,指出了基础的地质、地理、气候和水文条件是生产条件的自然前提和重要组成部分,没有这些自然条件,就没有人类社会以及自然界的繁荣发展。同时,人类历史是与人们对自然的关系联系在一起的,自然条件会因为人们的实践活动而改变。

马克思恩格斯特别提到的地质条件、地理条件、气候条件和水文条件的确是人类社会生存与发展中须臾不可缺少的自然要素,我们当前面临的许多生态环境灾难都是这些自然条件遭到人为破坏的结果。例如,全球气候异常、"温室效应"的严重化等气候灾难已经威胁着人类社会的生存与发展。所以,我们应当重视对自然条件问题的研究,加大保护自然条件的力度。真正使人们认识到,自然条件与社会的发展、人们的生活息息相关,它是人们创造历史、创造生活而首先需要的东西。

布鲁诺·鲍威尔把自然与历史视为两种互不相干的东西,所谓"自然与历史的对立"的观点,反映了一种把自然和历史相分离的二元思维方式。马克思恩格斯在批判这种观点的同时,提出了著名的"人和自然的统一性"的命题。在他们看来,自然与历史是不可分割的,自然是历史的基础,没有自然条件,人类的历史活动就无从谈起;而人类的历史活动反过来也会影响着自然的状态,自然不可能从人类历史和人类的感性活动中简单地分离出去,人类的实践活动一定会同自然界发生相互影响、相互作用的关系。正是这种"人和自然的统一性"关系,要求人们在现实的改造自然、利用自然、保护自然的实践活动中,从真实的人和自然的辩证关系出发,而不是从绝对的人类中心主义或者绝对的生态中心主义立场出发,真正到达人与自然的和谐统一。

马克思恩格斯共同撰写的《共产党宣言》是他们诸多论著中最有影响力的经典,它因此而成为马克思主义诞生的标志。在福斯特看来:"对马尔萨斯人口论和蒲鲁东机械的'普罗米修斯主义'的批判是《共产党宣言》(1848)论证的中心内容,其中第一次以革命宣言的形式提出了唯物主义历史观。"(第148~149页)

然而,从生态学家、环境保护主义者的视角来看,《共产党宣言》经常被他们诟病为马克思关于人类-自然关系的所谓"普罗米修斯主义"观点的集中体现。为了批判这些观点,为马克思辩护,福斯特列举了几个指责马克思的主要观点:社会主义环境保护主义者泰德·本顿批评马克思主张的是"一种生产主义者的普罗米修斯的历史观";瑞尼·格仑德曼认为,马克思的基本前提就是支配自然的普罗米修斯方式;自由主义者维克托·费克斯认为,马克思对待世界的态度总是保持着与普罗米修斯一样的冲动,以人类征服自然为荣;社会学家安东尼·吉登斯指责马克思对待人类-自然关系的"普罗米修斯主义态度"贯穿了其所有的作品(他的早期作品除外),这表明,"马克思对改变阶级制度中人类社会的剥削关系的关注并没有延伸到对自然的剥削"。社会生态学家约翰·克拉克认为,马克思的普罗米修斯主义的"人"是一个不以大自然为家、没有把地球视为生态学意义上的"家庭"的存在物。这样的"人"把自然置于他的掌控之下,自诩为是不可征服的、超自然的存在物。对于这样一个存在物来说,自然的力量,无论是以他自己无法控制的内在自然的形式,还是以外在自然的威胁力的形式,都必须被征服;革命的社会主义者迈克尔·劳衣也指责马克思采取了一种乐观主义的、普罗米修斯主义的态度对待生产力的无限发展。

为什么会产生对马克思的指责与非难?福斯特指出了某些西方学者批判马克思理论的一种惯用的模式,用萨特的话来讲就是:"一种'反对马克思主义'的观点只是一种前马克思思想的明显复活。"(第151页)也就是说,一些马克思的批评者是误把当年马克思所要批判、要超越的其他激进思想家的观点当成了马克思本人的观点,以此来攻击马克思。关于"普罗米修斯主义"的争辩就是明显的例子。事实上,马克思在对蒲鲁东关于机器和现代性的分析的神话——宗教进行批判时,就指出了蒲鲁东思想中存在着机械的"普罗米修斯主义"的情结。而现在的情况是,一些人反过来用"普罗米修斯主义"来指责马克思,这在理论上是错误的。

在马克思的话语体系中,他所赞赏的普罗米修斯是埃斯库罗斯的《被锁链锁住的普罗米修斯》中的革命性的神话人物,普罗米修斯不畏强权,蔑视奥林匹斯山上的众神并把象征着光明与启蒙的火种带到人间。所以,马克思是从革命者应当具有的批判性、战斗性的意义上来使用普罗米修斯典故的。

在《共产党宣言》中,因为马克思恩格斯提到了"自然力的征服","整个整个大陆的开垦"和"农村生活的愚昧状态"这样的问题,往往就被刻画为具有反生态的立场,说他们在当时没有充分批判资本主义的生态矛盾。对于这些微词,福斯特逐一进行了反驳并深入爬梳了《共产党宣言》中蕴涵着的生态思想。

在福斯特看来,"任何读过《共产党宣言》的人都必须意识到:占据了这篇杰作开篇部分的对资本主义文明的颂扬,只是为了导入对资本主义产生的并且最终导致其崩溃的社会矛盾的思考"。(第155页)福斯特认为,没有人会说马克思在《共产党宣言》中把资本家描绘成一个英雄,没有人会说马克思是在庆贺资本家在劳动分工、市场竞争、经济全球化等方面的进步,就完全放弃了对资本主义社会的全面批判。恰恰相反,马克思恩格斯采用强烈对比的方法,深刻揭示了资本主义社会片面发展观、异化发展观和畸形发展观的弊端。他们认识到,资本主义在创造财富的同时导致了大多数人口的相对贫困,在对"自然力征服"的同时也伴随着自然的异化。所以,马克思恩格斯在以后的著作中(尤其是在《资本论》中)把对资本主义生态矛盾的思考作为他们批判资本主义的一个重要部分。

福斯特说:"《共产党宣言》尽管具有普遍的争议性意图,但在其内部已经包含着对唯物主义自然观和唯物主义历史观之间关系的理解,也包含了强调人类与自然存在的必要统一这种生态学观点。"(第151页)基于这样的认识,福斯特对马克思恩格斯《共产党宣言》中的生态思想和生态见解进行了认真的分析。

马克思始终认为,资本主义社会的城乡分离、城乡对立是资产阶级文明异化本质的一个重要表现。在无产阶级被剥夺了新鲜空气、清洁环境和真正的物质谋生手段的同时,资本主义制度下的农民则被剥夺了与文明世界的联系。这样既造成了大工业城市中的"普遍污染",又造成了"农村生活的愚昧状态"。当时的农民还可以直接接触到清新的空气和纯净的水,而城市里的无产阶级不仅在经济上受压迫,而且在环境上受污染,失去了与自然条件的本质联系。所以,在这种经济压迫和环境打压下,城市无产阶级比农民阶级更具备了推翻资本主义社会的力量和能力,成为批判资本主义社会的主力军。所以,在马克思恩格斯看来,任何反抗资本主义的社会革命,第一个任务就是消除对立的城乡分离。如何克服城乡对立?马克思恩格斯在《共产党宣言》中提出了这样一些建议:

第一,通过把人口平均地分布于全国的办法逐步消灭城乡差别。要达到这个目的,就要把农业和工业结合起来。用我们今天的话来讲,就是一方面加快农村的城镇化建设,努力缩小城乡差别,从科学发展的视野出发,提高乡镇的生产与生活水平,让一部分人愿意生活在这样的小城镇,避免城乡发展差异而导致的人口过度集中于大城市、超大城市所带来的"城市病"和生态危机。另一方面,要通过建设"卫星城"、中等规模城市群、城市圈等方式,减少超大城市的人口密集度,让人口平均地生活在这样的中小城市中。这样可以减少生态环境的压力,也有利于生态环境的自我修复与良性循环。

第二,马克思恩格斯主张,要通过更加深刻的社会革命和技术革命,在更高层次上实现人与自然的新陈代谢。在资本主义社会城市压榨乡村、工业剥夺农业的异化状态下,这种人与自然之间的新陈代谢关系是断裂的、破碎的。

第三,马克思恩格斯主张消灭土地私有制,把地租用于国家支出。我们任何人、任何团体都不是土地的占有者,只是土地的使用者,我们要像家长关爱自己的孩子那样去关爱我们的土地。

第四,马克思恩格斯还主张,对土地的开发和利用要有总的计划,开垦荒地和改良土壤要符合生态学的要求。他们坚信,在未来社会中,劳动者在"总计划"下的联合劳动,借助于科学技术的手段可以对农业耕种技术进行有效的改进,从而提高粮食产量,达到人与自然关系的和谐共生。

(四)从李比希到马克思:对资本主义农业的生态批判

在马克思对资本主义社会的生态批判中,福斯特很重视马克思对资本主义农业的生态批判。在《马克思的生态学》一书中,福斯特用了很大篇幅来阐发马克思这方面的思想。

福斯特论证了伟大的德国农业化学家尤斯图斯·冯·李比希的思想对马克思的深刻影响。他认为,马克思对资本主义农业的生态批判是在对李比希土壤化学理论的详细思考的基础上产生的。19世纪,土壤肥力的枯竭是整个欧洲和北美资本主义社会面临的突出的环境问题。为了消除人们对"土地衰竭"的担忧,增加土壤肥力,导致了对化肥需求的显著增长。在此期间,欧洲的农场主们绞尽脑汁挖掘肥源。他们到拿破仑的滑铁卢和奥斯特立茨战场遗址去挖掘地下墓穴,把骨骼加工成肥料;他们大量进口鸟粪充当农家肥。正是在资本主义农业渴望肥料的背景下,英国科学促进会1837年委托李比希写一本关于农业和化学之间关系的著作。两年之后,李比希于1840年出版了他的《化学在农业和生理学上的应用》一书,即人们通常所说的他的《农业化学》。该书第一次对土壤的营养物质,比如氮、磷、钾在植物生长过程中的作用提供了科学的说明。在李比希农业化学理论的指导下,英格兰农学家 J. B. 劳斯在1842年研制了第一种农业化肥——磷酸盐。一时间,依赖李比希的农业化学和劳斯的合成化肥,英国大农业利益集团的商人们看到了获得更大农作物产量的美妙情景。但是,时间不长,人们就发现,单一的肥料(如磷酸盐)在使用的早期对农业增收是很有效的,可在多次使用这种肥料之后,该肥料的效果就逐渐减弱。李比希的土壤最小养分律就告诉人们:土壤肥力总是受制于最不充分的营养成分。

李比希的土壤化学以及对土壤肥力的分析最初只是强化了资本主义农业的危机感,目的是使农场主更加注意土壤肥力的衰竭和化学肥料的缺乏问题。但是,他在分析了资本主义农业的生产方式,看到了资本主义日益尖锐的城乡对立、劳动分工的制约以及资本主义农业掠夺式的经营方式之后,他认为,农业化学和土壤科学并不能从根本上减轻资本主义农业的危机。所以,李比希把自己的工作转向了对资本主义发展的强烈的生态批判。

李比希对资本主义农业的生态批判受到了美国政治经济学家亨利·凯里和美国农学家乔治·韦林的重要影响。凯里在1853年《国内外奴隶贸易》一书(他把该书送给了马克思)中指出:"很奇怪,所有的英国政治经济学家都忽视了这样一个事实:人类仅仅是土地的借用者,当他不偿还债务时,土地也和所有债权人做法一样,那就是,迫使他交出他所租用的土地。"(第169页)1855年1月11日,韦林在纽约州地理学会做了一个题目为"1850年人口普查的农业特征"的演讲,他试图以经验证明土壤的营养成分被系统地掠夺了。他说:"由于我们对土地的破坏和浪费,每年我们都在流失我们生命的内在本质……经济问题:不应该是我们每年生产多少,而是为土地储存了多少年生产量。用来掠夺土地肥沃物质股本的雇佣劳动,比浪费掉的劳动更加恶劣……人类只是土地的一个承租人,当他为后来的承租者而降低了土地的价值,他就是在犯罪。"(第170页)韦林在演讲中特别强调,城乡分离造成了农产品的生产者和消费者之间的分离,这样从农田到城市集贸市场的远距离贸易是土地营养净流失和农业危机不断增长的主要原因。

韦林的这个观点后来被马克思和李比希进一步发展了。

1859年,李比希在他的《关于现代农业的通信》中就引用了韦林的观点。他指出,资本主义农业形成了破坏土地再生产状况的掠夺制度。他说:"永久地失去某些东西的土地不可能增加甚至不可能保持它的生产能力。事实上,任何基于掠夺土地的耕种制度都会导致土地的贫瘠。理性农业,与掠夺性农业制度不同,是建立在归还原则的基础之上的;通过归还土地的肥力状况,农场主确保了后者的永久性。"(第170~171页)他认为,美国农场主大量使用化肥的耕种方法是一种更为精制的掠夺方式。美国的谷物种植中心和市场之间的距离有数百英里,甚至数千英里。因此,土壤的构成成分从它们的原始地点而被运输到遥远的地方,这就使得土壤肥力的再生更加困难。

李比希还发现,农村土壤的衰竭问题与人类和动物排泄物所引起的城市污染问题联系在一起。他认为,人们应该把城镇居民所有的固体和液体排泄物收集起来,返还到土壤中去;把城市污水中存在的营养成分返还给土地,形成农业生态的有机循环。只有这样,土壤的肥力才可以持续地保有,即使人口不断增加,对农产品的需求持续增长,这样的措施也可以保证肥沃土地中的矿物元素是非常充足的。对于这一点,李比希认为其是理性的城市－农村系统中不可缺少的一部分。

马克思对资本主义农业的生态批判深受李比希农业思想的影响。马克思在19世纪60年代早期写作《资本论》时,就特意研究了李比希。在笔记中,马克思大量摘录了李比希的著作,吸收了李比希许多这方面的思想。马克思在《资本论》第1卷中写道:"李比希的不朽功绩之一,是从自然科学的观点出发阐明了现代农业的消极方面。"(马克思恩格斯全集:第44卷[M].北京:人民出版社,2001:580)

在李比希的影响下,马克思开始系统地批判资本主义农业对土地的"剥削"。他特别探讨了资本主义大规模工业和大规模农业如何联手使土壤和工人陷于贫瘠状态的问题。马克思在《资本论》第3卷分析"资本主义地租的起源"时,谈到了这个问题。他写道:"大土地所有制使农业人口减少到一个不断下降的最低限量,而同他们相对立,又造成一个不断增长的拥挤在大城市中的工业人口。由此产生了各种条件,这些条件在社会的以及由生活的自然规律所决定的物质变换的联系中造成了一个无法弥补的裂缝,于是就造成了地力的浪费,并且这种浪费通过商业而远及国外(李比希)……大工业和按工业方式经营的大农业一起发生作用。如果说它们原来的区别在于,前者更多地滥用和破坏劳动力,即人类的自然力,而后者更直接地滥用和破坏土地的自然力,那么,在以后的发展进程中,二者会携手并进,因为产业制度在农村也使劳动者精力衰竭,而工业和商业则为农业提供使土地贫瘠的各种手段。"(马克思恩格斯全集:第46卷[M].北京:人民出版社,2003:918-919)

在对资本主义农业展开生态批判的时候,马克思比李比希高明的地方在于,他注重批判理论的建构,提出了资本主义农业"新陈代谢断裂理论"。马克思敏锐地指出,资本主义城市化导致了人与土地之间物质变换的断裂,从而造成了资本主义农业的生态危机。马克思指出:"资本主义生产使它汇集在各大中心的城市人口越来越占优势,这样一来,它一方面聚集着社会的历史动力,另一方面又破坏着人和土地之间的物质变换,也就是使人以衣食形式消费掉的土地的组成部分不能回归土地,从而破坏土地持久肥力的永恒的自然条件……资本主义农业的任何进步,都不仅是掠夺劳动者的技巧的进步,而且是掠夺土地的技巧的进步,在一定时期内提高土地肥力的任何进步,同时也是破坏土地肥力持久源泉的进步……因此,资本主义生产发展了社会生产过程的技术和结合,只是由于它同时破坏了一切财富的源泉——土地和工人。"(马克思恩格斯全集:第44卷[M].北京:人民出版社,2001:579-580)

马克思这两段重要论述所共同关注的是"人与土地之间物质变换"的"断裂"这个重要概念。马克思对当时科学家们已经普遍使用的"新陈代谢"这个重要概念进行了社会-生态学的新解释。德语中"Stoffwechsel"一词在它的基本含义中就直接表达了"物质交换"这个观念。马克思利用新陈代谢概念描述劳动中人与自然的关系。恩格斯在《反杜林论》中也指出了新陈代谢概念在这几十年中在自然科学领域被普遍运用的事实。而许多国内外的学者都认识到,在19世纪社会理论的创造过程中,正是马克思和恩格斯把"新陈代谢"这一术语应用于社会科学领域,用它来解释、说明人类社会生存领域的新陈代谢问题,批判资本主义社会生产和生活中存在着的新陈代谢断裂问题。

"劳动首先是人和自然之间的过程,是人以自身的活动来引起、调整和控制人和自然之间的物质交换的过程。人自身作为一种自然力与自然物质相对立。为了在对自身生活有用的形式上占有自然物质,人就使他身上的自然力——臂和腿、头和手运动起来。当他通过这种运动作用于他身外的自然并改变自然时,也就同时改变他自身的自然……[劳动过程]是人和自然之间的物质变换的一般条件,是人类生活的永恒的自然条件。"(马克思恩格斯全集:第44卷[M].北京:人民出版社,2001:207~208)

马克思在《1861—1863年经济学手稿》中写道:"实际劳动就是为了满足人的需要而占有自然因素,是促成人和自然间的物质变换的活动。"马克思紧接着说,实际的劳动活动从来都不是独立于自然自身创造财富的潜力之外,"因为物质财富,使用价值世界只是由自然物质构成的,这些自然物质通过劳动改变了形态"。(马克思恩格斯全集:第47卷[M].北京:人民出版社,1979:39)

人们可以看到,尽管写作的背景和针对性有所差异,但马克思在自己的成熟著作中贯穿着新陈代谢的概念和思想。1880年,马克思在自己最后的经济学著作《关于阿·瓦格纳的笔记》中,强调了新陈代谢概念在他对资产阶级政治经济学进行全面批判时的重要地位。在马克思的分析中,经济循环是与物质变换(生态循环)紧密地联系在一起的,而物质变换又与人类和自然之间新陈代谢的相互作用相联系。

因此,福斯特写道:"马克思在两个意义上使用这个概念,一是指自然和社会之间通过劳动而进行的实际的新陈代谢相互作用;二是在广义上使用这个词语,用来描述一系列已经形成的,但是在资本主义条件下总是被异化地再生产出来的复杂的、动态的、相互依赖的需求和关系,以及由此而引起的人类自由问题——所有这一切都可以被看作与人类和自然之间新陈代谢相联系,而这种新陈代谢是通过人类具体的劳动组织形式而表现出来的。这样,新陈代谢概念既有特定的生态意义,也有广泛的社会意义。"(第175~176页)

马克思运用新陈代谢概念和物质变换理论对资本主义条件下自然异化现象进行了全面批判。自然的异化或异化的自然概念在马克思早期著作的批判理论中居于核心地位。马克思指出:"不是活的和活动的人们同他们与自然界进行物质变换的自然无机条件之间的统一,以及他们因此对自然界的占有;而是人类存在的这些无机条件同这种活动的存在之间的分离,这种分离只是在雇佣劳动与资本的关系中才得到完全的发展。"(马克思恩格斯全集:第46卷(上)[M].北京:人民出版社,1979:488)

马克思在资本主义发展的初期就敏锐地观察到,随着资本主义城市化进程的加快,伴随着资本主义原始积累的加剧和资本主义大工业膨胀而来的,必然是城乡对立的尖锐和对农业生态环境的破坏。所以,马克思恩格斯在他们那个时代就自觉地认识到了这个问题,并对资本主义农业展开了生态批判。马克思恩格斯对资本主义农业的生态批判涉及的内容是丰富的,主要集中在下面几个问题上。

首先,马克思明确指出,资本主义从它产生的那天起,就是以牺牲农业、破坏农业生产的自然条件为前提和基础的。资本主义的原始积累就是反生态的,是以破坏、掠夺、剥削土地肥力为前提的。在马克思看来,对土地的异化是资本主义制度的必要条件。在《政治经济学批判手稿(1857—1858)》中,马克思阐发了这样的思想:在所有的社会形态中,一切生产都是在一定的社会形式中反映出人与自然的一种关系,人们在生产实践的基础上,要从自然界获取人类生存和发展必需的物质资料,要利用自然,占用自然。在这样的生产实践中,人与大自然有着天然的联系。但是,人类进入资本主义社会以后,情况就发生了巨大变化。资本主义的私有财产制度是通过割裂绝大多数人口与土地等自然条件的直接联系而产生的,并且通常农民背井离乡地迁移是通过强制手段实现的。因此,资本主义雇佣劳动存在的一个前提就是,劳动者同劳动的客观条件相分离,即同劳动资料和劳动对象、土地等自然条件相分离。因此,马克思认为,资本的真正存在是以"两种关系的解体"为前提的。第一,劳动者把土地当作生产的自然条件的那种关系的解体。第二,劳动者是劳动工具所有者的那种关系的解体。正是这种人类劳动与土地之间有机关系的解体,才使资本主义制度下的资本原始积累成为可能。

马克思在《资本论》第1卷中也表达了同样的思想。在描述资本主义原始积累的历史进程时,马克思解释了为什么会有大批的农民被强制性地从土地上迁移出来,被当作不受法律保护的无产者而被抛向了劳动力市场,成为雇佣劳动关系中的被剥削者。因此,对农业生产者即农民土地的剥夺的历史过程和资本主义农场主和工业资本家的产生是同步进行的。

马克思通过发生在英国的"羊吃人的圈地运动"来强化他的上述观点。其实,空想社会主义思想家托马斯·莫尔在《乌托邦》一书中也对资本主义早期的这个现象进行了批判。莫尔说,英国是一个奇怪的国家,在那里,"羊把人吃掉了"。早在14,15世纪,随着养羊业的发展,英国领主开始用栅栏、篱笆等将农民的公有地围起来作为牧羊场。15世纪末期,地理大发现造成新的世界市场的需要,英国由于处于有利的地理位置,成为世界航运和国际贸易的中心,毛纺织业的蓬勃发展,导致了羊毛价格的不断上涨,养羊成为特别有利可图的行业。资产阶级的新贵族为了攫取暴利,不顾农民的反抗,掀起了大规模的圈地运动,大批农民被剥夺了赖以生存的土地,沦为城市乞丐,无产者。英国政府颁布了一系列的血腥立法,把这些无产者驱入资本主义工厂中去,成为资本家雇佣的廉价劳动力。

马克思看到,在资本主义政府法令鼓励下,"圈地运动"到了18,19世纪已经成为"合法"行动。占用公用土地,盗窃公共土地也"合法化"了。当时,在许多资本家的心目中,早已把农民与土地之间的联系忘却了。马克思提到了萨特伦德公爵夫人的"圈地"行为。这位懂得经济学的夫人对经济进行的彻底整治,就是把全郡的农田变为牧羊场。把农民的村庄破坏或者烧毁,派出不列颠的士兵强制执行"圈地运动",不愿离开自己家园的农民被大火烧死在里面。这位夫人就用这种方式把794 000英亩(1英亩=4 046.86平方米)土地据为己有了。

恩格斯也谈到了这种情况。他说,意大利的大地主,"他们不是把荒地变成可耕的土地,而是把农民已经开垦的土地变为牧场,把人赶走,使整片整片的土地荒芜"。(马克思恩格斯选集:第3卷[M].北京:人民出版社,1995:520)

所以，马克思得出结论：土地与资本的合并是可能的。

为工业资本的产生提供了原始积累的"羊吃人的圈地运动"表明，资本家从一开始就把土地等自然资源仅仅视为榨取利润的对象和自然基础，始终是从资本理性的视角来看待这些自然资源。资本家仅仅看到了土地的经济价值，根本不可能关心土地的生态价值，更遑论作为一个"好家长"来保护土地生态系统的整体性了。

其次，马克思明确指出了资本主义农业对"人类生活的永恒的自然条件"的破坏，列举了资本主义社会在处理人与自然条件关系上的新陈代谢"断裂"的许多事实。

在马克思看来，大规模的工业化模式的资本主义农业生产导致了人类与土壤关系的疏离、异化，导致了对农业可持续发展所必需的自然条件的破坏。马克思注意到：资本主义的农业生产，仅把土壤看成是获得高额农业利润的外在条件，只是在它的影响使土地贫瘠并使土地的自然性质耗尽以后，才开始把注意力集中到土地上去。就像李比希一样，马克思也认识到，资本主义社会城乡对立的严峻现实，已经对土壤肥力造成了严重的破坏。以各种食物和纺织纤维等不同形式输送到城市供居民消费的农产品，实际上就等于把农村土壤中的肥力养料转移到了大城市中，而因此产生的对应物，即城市工业废料、污染物和生活排泄物等饱含有机肥料的垃圾由于得不到很好的循环处理，而成为令人恼怒的"都市病"。马克思在《资本论》第3卷中就谈到了这方面的情况，他说："消费排泄物对农业来说最为重要。在利用这种排泄物方面，资本主义经济浪费很大；例如，在伦敦，450万人的粪便，就没有什么好的处理方法，只好花很多钱来污染泰晤士河。"（马克思恩格斯全集：第46卷[M].北京：人民出版社，2003：115）恩格斯也同样注意到了资本主义社会这样的污染现象。在《论住宅问题》中，恩格斯指出："当你看到仅仅伦敦一地每日都要花很大费用，才能把比全萨克森王国所排出的还要多的粪便倾抛到海里去，当你看到必须有多么庞大的设施才能使这些粪便不致毒害伦敦全城，那么消灭城乡对立的这个空想便有了值得注意的实际基础。"（马克思恩格斯选集，第3卷[M].北京：人民出版社，1995：215）所以，在马克思恩格斯看来，人的生理和生活的新陈代谢所产生的排泄物，以及工业生产和消费的废弃物，作为自然界完整的新陈代谢循环的重要部分，应当返还到土壤中去，以增强土壤的自然肥力。

非常可贵的是，福斯特注意到了马克思对早期"生态殖民主义"和"生态帝国主义"行径的批判。在马克思看来，资本主义国家城乡对立所导致的新陈代谢断裂的现象，在国际关系方面也有所表现。在殖民主义时代，几乎所有殖民地国家的领土、自然资源和土壤都被殖民者,被宗主国大肆掠夺。李比希曾经指出,大英帝国掠夺所有国家的土地肥力。爱尔兰就是一个极端的例子。马克思也看到了这个问题,马克思说:"英格兰间接输出爱尔兰的土地已经达一个半世纪之久,可是连单纯补偿土地各种成分的东西都没有给予爱尔兰的农民。"(马克思恩格斯全集:第44卷.北京:人民出版社,2001:808)马克思的这些思想对我们今天分析"生态殖民主义""生态帝国主义"的实质,洞察生态环境危机国际化的深刻原因是很有帮助的。

再次,马克思批判了资本理性对农业生态环境的破坏。在马克思看来,资本理性是肮脏的,可恶的。它血腥的贪婪性是与生俱来的,最大化的追求利润就是资本的天职。所以,只要有利润可赚,资本就敢冒天下之大不韪。对待农业和农业生产,资本理性也是如此。所以,资本理性与农业生态理性是矛盾的。马克思指出:在农业生产方面,"资本主义生产指望获得直接的眼前的货币利益的全部精神,都和维持人类世世代代不断需要的全部生活条件的农业有矛盾"。(马克思恩格斯全集:第46卷[M].北京:人民出版社,2003:697)在这里,马克思明确指出,资本主义生产与农业是有矛盾的,因为,在资本理性的驱动下,资本主义生产是以利润最大化为目的的,而且看重的是眼前的货币利益。而农业生产的特点是可持续性的,它要为人类社会的世代繁衍生息提供全部的生活条件。所以,资本主义社会不可能用生态理性,用可持续发展思想来对待农业生产。为了"人类的世世代代"就需要保护农业的生态环境,维持土地的持久肥力,而不能采用"杀鸡取卵""竭泽而渔"式的生产方式而只顾眼前利益。

马克思指出:"纽约州特别是它的西部地区的土地,是无比肥沃的,特别有利于种植小麦。由于掠夺性的耕作,这块肥沃的土地已变得不肥沃了。"(马克思恩格斯全集:第46卷[M].北京:人民出版社,2003:755)恩格斯也看到了,"在北美洲,绝大部分的土地是自由农的劳动开垦出来的,而南部的大地主用他们的奴隶和掠夺性的耕作制度耗尽了地力,以致在这些土地上只能生长云杉,而棉花的种植则不得不越来越往西移。"(马克思恩格斯选集:第3卷[M].北京:人民出版社,1995:520)

可见,在资本主义工业化的早期,由于资本家对待土地采用掠夺性的耕作,导致了大面积土地肥力的衰退,致使土地的生态环境遭到破坏,断送了农业可持续发展的生命根基。为什么会是这样?马克思恩格斯认为,这是资本主义土地私有制的恶果。"因为土地所有权本来就包含土地所有者剥削地球的躯体、内脏、空气,从而剥削生命的维持和发展的权利。"(马克思恩格斯全集:第46卷[M].北京:人民出版社,2003:875)

恩格斯从资本主义政治经济学的角度,指出了在资本主义条件下,农业生态环境问题产生的制度原因。"资产阶级的社会科学,即古典政治经济学,主要研究人以生产和交换为取向的行为所产生的直接预期的社会影响。这同以这种社会科学为其理论表现的社会组织是完全相适合的。在各个资本家都是为了直接的利润而从事生产和交换的地方,他们首先考虑的只能是最近的最直接的结果。一个厂主或商人在卖出他所制造的或买进的商品时,只要获得普遍的利润,他就满意了,而不再关心商品和买主以后将是怎样的。人们看待这些行为的自然影响也是这样的。西班牙的种植场主曾在古巴焚烧山坡上的森林,以为木灰作为肥料足够最能盈利的咖啡树施用一个世代之久,至于后来热带的倾盆大雨竟冲毁毫无掩护的沃土而只留下赤裸裸的岩石,这同他们又有什么相干呢?在今天的生活方式中,面对自然界以及社会,人们注意的主要只是最初的最明显的成果,可是后来人们又感到惊讶的是:人们为取得上述成果而作出的行为所生产的较远的影响,竟完全是另外一回事,在大多数情况下甚至是完全相反的。"(马克思恩格斯选集:第4卷[M].北京:人民出版社,1995:386)在这里,恩格斯把资本主义生产方式与自然界生态环境恶化的关系讲得非常清晰、透彻。在资产阶级政治经济学的范式内,利润、利润率是推动经济运行的唯一杠杆,赚钱就是硬道理,这是包括农业资本家在内的一切资本家的共识。所以,他们生产的唯一目的就是追求眼前的最直接的利润,而根本不会去考虑这种生产可能带来的生态环境灾难。

马克思掷地有声地得出这样的结论:"历史的教训(这个教训从另一个角度考察农业时也可以得出)是:资本主义制度同合理的农业相矛盾,或者说,合理的农业同资本主义制度不相容(虽然资本主义制度促进农业技术的发展),合理的农业所需要的,要么是自食其力的小农的手,要么是联合起来的生产者的控制。"(马克思恩格斯全集:第46卷[M].北京:人民出版社,2003:137)

从马克思恩格斯的教导中,我们可以真切地体会到,他们对资本主义农业的生态批判是深刻的、高瞻远瞩的。在资本主义农业发展的早期阶段,其农业生态环境恶化的现实与根源就进入了马克思恩格斯批判的法眼。他们揭示了资本主义制度下农业的不可持续性,揭露了资本主义农业与生态环境之间的矛盾,为人们洞察资本主义农业生产的环境问题提供了理论基础。后来,资本主义农业发展的事实也证明了马克思恩格斯对资本主义农业的生态批判是正确的。众所周知,当代资本主义的农业生产同样导致了严重的生态环境灾难。资本家对土地的掠夺性使用和对土地实施大量的化肥、农药,使农村乡间的田园风光不再,大批动植物死亡,土壤环境遭到了严重的破坏。卡逊夫人《寂静的春天》一书,就是对资本主义国家农业生态恶化、环境污染现象的血泪控诉,她用大量毋庸置疑的事实,披露了资本主义农业生态环境面临的厄运并开启了人类社会生态环境保护运动的大幕。

最后,不破不立,破是为了立。所以,马克思恩格斯在批判资本主义制度下人与土地的自然关系异化时,提到了农业可持续发展、生态农业、超越资本主义城乡对立等方面的观点和思想。这些观点和思想在当代仍然具有现实的指导意义,值得我们认真地思索。马克思写道:"从一个较高级的经济的社会形态的角度来看,个别人对土地的私有权,和一个人对另一个人的私有权一样,是十分荒谬的。甚至整个社会,一个民族,以至一切同时存在的社会加在一起,都不是土地的所有者。他们只是土地的占有者,土地的受益者,并且他们应当作为好家长把经过改良的土地传给后代。"(马克思恩格斯全集:第46卷[M].北京:人民出版社,2003:878)在这里,马克思首先批判了资本主义制度下的"土地私有论"并且旗帜鲜明地强调在一个较高级的经济的社会形态中土地的公有性和公共性。其次,马克思要求土地的占有者和受益者不能只顾眼前直接的经济效益而掠夺式地糟蹋、祸害公有土地,而应该像好家长悉心呵护自己的孩子成长一样关爱土地,保护农业的生态环境。最后,马克思告诫人们,一定要花气力改良土地并把改良后的良田传给我们的后代。这样,马克思农业的可持续发展理念就表达出来了。当今可持续发展思想的本质"既满足当代人的需要,又不对后代人满足其需要的能力构成危害的发展"就与马克思的上述观点有着内在的契合性。

更为可贵的是,马克思还为土地肥力的恢复与提高提出了具体的方法。他说:"农业的改良方法。例如,把休闲的土地改为播种牧草;大规模地种植甜菜,(在英国)于乔治二世时代开始种植甜菜。从那时起,沙地和无用的荒地变成了种植小麦和大麦的良田,在贫瘠的土地上生产的谷物增加两倍,同时也获得了饲养牛羊的极好的青饲料。采用不同品种杂交的方法增加牲畜头数和改良畜牧业,应用改良的排灌法,实行更合理的轮作,用骨粉作肥料等等。"(马克思恩格斯全集:第47卷[M].北京:人民出版社,1979:599-600)在这里,人们可以真切地体悟到马克思生态农业的情结。在土地改良、增加土壤肥力、发展畜牧业等方面,马克思的方法是非常生态化的,与当今生态农业的主张是一致的。所以,我们可以说,马克思已经具有农业可持续发展和生态农业的思想萌芽。

在马克思恩格斯看来,资本主义条件下城乡之间的对立关系是导致农业生态环境恶化的重要原因。所以,超越资本主义条件下严重对立的城乡关系是马克思恩格斯的一贯主张。恩格斯使用生态学术语表达了对资本主义城乡对立关系的超越:"城市和乡村的对立的消灭不仅是可能的,它已经成为工业生产本身的直接需要,正如它已经成为农业生产和公共卫生事业的需要一样。只有通过城市和乡村的融合,现在的空气、水和土地的污毒才能排除,只有通过这样的融合,才能使现在城市中日益病弱的群众的粪便不致引起疾病,而是用来作为植物的肥料。"(马克思恩格斯全集:第20卷[M].北京:人民出版社,1971:321)马克思恩格斯在《共产党宣言》中也表达了这种思想,他们认为,在未来社会,城乡之间能达到较高层次的融合,乡村进一步城市化,而城市也更加乡村化,一些工业转移到了农村,而同时,城市中的公园、绿地、城市森林、园林的面积扩大了,不受土地狭窄的限制。许多人生活在遍布农村的、缩小了的、小规模和中等规模的城市之中。城市与乡村之间的差别越来越小,城市对乡村生态环境造成的压力也越来越小。城乡之间断裂的物质循环的链条重新得到了恢复。

人们不应当忽视的是,马克思恩格斯在批判资本主义农业的同时,也对资本主义工业文明对森林资源的破坏行为进行了谴责。在资本主义农业迅速发展的过程中,土地遭到了过度开垦,土壤的肥力损耗严重,森林被大面积毁坏并且逐渐消失。从而造成了各个主要工业国家的土地荒芜,气温升高。例如,在19世纪中叶的德国和意大利,森林的大面积滥伐就导致了地表温度的升高。从总体上看,各个主要工业国家的气候普遍趋于干燥,气候变化反复无常,一些河流逐年淤积。马克思就有过这样的感受:"热死人!此外还缺水;贴普尔河好像是被谁吸干了。由于两岸树木伐尽,因而造成了……这条小河在多雨时期(1872年)就泛滥,在干旱年头就干涸。"(马克思恩格斯全集:第34卷[M].北京:人民出版社,1972:25)

马克思恩格斯讨论过资本主义国家破坏森林与土地荒芜之间的关系问题。恩格斯在写给马克思的一封信中提道:"一个劳动的人,不仅是现在固定的太阳热的消费者,而且在更大的程度上是过去固定的太阳热的消费者。能的储备——煤矿、矿山、森林等方面的浪费的情况,你比我知道得更清楚。"(马克思恩格斯全集:第35卷.北京:人民出版社,1971:129)在他们看来,滥伐森林的后果是破坏性的,这种行为在人类文明的进程中导致了严重的生态灾难。马克思指出:"文明和产业的整个发展,对森林的破坏从来就起很大的作用,对比之下,对森林的养护和生产,简直不起作用。"(马克思恩格斯全集:第24卷[M].北京:人民出版社,1972:272)

恩格斯也认为,文明是一个对抗的过程,这个过程以及至今为止的形式使土地贫瘠,使森林荒芜,使土壤不能产生其最初的产品,并使气候恶化。在《自然辩证法》中,恩格斯指出了这种现象:"美索不达米亚、希腊、小亚细亚以及其他各地的居民,为了得到耕地,毁坏了森林,但是他们做梦也想不到,这些地方今天竟因此而成了不毛之地,因为他们使这些地方失去了森林,也就失去了水分的积聚中心和贮藏库。阿尔卑斯山的意大利人,当他们在南山坡把在山北坡得到精心保护的那同一种枞树林砍光用尽时,没有预料到,这样一来,他们就把本地区的高山畜牧业的根基毁掉了;他们更没有预料到,他们这样做,竟使山泉在一年中的大部分时间内枯竭了,同时在雨季又使更加凶猛的洪水倾泻到平原上。"(马克思恩格斯选集:第4卷[M].北京:人民出版社,1995:383)进入资本主义工业文明时代,资本主义经济的大规模增长,使得当时世界上主要的资本主义国家都面临着森林消失与土地肥力退化的矛盾。恩格斯就曾经指出:"关于这种惊人的经济变化必然带来一些现象……所有已经或正在经历这种过程的国家,或多或少都有这样的情况。地力损耗——如在美国;森林消失——如在英国和法国,目前在德国和美国也是如此;气候变化、江河淤浅在俄国大概比其他任何地方都厉害。"(马克思恩格斯全集:第38卷[M].北京:人民出版社,1972:365)

马克思还谴责了贵族、资本家的生活方式对森林资源的破坏。在马克思看来,英国的森林不是真正意义上的森林,而是贵族、资本家的"养鹿苑""狩猎场""跑马场",这些鹿苑强占了农民的土地,损害了农村劳动者的利益,把耕地挪他他用。在这些所谓的"鹿苑"里,除了肥硕的像家禽的鹿之外,根本没有树,更谈不上森林。这些"鹿苑"存在的唯一目的就是满足贵族、资本家狩猎的爱好。

马克思恩格斯对资本主义工业化进程中破坏森林资源行径的批判,给人们很多启发。在资本主义工业化的早期阶段,他们就从生态学的立场探讨了森林与土地的关系,充分展示了他们理论的生态学意蕴。这些观点与见解对当代中国经济的发展也有指导意义。在如何认识森林与土壤、与生态环境的关系问题上,我们是走过弯路的。在大跃进和农业学大寨时期,我们片面甚至错误地领会"以粮为纲"的方针,在林区、丘陵地区大肆开山、伐木毁掉森林用作耕地。在国内有些林区,当地政府甚至要求把25度以下的山地全部开垦为农田。这种违背生态学原理的愚蠢行为及其导致的恶果,马克思恩格斯早就批判过。在违背生态学规律而遭到惩罚的条件下,我们才开始理解了森林与土地、与生态环境的关系,我们才有了"三北防护林工程""天然林保护工程"和"退耕还林工程"这样的生态环境保护的壮举。

福斯特在《马克思的生态学》一书中,还从生态学的视角为马克思辩护,反驳了一些从生态学理论立场出发的对马克思观点的谴责。在对马克思理论的生态学谴责方面,有一个观点广为人知:马克思涉嫌否认自然界、自然资源在创造财富中的作用。众所周知,马克思在政治经济学上的伟大创新,就在于他在批判英国古典政治经济学劳动价值论的基础上,构建了自己的劳动价值论。在马克思的劳动价值论中,其理论逻辑性很强地分析了剩余价值产生的根源,揭示了资本家剥削的奥秘。而劳动价值论把所有来源于自然界的价值,以及把自然资源都看作资本的"免费馈赠","大自然的恩赐",自然资源因为是天然的,没有凝聚着人类的劳动因而是没有价值的。我们把这种对马克思劳动价值论的批判概括起来就是一句话:马克思否认了自然资源在财富创造中的作用。

在福斯特看来,这种所谓的"批判"是建立在他们对马克思经济学的根本误解的基础上的。的确,在资本主义价值规律之下,马克思同意古典自由政治经济学家关于土地没有价值的观点。他写道:"土地……生产一种使用价值、一种物质产品例如小麦时,土地是起着生产要素的作用的,但它和小麦价值的生产无关。"(马克思恩格斯全集:第25卷[M].北京:人民出版社,1974:922)马克思在《资本论》中,还谈道:"瀑布和土地一样,和一切自然力一样,没有价值,因为它本身没有任何对象化劳动,因而也没有价格,价格通常不外是用货币来表现的价值。"(马克思恩格斯全集:第46卷[M].北京:人民出版社,2003:729)马克思还说过:"自然力不是超额利润的源泉,而只是超额利润的一种自然基础,因而它是特别高的劳动生产力的自然基础。"(马克思恩格斯全集:第46卷[M].北京:人民出版社,2003:728)如果人们仅对马克思的上述观点做狭隘的理解,就认为马克思否认了自然界的价值,那就未免太机械了。我们都知道,《资本论》是工人阶级解放的"圣经"(列宁语),马克思穷其毕生精力撰写《资本论》的目的,是为了揭示资本主义社会经济运行的机制,揭露资本家剥削工人的奥秘,展示剩余价值产生的真正源泉。马克思从产生剩余价值的社会劳动出发,大量阐述了劳动价值论,而对劳动过程中必不可少的劳动资料和劳动对象的价值没有过多涉及,这在逻辑上对直接揭示剩余价值产生的真正源泉是非常必要的。但人们不能因此就得出这样的结论,即马克思的劳动价值论否认自然界的价值,误导人们对自然界的正确认识,是蔑视自然界的价值,导致生态环境恶化的经济学根源。在理论研究中,为了真正阐述一个问题而肯定某些观点,决不意味着就否认另一种观点的价值。从马克思理论的整体价值取向上看,马克思不仅不否认自然界的价值和效用,而且充分肯定自然界的价值,并没有敌视自然界的思维恶习。马克思在《资本论》《哥达纲领批判》等书中多次提到,劳动并不是它所生产的使用价值即物质财富的唯一源泉。因为,劳动是财富之父,土地是财富之母。没有自然界,人们什么也生产不出来。马克思认为,自然界中的阳光、空气、河流、湖泊、海洋、土地、森林、牧场、各种动植物等等都是具有某种使用价值的,"如果一个使用价值不用劳动也能创造出来,它就不会有交换价值,但作为使用价值,它仍然具有它的自然的效用"。(马克思恩格斯全集:第46卷[M].北京:人民出版社,2003:728)马克思在这里提到的"自然的效用"就是指自然界的价值。而自然界的这种价值在马克思"自然生产力"理论中表达得最为充分。

福斯特还反驳了经常针对马克思理论的另一个更重要的批判。在一些学者看来,马克思的未来社会理论,即关于共产主义的理论过于乐观,该理论强调指出,人类在继承资本主义发展的一切成果的前提下建立的共产主义社会,人们的物质财富将极大丰富,社会物质产品将"充分涌流"。这样的未来社会构想理论被一些学者指责为,"物质财富无限增加论","生产力无限扩张论"。这样的社会理论根本没有考虑到自然资源的不足和生产的自然条件限制等生态环境因素在社会发展中的作用。所以,这些学者认为,马克思相信资本主义已经解决了生产问题,而未来的共产主义社会将不必重视自然资源的利用问题,共产主义社会是一个没有生态环境问题的社会,这也就意味着"生态意识"对社会主义者和共产主义者来说是没有必要的。

其实,这是对马克思共产主义社会理论的极大误解。我们要弄清楚,马克思主义经典作家在谈到未来社会的物质产品将会是"极大"丰富,物质产品会"充分涌流"时,是在人类整个社会生产力水平还不高,物质产品比较匮乏的时代讲的,反映了当时的人们对物质产品和财富的巨大渴望,这也是很形象、很生动的关于共产主义社会的蓝图,是很令人憧憬的,是社会发展无限展开的一种可能性。因此,在那样的时代,我们想象的产品当然是越多越好,还谈不上对"极大"丰富的物质财富进行限制的问题。同时,我们也应当看到,马克思恩格斯的共产主义社会理论属于政治话语,主要是为无产阶级的解放指明未来社会的道路。当时,整个无产阶级和劳苦大众的文化水平很有限,用生动、形象,容易被无产阶级和广大劳苦大众接受和理解的形式灌输革命的理论是马克思主义经典作家经常采用的宣传手段。所以,马克思恩格斯当时对未来社会物质财富的这种表述是可以理解的。

但是,当人类的科学技术水平极大提升,人类改造自然和创造物质财富的能力极大提高以后,对于物质财富的"极大"发展就有一个设想其边界的问题了。特别是在资源约束,生态失衡,环境保护成为人类面临的重大问题的时候,就更引起人们对未来社会生产力增长的思考。过去,在人与自然的矛盾中,人是弱者,自然界是强者。所以,人类拼命发展生产力,征服自然;而现在,至少从地球自然来说,在某种程度上,人已经成为强者,自然界成为弱者。所以,保护自然的问题就出来了。这是时代面对的新问题。在这样的情况下,我们能不能不顾一切地设想和渴望共产主义社会中物质财富及社会生产力的无限发展?超出人们的需要也不罢休吗?

事实上，在马克思主义看来，所谓物质财富的"极大丰富"不是没有限制的，而是相对于人们的实际需要来说的，是指足够满足所有人需要的产品的生产规模。它不是抽象地设想越大越多越好。共产主义社会讲的是按需分配，只要足够全体人民的需要，而且是可持续的发展，就可以了。没有必要无限制地追求生产力的扩张。那样的话，会物极必反。生产力无限制地扩张反过来会破坏生产力可持续发展的自然条件。我们不要在现在的文化背景、思想境界下来庸俗地看待"按需分配"，不要以为"按需分配"就是最浪费、需要最多的物质财富的分配方式。事实上，人们真正的需要，理性地消费，而不是异化的需要，不是炫耀式地消费，很可能在未来的社会就是最节省、最不需要更多消费品的分配方式。

其实，追求物质财富和生产力的无限增长，不是共产主义社会的特征，而恰恰是资本主义社会的特征。因为资本家无限制地追求利润，这种动机促使资本家为生产而生产，根本不考虑人们是否真有这样的需要。所以，资本主义这样的生产动机必然会导致严重的生态环境危机。罗马俱乐部的报告《增长的极限》就揭示了资本主义生产方式反生态的本性，并有针对性地提出了生产力"零增长"的理论主张。

在共产主义社会，人们不是为了生产而生产，更不是为了追逐利润而生产。那时的社会可以自觉地控制社会生产的规模、方式和能力。

当然，共产主义社会也会面临人口问题。人口多，需要的产品就多。那么，到了共产主义社会人口是否可以无限制地增长呢？当然不是的，马克思恩格斯讲得很清楚，那个时候，人类可以自觉地控制人自身的生产即控制人口的增长。他们提出了"两种生产理论"，主张合理地控制物质财富的生产和人自身的生产，使这两种生产之间保持恰当的比例。

由于到了共产主义社会，人类可以科学地控制人口的增长，控制物质财富的增长，所以，人与自然的矛盾可以得到很好的解决。人与自然的和谐，并不是放弃对自然的改造和利用，而是以合乎自然发展规律的方式来处理人与自然的关系。所以，我们有理由相信，共产主义社会真正是"红"（人与人的和谐）与"绿"（人与自然的和谐）结合的社会。

在某些西方学者诟病马克思的共产主义理论时，还有一个问题值得回答，即共产主义社会生产力的发展是否会遇到自然资源的约束？应当说，当社会生产力发展到一定程度时，总会遇到自然资源约束的问题。到了共产主义社会，由于社会生产力的发展，这个问题同样是无法回避的。但是，共产主义社会能有效地解决这个问题。因为，第一，共产主义社会不追求无限制的物质生产力的增长。第二，科学技术的高度发展会为解决能源问题开辟极为广阔的前景。地球上的

✦ 自然资源既是有限的,又是无限的。就人类已知的、正在使用的能源来说,不少自然资源是有限的,但就尚未发现的和尚未利用的自然资源来讲,也许是无限的。例如,核裂变可以满足世界总发电量的大部分需要,而核聚变将会提供比核裂变更为安全可靠的能源。人类从使用一次性非再生性能源,到使用永久性清洁的能源,是一场能源革命。从长远看,人类不会发生能源枯竭的危机。第三,人类对待自然的自觉保护的态度,也将对生态环境的保护起到重要作用。那种对自然界的野蛮征服,炫耀财富,以浪费为荣,过度消费等生活方式将逐步消失。

福斯特清醒地认识到:"在马克思卷帙浩繁的文集中,没有任何一点表明,他相信与土地的可持续性关系会随着向社会主义的转变而自动地产生。相反,他强调在这方面需要计划,首先需要旨在消灭城乡之间对立劳动分工的措施。这还包括人口更为均匀地分布,农业和工业的结合,以及通过土地营养物质循环而现实的土地恢复和改良。所有这一切都需要对人类和土地之间的关系进行革命性的变革。"(《马克思的生态学》第188页)

在马克思看来,即使到了共产主义社会,"生产排泄物的利用"和联合起来的生产者"合理地调节他们与自然之间的物质变换"都是必要的。在共产主义社会,人与人、人与自然关系的和解是高水平的,自然主义、人道主义和共产主义三者是一致的。所以,我们可以从马克思的文章中深切地感到,他对未来社会的生态极限和生态可持续性问题表现出深切的关注,这些可以视为马克思对未来社会的"生态遗嘱"。

(五)马克思生态思想的时代共鸣

福斯特在阐述马克思恩格斯生态思想的同时,也认识到了他们生态思想在当时以及稍后时代的社会反响。福斯特在书中提到了一些重要的马克思主义思想家和唯物主义哲学家在马克思恩格斯生态思想的启示下,对资本主义生态环境恶化的批判以及他们阐发的生态思想。这样,我们就可以看到,马克思恩格斯的生态环境思想在当时就不是曲高和寡的"独唱",而是反映时代问题的"大合唱",他们的生态思想有着广泛的时代共鸣。

马克思晚年与英国自然科学家,年轻的达尔文主义者,唯物主义思想家E·雷·朗凯斯特保持着亲密的友谊。朗凯斯特与马克思的家人也十分熟悉,是马克思家中的常客。朗凯斯特精通德语,他带着极大的热情阅读了马克思的《资本论》,并认为《资本论》对他的启发和教育意义极大,他在阅读马克思的著作时拥有最大的快乐和收获。

与他同时代的科学家相比,朗凯斯特谙熟马克思对资本主义生态批判理论的精髓,他也因为反对人类所导致的土地生态退化而闻名。朗凯斯特认识到了资本主义大工业对生态环境造成的灾难,看到了人类控制自然所导致的物种灭绝。他写出了他那个时代中最直接、最有力的生态批判的文章。在他看来,人类对生态环境的破坏,最令人不能容忍的"就是对江河的污染,以及随之而来的江河中的鱼和几乎所有的生物的灭绝,霉菌和腐败草例外。在泰晤士河,人类通过其肮脏的行为赶走了美丽的大马哈鱼,谋杀了无辜的鳗鱼,而这将有近一百年的历史了。然而,甚至在其最肮脏的时候,泰晤士河中的泥土都是血红色的(真正的'血红色',因为这种颜色是由将我们的血液变成红色的同样的血晶所引起的),因为其中生活着成群的像蚯蚓一样细致的小蠕虫,它们具有在脏水中生活的超常能力,并通过腐殖土而获取营养……在较小的河流中,特别是英国的矿业区和工业区中的小河流,现代以牟利为目的的人类已经将自然界中最美丽的事情——生产鲑鱼的溪流——变成了绝对死寂的腐蚀性化学药品的排水沟。当下列世界图景在一个人头脑中出现的时候——所有江河和海岸水域都这样因为腐蚀性物质而变得无法生养一物,所有的草场和山坡都浸透了令人恶心的化学肥料,那么,在这些遭受死亡打击的、黑色的、垃圾排水沟当中,任何其中之一的景象都会使人战栗。事物的这种状态可能是为未来的人类所储备的!并不是'科学'应该为这些荣誉而受到责备,但是,这些荣誉应该改变为:他们将被归因于不计后果的贪婪以及只是像昆虫一样增长的人类"。(参见:福斯特《马克思的生态学》第 249~250 页)

在这里,我们看到,朗凯斯特对资本贪婪理性的批驳,对资本主义工业与矿业导致的生态环境灾难的批判与马克思恩格斯的思想是一致的。朗凯斯特的文章是当时批判资本主义生态危机的战斗檄文。

福斯特还提到了马克思的生态思想对威廉·莫里斯在建构自己关于未来社会的乌托邦理论方面的种种影响。威廉·莫里斯是英国 19 世纪杰出的作家、诗人和空想社会主义思想家,他不仅是马克思科学社会主义思想的坚定支持者,还是英国文坛上的一位有影响的绿色思想家。莫里斯对马克思恩格斯的著作非常熟悉,特别是一次又一次地研读《共产党宣言》和《资本论》。这样,他的许多批判资本主义的生态视角和关于未来社会的理论都与马克思恩格斯的观点十分接近,明显看到他的思想受到了马克思恩格斯思想的启迪。在他著名的乌托邦小说《乌有之乡的消息》中,他描写了这样一个社会:在这个社会里,生产的目的已经不再是追求利润的最大化,以浪费为特征的经济生产的方式终结了。人们组织起来的生产其目的真正是为了满足人们的真实需要。劳动的方式和目的都发生了根本性改变,人们从事学术研究和创造发明的时间增多,工作本身被视为是为人类创造和实现社会需要而服务的。那时,城市和乡村之间的差别越来越少,城市的肮脏和农村的贫困都将得到改变。新的居住环境像一个花园,那里人们不浪费任何东西,不破坏任何东西;必需的住房和工厂散布在乡村,所有这一切都整洁、优雅、美丽。人口数量保持稳定并合理地分散居住在城乡之间。莫里斯还设想,在未来的社会主义社会,工厂就像一个大花园,工人们自愿地在那里劳动。这些未来的工厂一定没有造成污染的垃圾,没有被污染的水,也没有被烟尘污染的空气。

而19世纪的英国——在莫里斯看来——是一个充斥着巨大而肮脏的工厂以及更加肮脏的赌窟的国家,它们被病态的、非常贫困的农场所包围,而这些农场被工厂主所掠夺。莫里斯对城市污染和工人被迫在有毒的环境中生产的事实给予了严厉的批判。1886年,他在《大众福利》一书中写道:"这周新闻中,一个铅粉中毒案的报道值得工人们普遍关注。去除那些冗词就可以看到,一个人被迫工作在铅粉飞扬的环境下却没有预防措施以阻止他迅速死亡,由此而被杀死。对于这个可怜的人,额外的一周一先令是对他被谋杀的赔偿的慷慨数目。雇主不可能不知道他加速死亡的危险,不可能不知道他早晚会中毒。令人难以置信的还有,陪审团有关案件所说的一切是'表达一种希望雷克曼先生(工厂的监管)应该能代表内政部对案件有所表示,对在混合工厂中工作的人们提供一些必要的额外的防护'。然而更进一步,这仅仅是一个关于工人生活方式的夸张的例子。在目前条件下,几乎整个'低等阶级'被文明所强加的劳动都是不健康的,也就是说,人的寿命因此而缩短;然而不能因为我们没有看见人们在我们眼前被割断喉咙,我们就以为它不存在。"(参见:《马克思的生态学》第265~266页)

在马克思恩格斯之后的马克思主义理论家中,福斯特也提到了传统的、主流的马克思主义理论家如倍倍尔、考茨基、列宁、布哈林等人,在马克思恩格斯生态思想的启发下,他们在生态思想方面的一些理论建树。

倍倍尔是德国和国际工人运动活动家,是德国社会民主党和第二国际的创建者和领导者之一。他与马克思恩格斯交往甚密。倍倍尔的《妇女与社会主义》一书是他最有影响的马克思主义早期著作之一。该书是关于妇女解放的重要著作,重点探讨了妇女受剥削以及妇女在未来社会主义的解放问题。马克思关于资本主义社会土壤生态危机的论述以及在社会主义条件下通过生产的合理组织来恢复土壤肥力的观点对倍倍尔影响很大,使倍倍尔的著作中包含着重要的生态学成分。他写道:"为了利益的缘故,疯狂牺牲森林通常引起可觉察的气候恶化,以及普鲁士、波美拉尼亚、(奥地利南部)斯蒂里亚地区、意大利、法国和西班牙等地区的土壤肥力下降。莱茵河和维斯瓦河的洪水泛滥则主要是由于

瑞士和波兰的森林植被被破坏。"(参见:《马克思的生态学》第267页)

运用李比希土壤营养理论和马克思关于土地肥力必须可持续发展的观点,倍倍尔指出了土壤恢复肥力的方法。他写道:"肥料对土地正好像食物对于人,每种肥料对于土地的价值等于每种食物对于人的营养。土壤必须确切地吸收被先前的谷物吸走的相同的化学成分,尤其需要下次种植谷物所需要的那些化学成分……动物和人类垃圾和排泄物所包含的化学成分最适合人类食物的再生。因此,尽最大可能获取这种肥料是值得的。如今这条法则经常被违反,尤其是在大城市,消费非常大量的食物,但仅仅返还给土地很少一部分有价值的排泄物。结果是远离城镇的农田不断输送大量的产品,却不能获得所需要的养料;从住在那里的人和牛那里得到的排泄物是不充足的,因为他们仅消耗庄稼的一小部分。而且由于一种破坏性的耕作体系,土壤变得贫瘠,收成减少,粮食价格上涨。匈牙利、俄国、多瑙河沿岸各国和美国等,所有这些国家都出口土地的主产作物,但都没有给土壤归还肥料物质,其土地逐渐地且不可避免地变得荒芜。确实,人工肥料特别是鸟粪,可以代替人和牛的粪便,但由于价格因素很少有农民能买到足够的数量,无论如何,从数千英里之遥进口肥料而近在咫尺的肥料却被浪费掉,是违反自然规律的事情。"(参见:《马克思的生态学》第267~268页)

倍倍尔这些关于土地肥力恢复,农业生产的可持续发展思想和生态农业的见解,对于我们今天的生态农业的实践是极有指导意义的,这些话语让我们听起来很亲切!

卡尔·考茨基是德国社会民主党和第二国际的领导人之一,是著名的马克思主义理论家。马克思恩格斯的农业生态思想在考茨基的代表作《土地问题》中得到了充分的体现。在《土地问题》一书中,其中有专门的一节"城市对农村的剥削"。考茨基在这里看到了城乡之间物质循环的"断裂"现象,而这种"断裂"呈现出农村土壤的营养成分以各种方式向城市耗费的单向流动。他说:"相当于一种持续不断地以粮食、肉类、奶的方式流失营养物,而这些东西是农民不得不出售的,以支付税收、借债的利息及租金……尽管像这样的流向并不意味着价值规律意义上的对农业的剥削,然而它确实导致……对它的物质的剥削,导致土地的营养的缺乏。"到了考茨基的时代,化肥工业崛起了,大量化肥的实施所导致的城乡之间新陈代谢裂缝现象也引起了他的关注。"辅助肥料提供了防止土地肥力下降的可能性,但是越来越多地施用人造肥料,只是给农业又增加了一个负担,这个负担绝不是由自然加之的不可避免的东西,而是现代社会组织的一个直接后果。通过克服城乡之间的对立……从土壤中流走的物质将能够完全流回来。辅助肥料在最大程度上负有使土壤肥沃的使命,而不只是延迟它的贫瘠。

耕作的进步意味着土壤中可溶性养料的提高,而无需增加人工肥料。"(参见:《马克思的生态学》第268~269页)

考茨基在《土地问题》一书中还涉及这样一些关于生态农业的问题。按照马克思的思路,考茨基也看到了城市的扩大和资本主义工业的扩张,增加了对农村的剥削和对土壤肥力的消耗。人们为了增加土壤的肥力,发展起了化肥工业,化肥的大量施用,无异于饮鸩止渴,其长远的结果又使土地的肥力进一步损耗。他还讨论了由于害虫的增多,人们就大量使用农药,其结果是农药在杀死害虫的同时,也杀死了以这些害虫为食物的鸟类。没有了这些鸟类,反而导致了这些害虫的肆虐,使农业生产面临着严重的生态灾难。

列宁也谈到了大量施用化肥的危害。在《土地问题和"马克思的批评家"》一文中,他写道:"人工肥料替代自然肥料的可能性以及这种代替(部分地)已经被实行的事实,丝毫也推翻不了其不合理性:把天然肥料白白地抛掉,同时又污染市郊和工厂区的河流和空气。就在目前,一些大城市周围也还有一些利用城市排泄物的农田,使农业受益很大,但是能这样利用的只是很少一部分排泄物。"(参见:《马克思的生态学》第269页)

在生态实践方面,列宁坚持认为,自然界不能完全满足人们的需要,为了生存和发展,人类必须按照生态学的规律,对自然界进行合理的利用,对生态环境进行精心的呵护。在列宁时期,他任命了专门负责环境保护的官员,尊重生态学家并注意吸收他们的生态学思想。列宁采纳了生态学家和矿物学家们的建议,于1920年在南乌拉尔建立了苏联的第一个自然保护区,这也是唯一一个由政府专门用于对自然界的科学研究的基地。列宁个人在促进生态保护方面发挥了重要的作用。因此,在列宁的关心下,苏联的生态环境保护运动在20世纪20年代兴旺起来。

但是,不幸的是,随着列宁1924年的早逝,随着后来斯大林主义的确立,苏联生态环境保护的理论与实践受到了与日俱增的批判与指责。生态学被说成是"资产阶级"的东西,环境保护被视为"小资产阶级的情调",是一种"无病呻吟"般的悲世情结。特别是在李森科对生物科学的攻击下,生态学和遗传基因学在苏联遭受到了灭顶之灾。到了20世纪30年代末,苏联的环境保护运动已经被彻底扼杀,包括布哈林在内的许多生态学家遭到清洗。从那以后,苏联的生态环境持续恶化,在很大程度上影响了苏联经济的发展。这是一幅多么令人反思的生态讽刺画!

布哈林在运用马克思关于人与自然之间新陈代谢相互作用的思想方面走得很远。在《历史唯物主义》一书中,布哈林写道:"社会与自然之间'新陈代谢'的物质过程是环境和系统之间、'外部条件'和人类社会之间的基本关系……如同我们所知,人和自然之间的新陈代谢与从外部自然界向社会的物质能量的转移相一致……于是,社会和自然之间的关系就是一个社会再生产的过程。在这个过程中,社会使用着人类劳动的能量和从自然界(用马克思的话说就是'自然的物质')那里获得的一定数量的能量。消耗的与获得的能量之间的平衡显然是社会增长的决定性因素。假如在劳动中所获得的超过了所失去的,那么对于社会来说就会随之发生重要后果,社会将随着超出的数量而变化。"(参见:福斯特《马克思与生态学》第270页)

在布哈林看来,科学技术是自然与人类社会新陈代谢交换的主要调节力量,这样的调节作用既有正面的影响,也有负面的影响。发生负面的影响就意味着自然与人类社会之间不合适的新陈代谢关系发生了,布哈林提到了"土壤的衰竭"现象并认为土壤衰竭可能导致社会的倒退,社会进程的"野蛮化"。

布哈林认为,作为动物的一种形式,人以及人类社会是大自然的产物,是自然界这个伟大而无限的整体的一部分。人绝不能脱离自然而存在,即使人类"控制自然",其初衷也是为了人类自己的目的而在利用自然的规律而已。他强调,没有任何系统,包括人类社会在内,可以存在于真空中,它总是被环境所包围,总是要与环境进行物质、能量和信息的交换。假如某个系统不能适合该环境,它在这个环境中就将失去其存在的意义。所以,布哈林特别反对宗教目的论的自然观,在目的论看来,上帝创造的人是万物之灵,人可以秉承着上帝的意志,去管理那天上飞的、地上爬的和水中游的,去统辖大自然中的万事万物。似乎自然界存在的唯一价值就是满足人类的一切需要。布哈林认为,这种宗教目的论的自然观是再错误不过的了。

当然,布哈林也不是一个单纯的自然主义者,他认识到了人与自然关系的社会中介性。这显然是受到马克思社会自然观的影响。在布哈林看来,可以肯定的是,人与自然的关系不像其他物种那样直接,那样自然而然,因为在人与自然之间有社会作为中介,人与自然发生关系是在社会的中介下完成的,人类社会的组织方式和运行机制是怎样的,人与自然发生关系的状态和后果就是怎样的。社会是人类的直接环境,而社会又以自然为自己的环境。

总之,在福斯特看来,马克思的生态思想产生了强烈的时代共鸣,在许多后继的马克思主义者那里都有了生态思想的理论回声。福斯特特别提到,近年来,在马克思的生态思想的研究中,人们对"生态唯物主义",对"唯物主义的自然观",对"劳动的异化与自然的异化"这些内容研究不够。他的这些研究和提示是很有价值的。我们以往在忽视了对马克思恩格斯生态思想研究的同时,也同样忽视了对后继的马克思主义者的生态思想的挖掘、梳理与阐发。现在,应该是到了弥补这种理论缺憾的时候了。

二、《生态危机与资本主义》导读

在生态学马克思主义理论家的"谱系"中,福斯特对资本主义的生态批判是其生态学马克思主义理论体系的重要组成部分,在众多的对资本主义进行生态批判的理论家中,福斯特的理论和见解因其深刻性、全面性而独领风骚。他对资本主义的生态批判主要体现在《生态危机与资本主义》(耿建新,宋兴无译.上海译文出版社2006年版。以下引文出自该书的,只注页码)一书中。正如作者所言,该书主要是1992年至2001年间,对资本主义制度下应对环境危机的主流经济措施进行的一系列批判。

(一)对资本主义反生态本质的批判

福斯特对资本主义的生态批判,其理论是犀利的,观点是明确的。他指出:"生态与资本主义是互相对立的两个领域,这种对立不是表现在每一个实例之中,而是作为一个整体表现在两者之间的相互作用之中。"(前言第1页)在福斯特看来,全球性的生态危机现在已是一个不争的事实。人们围绕着导致生态危机的根源各抒己见:有人把它主要归咎于人类固有的对自然的占有欲;有人认为是"现代化的副产品",是工业文明的恶果;有人认为是传统经济发展模式的必然产物。在处理生态环境问题上,科学家和主流环保主义者往往只强调一些具体的改善环境的措施:例如减少对矿物燃料的依赖,用太阳能取而代之;减少消费;消除世界贫穷;控制人口增长等等。"全世界的自然科学家虽然做了大量努力来警告我们人类和地球所面临的危机,但却没有足够的能力认识到问题的根源(甚或无法认识到危机的严重程度),因为他们大都没有深入探究生态危机背后的社会问题。危机的原因需要超出生物学、人口统计学和技术以外的因素作出解释,这便是历史的生产方式,特别是资本主义的制度。"(第68页)

福斯特认为,上述观点只是看到了问题的现象,而没有看到问题的实质,没有从资本主义制度的层面上探寻原因。所以,"由于对社会因素及其对生态可持续性的关系缺乏认真思考,主流环保主义者,包括大多热心关注环境的科学家,其观点经常弥散出牧师布道的气味"。(第68页)

与这些观点迥异,福斯特强调,生态学是反对资本主义的,生态学的学理主张与资本主义逻辑相抵牾,这种抵牾不是表现在环境公害的个案上,而是生态系统与资本主义经济系统在整体上的对抗。所以,他主张,人们应该从资本主义制度的扩张主义逻辑中寻找生态危机的根源。

第五章 约翰·贝拉米·福斯特《马克思的生态学——唯物主义与自然》和《生态危机与资本主义》导读

作为生态学马克思主义的思想家,福斯特很注重对资本主义制度的生态批判,这既体现了该理论的鲜明特点,也表明其理论立场。他说,资本主义反生态的本质是资本主义制度的必然。因为资本主义本质上是一种积累制度,特别适应资本和利润的生产,该制度目前在世界的各个角落都处于支配地位。资本主义不会是静止的,其资本积累也不会停止,用马克思的话说,资本主义制度"要么积累,要么死亡"。

福斯特指出:"资本主义作为一种制度需要专心致志、永无休止地积累,不可能与资本和能源密集型经济相分离,因而必须不断加大原材料与能源的生产量,随之也会出现产能过剩、劳动力富余和经济生态浪费。"(第127页)这样做的结果就是,"这种积累一直靠全球环境不断被系统地剥夺其自然财富得以维持。环境被蜕变成了索取资源的水龙头和倾倒废料(经常是有毒废料)的下水道。所以,过去500年的历史实际是一个不可持续发展的历史"。(第74页)

福斯特确信:资本主义制度的反生态本性对生态环境的破坏难辞其咎。当前,全球性生态危机在很大程度上是资本主义制度的"原罪",是其经济体制无法克服的痼疾。

福斯特还注意到这样的观点,面对全球生态危机的严峻挑战,许多人呼吁开展一场将生态价值和文化融为一体的道德革命,认为个人道德是社会道德的基础和关键,如果人人具备了尊重自然的道德素养,特别是上层社会的精英人士有了生态道德的蒙醒和生态良心的发现,改变自己在诸如生育、消费以及商业领域中的行为,那么,生态环境就会好起来。针对这种俗见,福斯特批评道:"个体确实有必要加倍努力以更简单的、符合生态要求的消费方式来安排他们的生活。但如果过多强调这一点,那就是对个体赋予了太多的责任感,却忽视了体制性的因素。"(第40页)

福斯特告诫人们,面对着生态环境恶化的现实,不要过多地诉诸个人的道德完善,而忘记了对"更高的不道德"——资本主义生产方式的批判。福斯特把资本主义的生产方式形象地比喻为"踏轮磨房的生产方式",这种体制的显著特征犹如一种巨型的松鼠笼子,它要处于高速的运行中,一旦停止这种体制就终结了。在他看来,资本主义的生产方式是导致环境破坏的主要敌人。"这种生产方式正朝着与地球基本生态循环不相协调的方向发展。1970~1990年,工业生产连续保持年平均3%的增长率,这意味着整个世界的工业产值每25年翻一番,每个世纪大约增长16倍,每2个世纪增长250倍,每3个世纪增长4 000倍等等。而且,目前这种生产方式倾向于增加原材料和能源的投入,因为从提取原材料到把最终产品传送到消费者手里,其流程越快就越有机会创造利润。为了创造利润,这种生产方式严重依赖能源密集型和资本密集型技术,从而节省了劳动力的投入。但是,增加能源投入以及用更多的能源和机械替代人力意味着快速消耗更多的优质能源和其他自然资源,并且向环境倾倒更多的废料。所以,在现行体制下保持世界工业产出的成倍增长而又不发生整体的生态灾难是不可能的。事实上我们已经超越了某些严峻的生态极限。"(第38页)

所以,福斯特得出结论:"从环境的角度来看,我们除了抵制这种生产方式之外别无选择。"(第38页)他还说:"只有承认环境的敌人不是人类,而是我们所在的特定历史阶段的经济和社会秩序,我们才能够为拯救地球而进行真正意义上的道德革命寻找到充分的共同基础。"(第43页)

(二)对传统经济学应对环境危机的经济措施的批判

在福斯特看来,"环境危机"囊括了以下形形色色的问题:全球变暖、臭氧层遭到破坏、热带雨林消失、珊瑚礁死亡、过度捕捞、物种灭绝、遗传多样性减少、环境与食物毒性增加、沙漠化、水资源日趋短缺、洁净水不足以及放射性污染等等。面对日益严峻的环境危机,资本主义的主流经济学家们也提出了自己的应对措施,针对其论点,福斯特给予了批驳。

福斯特对资本主义经济进行的生态批判基于三项主张:①一种制度如果追求无休止的几何增长和无限度的攫取财富,无论它如何理性地利用自然资源,从长远的角度(如果不是短期的话)都是不可持续的;②一种制度如果将人们与其特定居所的归属感和生态基础分割开来(目前这种现象随着经济全球化的日益加速已被推向极端),那么它与生态稳定和"土地伦理"将是格格不入的;③一种制度如果分割地球,产生出"贫与富的生态环境",那它同样是不可接受的。

他说,传统经济学自诩为有效利用稀有物品的科学,但这里所说的物品仅狭隘地界定为市场上的商品,而发展经济所造成的生态资源匮乏和不可逆转的生态环境恶化则不在传统经济学的考虑范围。因为,资本主义及其经济学家们通常将生态问题视为某种尽力回避而不是应该严肃对待的问题。

针对资产阶级经济学家的"经济增长有限论",福斯特认为:"即使'增长有限'理论家们的预测还有许多问题,但它至少强调了一个资本主义及其经济学家极易忽视的事实,那就是在有限的环境中实现无限扩张本身就是一个矛盾,因而在全球资本主义和全球环境之间形成了潜在的灾难性的冲突。"(第2页)在资本主义制度下,经济上的有限增长,只能是人们的一种愿景,一种乌托邦式的期盼,因为这与资本主义的价值追求是矛盾的。"资本主义经济把追求利润增长作为首要目的,所以要不惜任何代价追求经济增长,包括剥削和牺牲世界上绝大多数人的利益。这种迅猛增长通常意味着迅速消耗能源和材料,同时向环境

倾倒越来越多的废物,导致环境急剧恶化。"(第2~3页)

福斯特从不同的角度深入分析了资本主义经济模式对生态环境的影响。首先,资本主义注重毫无节制的经济扩张,而这种扩张是以能源的大量消耗和生态环境的持续恶化为代价的。其次,资本家投资的短期行为也值得关注。资本家在评估投资前景时,总是计算在最短的时间内得以回收投资以及今后长久的利润回报。至于那些对人类社会具有最直接影响的环境条件和因素,在发展经济过程中则需要更长远的总体规划,诸如水资源及其分配、清洁水源、不可再生资源的分配与保护、废物处理、人口影响以及与工业项目选址相关的特殊环境要求等。所有这些都提出了可持续性问题,也就是几代人之间生存环境的均衡问题,这与冷酷的资本需要短期回报的本质是格格不入的。资本需要在可以预见的时间内回收,并且确保要有足够的利润抵消风险,并证明好于其他投资机会。再次,投资商需要关注股票市场,它是资本扩张的源泉,也是企业重组兼并的助推器。但股份公司一定要维持股东权益的价值并能定期分派红利。所以,投资于需时较长的生态环境保护事业,投资商既没有那样的耐心,也没有那样的意愿。"这样一来,资本主义投资商在投资决策中短期行为的痼疾便成为影响整体环境的致命因素。"(第4页)

福斯特列举了美国拒绝签署《京都议定书》的事例来说明资本主义经济与环境保护的矛盾。现在,世界上大多数人认为,就目前来说,全球范围内的最为迫切的生态问题是全球变暖。这是由于二氧化碳和其他"温室气体"大量排放,在大气层内积聚热量而产生的"温室效应"。目前,全世界范围内已形成科学共识,如果不从现在起遏制全球变暖的趋势,本世纪内将会导致全球性的生态和社会灾难。

国际社会为了控制温室气体的排放量做出了种种努力,1997年出台的《京都议定书》这是这种努力的结果。《京都议定书》首次从"法律"上确定从2008年至2012年,所有工业化国家温室气体排放总量必须在1990年的基础上减少5.2%。按照协议,欧盟要在1990年的基础上减少8%,美国减少7%,日本减少6%。

但是,令国际社会吃惊的是,布什政府宣布《京都议定书》存在"致命缺陷",决定单方面退出气候协定。布什政府虽然承认了气候问题的严峻性,但他们还是认为《京都议定书》本身还存在着两个缺陷:一是因解雇工人和消费物价上涨会给美国经济带来负面影响;二是它没有包括中国和印度这样的发展中国家,而这两个人口大国也是导致全球变暖的主要责任者。《京都议定书》及其温室气体的指令性减排显然不符合美国资本及其国家的意愿,美国经济为减排而付出的代价太高，难以承担。

《京都议定书》在解决二氧化碳排放问题上的失败，充分说明了资本主义制度的惯性，它不会轻易使自己的发展道路、发展模式发生逆转，不会改变工业文明和资本积累的发展结构，而这种发展模式从长远的角度看对环境将产生灾难性的影响。处于快速致富的资本积累规则的背景下，生物圈很难维持平衡。美国汽车、石油、化工等大型企业由于侧重通过消耗矿物燃料和采用这种发展模式获取利润，使其很大程度上不会考虑全球变暖的问题。

针对人们对资本主义经济发展模式的质疑与批判，资本主义的主流经济学家提出了资本主义经济"非物质化"的辩护。他们认为，随着知识经济、信息社会的到来，资本主义经济增长领域和途径也有重大变化，这种经济已经融入了以知识为依托，以创新为动力的经济领域，不依赖于煤炭、石油等矿物燃料的新经济成分快速增长。所以，资本主义经济经过脱胎换骨的改造而"非物质化了"，该经济增长与传统的大量消耗矿物燃料从而大量向环境排放废物的经济增长方式"告别"了，这样就可以减少每单位货币GDP增长的环境影响。

对于资本主义经济"非物质化"的辩护，福斯特给予了严厉的批驳。他指出，如果人们相信了资本主义主流经济学家的观点，那么人们就没有必要采取什么措施减少经济增长对生态环境造成的灾难性影响了。因为，资本主义经济增长方式的不断创新和市场奇迹就可以解决这个问题。但事实是，资本主义经济非物质化并没有实现，燃烧煤炭、石油等矿物燃料是当代工业国家最主要的经济活动，也是向空气和土壤排放废料的唯一的最大污染源。大气层、海洋仍然是工业国家处理废料的主要排放地，人均废物排放量也在大大增加。例如，美国在1975年到1996年向外排放有毒或有潜在危险的废物量增长达30%。显然，这样的结果使资本主义经济已经"非物质化"的观点变成了谬见。

在福斯特看来，所谓资本主义经济的"非物质化"，只是能源利用率的提高而已。但是，在工业资本主义发展史上，能源利用率的提高也始终伴随着经济规模的膨胀和更加集约化的工业化过程，所以也始终伴随着生态环境的不断恶化。这样，资本主义经济"非物质化"的承诺不过是更加危险的神话而已。

福斯特对环境经济学理论预设的批判。在生态环境保护的运动中，环境学家们把生态批判的矛头直指经济学，认为经济学在评价自然界的价值方面是失败的。针对生态环境学家的指责，资本主义的经济学家们，提出了环境经济学的理论预设，他们主张如果人们赋予自然界以经济价值并更加充分地将生态环境因素纳入到市场经济的体系之中，将生态资产转化为可以销售的商品，这样生态环境就可以得到更好的保护。

环境经济学家给自然估算成本采用了"三步走"的措施：首先，他们将环境分解为某些特定的物品和服务，将它们从生态系统中剥离出来并赋予价格使其成为商品。如，特定海域出产的鱼，特定河流的水质。其次，通过建立供求曲线设定这些物品和服务的评估价格。最后，为实现理想的环境保护水平设置各种市场机制和政策工具以改变现有的市场价格或者建立新的市场价格。由此可见，环境经济学家的主要目的就是要通过建立市场来解决污染和环境恶化问题。他们认为，如果环境恶化和污染加重，说明人们并没有从经济的角度来看待环境问题，没有根据经济供求关系来处理环境问题。

福斯特认为，环境经济学家的理论前提是确信生态环境可以经济量化并能融入市场体系中去。对于这个前提，福斯特称之为"乌托邦神话"。在他看来，生态环境不能完全地纳入到商品经济的循环之中，因为生态环境的价值是多方面的，是整体性的。生态环境所具有的内在价值不能简化为市场价值，也不能简单地用于经济成本和效益分析。反之，如果人们强行给环境物品（例如风景优美的海湾、江沿、湖滨、绿地、原野、山区等）定价，人们并不认为此举有助于环境保护，相反，倒像是某种勒索保护费的诈骗行为。福斯特引用了舒马赫《小的是美好的》一书中的观点，舒马赫批判了将经济成本效益分析应用到生态环境的做法，认为试图度量不可量度的东西是荒谬的，自以为一切事物都有价格，或者说，金钱是所有价值的最高体现的观点对生态环境保护来讲是十分有害的。

福斯特列举了鸣禽类面临灭绝和森林生态系统遭到破坏的事例来批判环境经济学家的观点。在他们看来，各种鸣禽类动物面临灭绝，是因为它们的相对价格太低了，没有纳入正常的市场体系中来。从这个角度看，解决问题的办法就是通过建立鸟类市场寻求提高鸟类价格的途径。但是，这样的做法是行不通的，一方面，提高了鸟类的价格会刺激一些人捕捉鸟类的欲望，使大自然中的鸟类减少。另一方面，资本主义现代农业大面积、大计量的使用农药和化肥，导致鸟类栖息地和生存环境的污染在日益加剧，"覆巢之下，安有完卵"。这样，即使人们提高鸟类的市场价格，对改善鸣禽类动物的生存状况，扭转其濒临灭绝的颓势都是无济于事的。

森林生态系统也存在着同样的问题。森林资源遭到破坏，不是因为林业被排斥在市场经济体系之外，也不是因为林木没有标价。其实，长期以来，森林产品早已按照市场经济的规则运行着。森林的市场化不仅没有保护该生态系统的安全，反而对其造成了严重的损害。因为从市场的角度看，森林仅仅意味着数万亿英尺的木材商品，而不是一个生态系统。为了从林业上获取更大利润，林业资本家会用工业化的生产模式来管理林业，用工业化的人工林、速生林来取代原始森林,结果造就出大片品种单一、树龄统一、化肥助长的人工森林,并在短短的几十年内就成为商品林。这样做的生态后果是严重的,林木的单一化不利于森林生态的稳定,也不再支撑动植物的生物多样性,一旦遇上虫灾、火灾、旱灾等自然灾害,林木单一化的弊端就会暴露出来。生物学趋异定律告诉我们,在一定区域里生命形式越多,可获得的生态小环境越多,该地区支持生命多样性的能力就越强。但是,森林的商品化导致了森林生态的极端退化,结果使生物界的范围和种类日趋减少而不是日益增加。

(三) 对"自然资本化"理论的批驳

环境经济学家针对商品经济对生态环境的破坏性影响,提出了"自然资本"的概念。他们认为,新资本主义与传统资本主义的最大不同,就是认为整个自然界及其各个组成部分在本质上都是"自然资本",是资本主义生产成本的外在表现。导致生态环境恶化的罪魁不是资本主义制度,而是传统资本主义市场经济中会计统计方式的缺陷所致。所以,只要在公司、国家或世界范围内建立新的会计统计方法,在企业的损益表上反映出"自然资本"的消耗情况,企业就将充分考虑到"自然资本"的价值并以此来拯救生态环境。

对于环境经济学家的"自然资本"理论,福斯特给予了明确的批判。他指出:"不论描述自然资本的修辞如何动听,资本主义体系的运行却没有本质上的改变,也不能期望它改变。把自然和地球描绘成资本,其主要目的是掩盖为了商品交换而对自然极尽掠夺的现实。此外,将自然资本融入资本主义的商品生产体系——即使已经真的这样做了——其主要结果也只能是使自然进一步从属于商品交换的需要。"(第28页)福斯特提到了美国私营的太平洋木业公司的事例来论证他的观点。该公司正在采伐北加州红木林,因为那些有数百年历史的树木是乱杂木,不能当成生产原木。所以,为了市场的需要,该公司要清除这些杂木,腾出空地培育统一规格、处于全面管理之下的速生林。这些森林的悲剧,不是因为它们被排斥在资产损益表之外,而恰恰是因为它们已被包含其中。

福斯特指出:"资本主义的主要特征是,它是一个自我扩张的价值体系,经济剩余价值的积累由于根植于掠夺性的开发和竞争法则赋予的力量,必然要在越来越大的规模上进行。"(第29页)正如马克思所阐述的那样,资本主义生产的首要目的是货币的增值,而不是满足人类的需要,商品的生产仅仅是实现这一目的的手段。永无止境的资本扩张是资本主义体制的特征,所以,静止的、零增长的资本主义本身就是一个矛盾。在这样的经济体制中,"经济学家,甚至是环境经济学家,很少研究由于经济持续增长导致的经济规模不断扩大会给环境带来什么影响。大多数经济学家将经济视为孤立存在,而不是一个更大生物圈里的子系统"。(第30页)这样,在维持生态系统与生物圈和维护资本主义所代表的快速无限的经济增长之间,存在着一种固有的冲突。

在批判环境经济学的"自然资本"理论时,福斯特指出了该理论的生态局限性。环境经济学家在论述气候变化的环境影响时,仅仅看到了这种变化对农业经济的影响,而没有考虑到全球变暖将对非市场领域的影响,即濒危物种和随着海平面升高而消失的湿地的价值,以及与环境难民的产生有关的成本等全方位的环境问题。环境经济学企图用市场机制来解决生态环境问题,这是它失败的根本原因。因为"自然不是商品,任何试图把自然看作商品和让自然从属于自我调节市场规律的做法都是非理性的,都会由于自然赖以继续存在的必要条件再生产能力的丧失而导致生物圈的严重破坏"。(第33页)

在福斯特看来,随着世界范围的商品经济规模的日益扩大,我们面临的生态环境问题将越来越严重。其中商品经济对自然的影响是其重要原因,因为无论是通过生产成本的外化还是把自然资源和环境因素纳入生产成本的考核,其目的都是为了资本的积累和扩张。而"真正的可持续性关注整个生态系统的再生产,而给自然的某一部分——比如独立于河流之外的淡水鱼类——赋予货币价值,这实际是错误地假定任何事物都可以分解成个体部分,个体部分也可以简单地拼凑起来"。(第51页)

(四)"让他们吃下污染"——生态帝国主义对第三世界的生态剥削与压迫

1991年12月12日,世界银行首席经济学家劳伦斯·萨默斯提出了在传统经济学家中被广为接受的一些关于环境的观点,这些观点反映出资本积累的逻辑和生态帝国主义的反人类和反生态的本性。萨默斯的部分观点被冠以"让他们吃下污染"的题目,于1992年2月8日在英国《经济学家》杂志上刊登出来。

萨默斯的生态帝国主义三谬论主要观点是:第一,由于第三世界和发达国家的民众在工资收益上差别是很大的,所以由以往从疾病和死亡"获得的利益"来衡量第三世界的个体生命,与发达资本主义国家的个体生命相比是毫无价值的。发达国家的平均工资数百倍的高于第三世界国家,那么同样的逻辑,第三世界国家的个体生命的价值也就数百倍的低于发达国家。这样,即使生态环境恶化导致了第三世界国家民众的疾病和死亡,从经济学的角度看也是合算的,因为他们的生命不值钱。所以,向低收入国家倾倒大量有毒废料背后的经济逻辑就无可指责。第二,污染成本可能是非线性的,因为最初的污染增量可能只有很低的成本,非洲人烟稀少的国家应该是污染最少的国家,那里的空气污染水平与洛杉矶和墨西哥城等严重污染的城市相比,其承受污染的水平还很低。所以,把污染物排放到还处于"欠污染"的第三世界,从经济成本的角度考虑是合适的。第三,对清洁环境的需求是以一定的收入为基础的,也是人均寿命长的富裕国家追求的奢侈品,只有这些国家才适合于讲究审美和追求健康。所以,如果污染企业将污染物转移到第三世界,那么世界范围内的生产成本就会下降。基于上述理由,萨默斯主张,世界银行应当鼓励将污染企业和有毒废料转移到第三世界。

福斯特指出,萨默斯的谬论是令人厌恶的,表现出了十足的生态帝国主义和生态殖民主义的恶习。人们不要以为萨默斯以十分轻蔑的态度来对待第三世界穷国和生态环境问题是他丧失理智的痴语,其实,这是资本积累的经济扩张主义的逻辑必然,也是他作为资产阶级经济学家本质的大暴露。"作为世界银行的首席经济学家,萨默斯的作用是为世界资本的积累创造合适条件,特别是在涉及资本主义世界的核心时更应如此。无论是世界大多数人的幸福,还是地球的生态命运,甚至资本主义制度本身的命运,都不容许阻碍这一执著目的的实现。"(第55页)萨默斯的观点很有代表性,可以说也是资产阶级经济学家的"大实话"。随着人们生态环境意识的提高和工业生产的环境评估越来越严格,资本主义经济增长遇到了前所未有的生态环境限制。为了给资本扩张扫清障碍,为了把经济增长的环境成本外在化或他乡化,向贫穷的国家和地区倾倒未经处理的有毒废料、工业垃圾就成了资本主义企业的一贯做法。福斯特认为,萨默斯将有毒废料倾倒在第三世界国家的主张,并不是他的"首创",而是美国国内正在实施的政策和做法的世界应用。1983年,美国审计总局的一项研究表明,美国南方一些州的黑人虽然人口比例占到20%,但四分之三的场外商业有毒废料填埋场都设在黑人和西班牙裔人的居住区附近。萨默斯的谬论现在已经成为事实,福斯特指出:"发达国家每年都在向第三世界运送数百万吨的废料。1987年,产自费城的富含二氧杂芑的工业废渣倾倒在几内亚和海地。1988年,4 000吨来自意大利的含聚氧联二苯的化学废料在尼日利亚被发现,毒液从锈蚀不堪的圆桶中溢出,污染了当地的土地和地下水。"(第57页)

在福斯特看来,生态帝国主义和生态殖民主义的卑劣行径,才是生态危机全球化的真正原因。因为"在21世纪的黎明,有种种理由让人相信,资本主义制度为其生存所需要的快速经济增长,已进入全球范围内生态系统不可持续的发展轨道,因为它已偏向能源与材料的过高消费,致使资源供给和废料消化都受到严重制约,加之资本主义生产本性与方式所造成的社会、经济和生态浪费使形势更加恶化"。(第69页)

(五)对资本主义技术决定论的生态批判

在资本主义国家的环境保护运动中,福斯特发现,"在发达的资本主义经济体系中,解决环境问题的标准方法就是引导技术向较良性的方向发展:生产的能源效率更高,汽车的单位里程油耗更低,用太阳能替代矿物燃料以及资源的循环利用"。(第86页)也就是说,发达资本主义国家的政客和社会舆论都认为,技术改进是摆脱环境问题的主要途径。面对这个观点,福斯特提出了质疑:"新技术或新技术的应用在经济扩张的同时能防止环境的恶化吗?"

为了批判技术能解决资本主义环境危机的观点,福斯特提到了"杰文斯悖论"。威廉·斯坦利·杰文斯是英国著名的经济学家,因创立边际效用主观价值理论,成为近代新古典经济分析的创始人之一。杰文斯最初是以他研究煤炭能源的专著《煤炭问题》一书而成名的。书中的有些观点过时了,有些是错误的。但他书中"论燃料经济"一章中提出的观点,却受到了环境经济学家们的赞赏。杰文斯论证说,提高自然资源的利用效率,比如煤炭,只能增加而不是减少对这种资源的需求。这是因为效率的改进会导致生产规模的扩大。在他看来,认为燃料的经济利用等同于减少消费,这纯粹是一种思想混乱。真实的情况恰恰相反。他列举了蒸汽机发展的历史来论证他的观点。蒸汽机的每一次成功改进都进一步加速了煤炭的消费。福斯特认为:"到目前为止,杰文斯悖论仍然适用,那就是,由于技术本身(在现行生产方式的条件下)无助于我们摆脱环境的两难境况,并且这种境况随着经济规模的扩大而日趋严重。"(第96页)例如,20世纪70年代,美国汽车行业的技术改进,生产出了能源效率利用更高的汽车,但由于汽车数量的增加,并未遏止对汽油的需要。同样,冷冻技术的改进导致人们生产出更多更大的冷冻设备。

在解决生态环境问题时,技术不是万能的。福斯特举美国的事例来说明这个问题。面对气候变暖的事实,美国政府在某些大石油公司的支持下,转向了对"碳吸收技术"的研究。他们认为,该技术既允许增加二氧化碳的排放量,同时又能保护环境。于是,美国能源部投入数千万美元对这类技术进行研究。研究的目标主要有两个:一是从空气中抽取二氧化碳;二是将其注回到煤矿、油田,并由此回归海洋。美国政府寄希望于收集和吸收碳元素的技术研究就是为了解决排放问题,以便使以碳耗为基础的经济发展模式能向以往一样完好无损地延续下去。但是,目前看来,还没有任何一项这方面的技术具有了使用价值,也许永远也不会有这样的技术。即使有了这样的技术,二氧化碳气体的排放也是问题。吸收技术的解决方案只是将多余的二氧化碳排放到其他什么别的地方,比如海洋而不是空中。但问题是,将海洋作为堆放人类经济废物最后地点的做法也是不科学的。在这方面,环境保护运动的先驱,美国著名的海洋生态学家蕾切尔·卡逊早在20世纪五六十年代就做过深入研究。

福斯特指出,在资本主义条件下,即使是成熟的环保技术(太阳能技术)也不一定会被广泛采用,因为"资本主义者及其追随者从各个方面阻止太阳能作为替代能源,虽然有些技术已完全发展到了实用的阶段。公司企业也试图从根本上控制太阳能,目的不是为了促进其发展,而是蓄意扼杀。在资本主义制度下,需要促进开发的是那些为资本带来巨大利润的能源,而不是那些对人类和地球最有益处的能源"。(第94页)所以,在这种体制下,将可持续发展仅局限于我们是否能在现有生产框架内开发出更高效率的技术是毫无意义的。要真正解决生态环境危机,人们仅靠技术的发明和应用是不够的,关键是社会经济制度的革命性变革。正如福斯特所讲的:"这类问题提出的愈多,就愈加明确地说明资本主义在生态、经济、政治和道德方面是不可持续的,因而必须取而代之。"(第61页)

(六)环境问题上的阶级对立

出于对"阶级矛盾"和"阶级对立"等传统阶级斗争理论的厌恶,在西方环境保护运动中,许多著名的环保主义者都声称对自己所开展的运动采取了一种超越阶级斗争的政治立场。欧洲的一些绿党也标榜自己的超越历史阶级立场的主张。"这些观点将大多数环境问题都归咎于消费者的购买习惯、婴儿的出生数量和工业化特性,似乎社会中不存在阶级或其他派别。"(第97页)这种脱离阶级立场,标榜环境问题中立化,忽视社会不公现象存在而侈谈环境保护的观点遭到了福斯特的反对。他列举了美国西北太平洋沿岸地区原始森林木材业危机的事实,说明上述地区原始森林生态环境的恶化是历史上资本主义社会及其阶级斗争在资本积累过程中固有的特性。在他看来:"忽视阶级和其他社会不公而独立开展的生态运动,充其量也只能是成功地转移环境问题,而与此同时,资本主义制度以其无限度地将人类生产性能源、土地、定型的环境和地球本身建立的生态予以商品化的倾向,进一步加强了全球资本主义的主要权力关系。所以,这样的全球运动对构建人类与自然可持续性关系的总体绿色目标毫无意义,甚至会产生相反的效果:由于现存社会力量的分裂,给环境事业造成更多的反对力量。"(第98页)

在美国西北太平洋地区,阶级与生态的矛盾非常突出。在依靠林木业为生的地区,林业工人与环境保护主义者之间展开了一场激烈的斗争,环境保护主义者把伐木工人和其他林业工人称为"自然的敌人",而林业工人把环境保护主义者称为"人民的敌人"。因为在整个环境保护运动中始终存在着就业与自然保护之间的矛盾,在这个矛盾的推动下,20世纪80年代,在美国形成了两大对抗力量:第一股力量的出发点是经济利益,那就是20世纪80年代初出现的经济萧条,需要对经济结构进行调整,这需要加快对原生林的清除,并加大对林场工人利益的剥夺。这样的话,就意味着在西北国家森林的经营理念上放弃长期建立起来的可持续生产的原则,加速砍伐和清除原生林,以便为速生的人工林腾出场地,弥补木材供应的不足,以便最大化地增加政府收入。第二种逐渐聚合的力量是迅速高涨的保卫西北森林完整性的环境保护运动。为了制止对原始林木的砍伐,环境保护主义者采取了他们所能采取的极端方式予以反击:他们用身体封锁伐木必经的道路、坐在将要被伐的大树下以及启动大批的法律诉讼,试图放缓并最终制止原生林的消失。他们以《濒危物种保护法》等环保法律和原生林生态研究方面的最新成果为依托,通过各种方式向公众宣传新的生态观念,取得了很好的社会反响。但是,资方和国家有关行政部门加快了开发原生林的步伐,而环境保护主义者站在保护森林的立场上予以抵制。处在夹缝中的工人则要为经济生活而斗争,结果导致了一场日趋加剧的生态与阶级冲突。

福斯特还以围绕着北方斑点鸮问题展开的斗争,说明了垄断资本与环境恶化的关系。1990年4月,以杰克·沃德·托马斯为主席的生物学家们,依据《濒危物种保护法》发表了一份研究报告。该报告建议以"栖息地保护区"的形式划拨500多万英亩的联邦林地,用以保护北方斑点鸮。但是,该计划一旦实施,将有效地使华盛顿、俄勒冈和北加州的公共森林面积翻一番,使该地区的联邦木材年销售收入几乎下降50%,在今后10年失去29 000个林业岗位而加上直接和间接的影响,失去的就业岗位将达到10万之多。面对这样的经济与就业压力,美国政府出来干预了。他们以经济需要为由,通过了土地管理局木材销售免受《濒危物种保护法》约束的决定,把森林保护的面积减少了将近一半,栖息地保护区的数目从196个减至75个,存活的斑点鸮种群将由现在的3 000对减少到最多1 300对。

福斯特在分析这个问题时指出,大多数人都对美国政府对环境立法、北方斑点鸮和原生林的恶意攻击感到惊讶。但在惊讶之余,我们应当了解导致上述现象的重要历史变革的动因,那就是"资本本身与资本-政府的伙伴关系,这从一开始就使原生林危机变得非常神秘"。(第106页)正是这种资本形态伙伴关系的存在,使得克林顿政府颁布了《预算废除法案》。该法案将国家的环境法律搁置一边,使国家森林大面积置于采伐范围,考虑到扩大木材业就业机会,政府拒绝禁止木材出口。原始林木的大量出口在换取大量外汇的同时,也使角嘴海雀、斑点鸮和西北鲑鱼等濒危物种处于更危险的境地。

福斯特指出,围绕着美国森林资源开发与保护的斗争,反映出生态冲突与阶级利益、阶级斗争是有关系的。所以,"忽视阶级问题(以及种族、性别、国际不平等等问题)的单一的环保运动也能取得成功的时代显然已经结束了"。(第123页)环境保护运动不单是要处理人与自然的关系,同时也要处理人与人的关系。因为,自然不是孤立于人们的社会生活之外,而是被人们的社会关系中介了的存在物。生态环境问题说到底是社会问题,只有真正解决了社会问题,生态环境问题才有可能得到真正解决。福斯特总结道:"从生态社会主义的角度不难看出,原生林的迅速破坏是生态系统与利润的矛盾问题,而不是斑点鸮与就业岗位的问题。生态学告诉我们,在数百年乃至一千多年发展形成的原生林中,其复杂的生态系统有个临界点,破坏程度超过这个界限,生态将无可恢复。因此,我们必须寻找一条通往更理性的经济社会形态的途径,这种社会不是建筑在以人类和自然为代价的积聚财富的基础上,而是建筑在公正与可持续的基础上。"(第129页)

基于这样的认识,福斯特看到了问题的实质,提示人们要超越环境保护运动放弃阶级斗争的局限性。要看到上述冲突的根源在于资本主义制度和资本积累的逻辑。所以,资本主义制度反生态的本性决定了它必然要被新的社会形态、新的文明所代替。

总之,在福斯特看来,世界范围的资本主义社会已存在着一种不可逆转的环境危机,只要资本主义的基本制度不变,无论人们采用什么样的经济增长方式,利用什么样的科学技术等手段都不能从根本上克服生态环境问题。资本主义的不可持续性决定了我们"沿着社会主义方向改造社会生产关系。这种社会的支配力量不是追逐利润而是满足人民的真正需要和社会生态可持续发展的要求"。(第96页)这里,充分体现了福斯特生态学马克思主义对资本主义生态批评的社会意义。

第六章　戴维·佩珀《生态社会主义：从深生态学到社会正义》导读

在生态学马克思主义的理论阵营中，欧洲是生态学马克思主义的一个理论重镇。近年来，国内学者开始关注欧洲生态学马克思主义思想家的理论建树，其中尤其是英国的生态学马克思主义理论家更是受到了格外的垂青。当代以戴维·佩珀（David Pepper）、瑞尼·格仑德曼（Reiner Grundmann）、泰德·本顿（Ted Benton）和乔纳森·休斯（Jonathan Hughes）为杰出代表的英国生态学马克思主义理论家，是欧美生态学马克思主义研究的一支生力军，他们的理论创建为生态学马克思主义增光添彩。

泰德·本顿于1989年在《新左派评论》（*New Left Review*）发表的《马克思主义与自然极限：一种生态批判与重建》一文，标志着英国生态学马克思主义的滥觞与兴起。本顿认为，面对着日益恶化的生态环境，马克思主义传统历史唯物主义的理论解释模式呈现出"疲惫"的倦意，历史唯物主义与生态学之间存在着某种理论上的"落差"和"裂缝"。生态学马克思主义的一项重要任务就是，从生态学的视角重新"塑造"历史唯物主义，以开启历史唯物主义的生态学视阈。"一石激起千层浪"，从那以后，英国的生态学马克思主义理论家纷纷撰文，积极回应本顿的观点。他们不同意本顿的观点，认为历史唯物主义的分析方法和解释框架本身就内蕴着生态学的思维路径，生态学与历史唯物主义具有高度的契合性和理论上的某些同构性，我们当下的责任不是去用生态学的"手指"对历史唯物主义戳戳点点，而是努力挖掘历史唯物主义包含的生态学的价值，阐发它所具有的生态学意蕴。理论支点的不同，就导致了理论体系的分野。英国生态学马克思主义围绕着历史唯物主义与生态学之间关系认识上的殊异，形成了生态中心主义的生态学马克思主义和人类中心主义的生态学马克思主义两大理论派别，对人类中心主义、人与自然的关系理论、对资本主义的生态批判以及如何构建未来的生态社会主义理论与实践等诸多问题展开了针锋相对的论争。

鉴于本书的目的，为了研究生对英国生态学马克思主义的主要观点有个大致了解，还有一个考虑就是该书已有中文版，学生研读比较方便。所以，我仅选择了英国生态学马克思主义重要的理论家戴维·佩珀的《生态社会主义：从深生态学到社会正义》(刘颖译，山东大学出版社 2005 年版。以下引文出自该书的，只注页码)一书，对其做个导读。

一、佩珀对资本主义的生态批判

批判资本主义是马克思主义理论的价值所在。生态学马克思主义开辟了从生态学视角批判资本主义的新视阈。佩珀也坚持着生态学马克思主义的这个立场，从生态学的理论视点出发，对资本主义在生态学上的种种罪行进行了深刻的批判。

首先，佩珀揭示了资本主义制度内蕴着的"生态矛盾"。在他看来，资本主义的"'生态矛盾'，即资本主义制度内在地倾向于破坏和贬低物质环境所提供的资源与服务，而这种环境也是它最终所依赖的。从全球的角度说，自由放任的资本主义正在产生诸如全球变暖、生物多样性减少、水资源短缺和造成大量严重污染的大量废弃物等不利后果"。(中译本前言第 2 页)这表明，从根本上讲，以长远的眼光看，资本主义制度是反生态的，资本理性与生态理性是矛盾的。由于资本主义制度的内在机制就在于追求利润的最大化、获利的长久化，这样就必然会受到"生态矛盾"的制约。资本主义财富的积累最终必将与"生态矛盾"相遭遇，资本主义的"增长悖论"出现了，即资本主义的增长导致了其增长所依赖的自然资源的枯竭和自然条件的破坏，就反过来成为制约资本主义增长的"生态瓶颈"。在佩珀看来，资本主义唯利是图的本能冲动，必然导致生态危机，生态危机是资本主义制度的必然危机，因为生态矛盾是资本主义社会的内在矛盾。也就是说，无论是马克思阐发的经济危机，还是生态学马克思主义揭示的生态危机，都是资本主义社会的内在危机，是资本主义制度本身存在着的"危机基因"。所以，只要资本主义制度存在，只要资本逻辑还在全球肆虐，生态危机就不可能得到真正解决。

正是基于这样的认识，佩珀批判了"绿色资本主义"的观点。在生态危机迭发、环境持续恶化的背景下，资本主义制度的反生态本性引起了人们的普遍关注，许多人对资本主义制度与环境保护的矛盾有了新的认识。在这样的社会背景下，资本主义制度的卫道士们抛出了"绿色资本主义""生态资本主义"和"可持续的资本主义"等观点，他们提出了新自由主义的乌托邦幻想——"生态现代化"理论。他们错误地假定，世界上的每一个人都可以享受像富裕的西方人那样的生活标准，持续的经济增长与环境改善是相互促进的而不是相互冲突的。

他们的"这些假定基于这样一种观念,即一个人道的、社会公正的和有利于环境的资本主义实际上是可能的,即使在日益加剧的增长和竞争的背景下"。(中译本第2~3页)这些人为面临生态矛盾的资本主义张目,"他们对与技术结盟的自由市场所具有的解决我们环境难题的潜能持极端乐观的态度。他们认为,个人在其中追逐自我利益的市场力量这只'看不见的手',可以给予社会比作为对自由限制的任何形式的干预或规范所能带来的更多的环境保护"。(第69页)在这些人看来,当自然资源将要耗尽时,当面临新的环境难题时,资本家将鼓励科技人员靠新的技术发明,寻找某种替代资源。同时,新技术可以生产出新的环保产品,例如,无害的烟雾剂、生物降解塑料、催化转换器等,而这些"环保产品"还可以为资本家带来丰厚的经济效益。他们还主张,发挥个人在环境保护中的作用,加强环境教育,提升个人的生态道德水平;主张通过议会以立法的方式,对不可循环工业或污染征税;主张用税收刺激与抑制、许可和其他不同程度的强制管理手段来控制环境污染和资源利用。总之,在这些人看来,"资本主义的利益和环境质量在现实中并不存在对立的二分法。"(第69页)

对于有些人为"绿色资本主义"辩护,生态学马克思主义者都进行了批驳,佩珀的观点也是鲜明的。在他看来,当资本主义面临生态环境危机的炙烤时,当我们这个蓝色星球失去它的光泽时,"寰球同此冷热",哪个国家也不会幸免于难。西方发达资本主义国家的有识之士已经认识到这种严峻性,他们会促使本国政府和国际组织制定政策、采取措施,治理环境污染、缓解生态危机。他们也会在一定程度上采取环境保护的措施,开发出一些"绿色产品",甚至推动"绿色技术""生态技术"的研发。但是,在资本的本性起决定作用的资本主义世界统治秩序内,这些努力要么是杯水车薪,要么是半途而废,根本无法取得具有全局意义的积极成果。

其次,"收益内在化、成本外在化"——资本主义的企业理性。

马克思认为:"资本的合乎目的的活动只能是发财致富,也就是使其自身增大或增值。"(马克思恩格斯全集:第46卷(上)[M].北京:人民出版社,1979:226)。在这个过程中,降低生产成本无疑是至关重要的环节。在环境危机的压力下,在民众日益高涨的环保运动的打压下,资本主义生产中的环境成本问题就突显出来。原来许多免费的自然条件、自然资源和生态系统,现在都不免费了。资源保护、环境修复、工业废弃物的治理、污染的控制和生产环境条件的改善等生态行为,都导致了生产成本的增加。这些是令资本家很头痛的事,因为对企业来说,最有利的是"收益内在化,成本外在化",即企业产生的金钱,放进了资本家的腰包,而企业产生的污染,却让全社会来"埋单"。资本家不仅让当代人感受到了成本外在化的污染恶果,还把成本外在化的恶果转移给未来,让我们的后代不得不为今天的环境破坏付出代价。

佩珀指出,在资本主义国家中,每年都有无数关于私人公司公开地或秘密地使社会与环境成本外在化的例子出现。例如,尽管英国政府向民众做出了电力私有化不会损害环境工作的保证,但新私有化后的英国电力公司还是决定关闭全国最主要的酸雨研究实验室。因为,电力公司是企业,它追求的是企业的商业利益,而不考虑企业的环境影响。一名全国电力公司的发言人声称,出于削减成本的目的,"考虑到了已经变化了的作为私人企业的地位,我们不再仅仅因为环境保护普遍国家利益来判断事情——那不是一个商业性公司如何运作的方式。"(第 137 页)这真是一句大实话!它表明,资本主义的企业只能是以商业利益的马首是瞻,而生态平衡、环境保护等方面的事情是不会令资本家感兴趣的。所以,在佩珀看来,"可持续的、生态健康的资本主义发展是一个措词矛盾……资本主义是增长取向的——依靠生产过程中对自然的剥削,包括对人类的剥夺实现的实际价值的增加"。(第 335 页)

最后,佩珀对"生态帝国主义"的批判。佩珀看到,在世界范围内,发达资本主义国家的生态环境从总体上看要优于第三世界国家。富国为什么干净?穷国为什么肮脏?他在解释这个现象时,引用了皮特·格伦纳韦(Peter Greenaway)在"厨师、贼、妻子和她的情人"一文中的比喻:一个优雅的超出寻常的饭店的精美外观,只有通过一系列日益肮脏和令人恶心的后屋和厨房才能成为可能。所以,富国的干净是由穷国的肮脏造成的,而"生态帝国主义"、"生态法西斯主义"正是造成这种现象的罪魁祸首。佩珀认为,"既然环境质量与物质贫困或富裕相关,西方资本主义国家就逐渐地通过掠夺第三世界的财富而维持和'改善了'它自身并成为世界的羡慕目标"。(第 140 页)

面对着日趋严重的全球生态环境危机,环境保护运动中绿色分子们曾经期望"世界上最富裕的国家牺牲它们财富的一大部分尤其是获得财富的手段来帮助最贫穷国家,以保护它们为了在世界体系中生存和发展而必须破坏的环境。然而,我们都应该意识到,作为资本主义国家的美国、欧共体和日本等国家和地区,它们如果不根本改变其性质,就不能以认真而持久的方式做到这一点"。(第一版前言第 1 页)确实"理想很丰满,现实很骨感"。绿色分子们的期望在"生态帝国主义"的行径面前只能化作泡影。因为,资本主义的政治经济体制依然存在,跨国资本继续以同样的旧方式运行,伴随着资本家实现利润增长的环境成本越来越大,指望着资本主义来解决社会不公正和环境退化这两大祸害的希望也就越来越渺茫。地球只有一个,但国家有很多。资本主义国家在环境问题上的表现是自私的、损人利己的。"在面对起草全球协议、条约和其他协定以采取应对社会与环境难题的根本性行动时,他们都大打折扣、推诿甚至直截了当地拒绝签署这些文件,或者更不诚实的是,他们虽然签了字,但回家后却依然按照旧政治行事。"(第3页)

佩珀也揭批了世界银行的首席经济学家劳伦斯·萨默斯展露"生态帝国主义"嘴脸的"三大谬论"。(福斯特剖析过该谬论,这里不再赘述。)

在佩珀看来,资本主义国家在对第三世界进行经济剥削的同时,还伴随着生态剥削。其中利用关贸总协定的相关条款进行的生态剥削就是实例。在"公平贸易"的幌子下,第三世界国家为了一点点可怜的外汇,向资本主义发达国家出口价格低廉的初级农产品、矿物资源、原木、各种肉类产品等,这等于把本国的生态精华廉价地输入到了发达国家,这就是通过贸易手段达到的远程的生态剥削和生态侵略。除此之外,资本主义发达国家为了赢得利润,减少治理环境的资金并改善本国的生态环境,不惜进行"污染出口""垃圾贸易",把污染企业通过经济全球化的契机而迁往第三世界,把本国禁用的污染型产品销往他国,向第三世界倾倒危险和有毒废物。发达国家把持着生态技术、清洁技术不放,高价待售。在生态环境问题上,资本主义发达国家为了自己家园的清洁,伤害了地球家园的清洁。他们大搞世界霸权,挥舞着环境的大棒对人家说三道四,动不动就颐指气使,指桑骂槐,这是赤裸裸的"生态帝国主义"行径。

二、佩珀的生态学马克思主义观

佩珀在批评一些绿色分子、生态思想家轻蔑、诋毁马克思生态思想的同时,也阐发了自己对马克思生态思想的认识,尤其是阐发了历史唯物主义分析方法的生态学价值。

在生态环境问题突显的今天,如何看待马克思主义,呈现出不同的观点。佩珀看到,许多绿色分子(如,舒马赫)认为,马克思主义是刻板的、不灵活的、决定论的、机械论的;其历史唯物主义有"科学化"、有实证主义的特征;马克思主义是人性的"空场",缺乏人的精神向度。他们污蔑马克思主义"是一本包含一系列大多数被证明为错误的和在前瞻与含义上具有极权主义性质的预测的圣经"。(第5页)还有一些生态中心论者认为,"马克思主义并没有扎根于生态科学";"马克思没有授予自然资源任何内在价值";"马克思和后来的马克思主义者都没有考虑到资源耗竭问题";"不存在马克思主义的生态学流派,因为马克思的历史观设想在社会主义条件下生产力的无限制发展"等等。

对此,佩珀有着自己鲜明的态度:"我所理解的马克思主义表明,这些批评通常是部分或全部错误的。"(第5页)同时,佩珀指出:"然而,其他人似乎相信,马克思主义确实以一种有意义的——尽管大都是含蓄的——方式包含了足够的生态学观点。"(第91页)佩珀提到了在生态学马克思主义领域重要的理论家帕森斯的专著《马克思和恩格斯论生态学》,认为帕森斯对于"马克思和恩格斯的生态学"持乐观态度。在帕森斯看来,马克思恩格斯的生态立场主要表现在:人(社会)与自然关系的论述;通过劳动人与自然之间物质变换的论述;关于技术与自然关系的论述;前资本主义社会与自然的关系的论述;资本主义异化与自然异化的关系的论述和共产主义条件下人与自然关系转变的论述等等。在研读了马克思恩格斯一系列重要著作后,维兰科特总结说,马克思恩格斯是人类的、政治的和社会生态学的先驱。在他看来,马克思恩格斯对人与自然的相互依赖尤其敏感,他们认识到了自然环境的价值,把自然环境视为生产力的一部分。他们的人本主义立场突出了社会经济发展对大自然的影响,赞成人类合理的、有计划的利用大自然,而不是对自然的盘剥和非理性的损害。马克思恩格斯以辩证否定的视角去看待资本主义生产力的发展,一方面肯定它的巨大力量潜在地把人类从"必然王国"中解放出来;另一方面批判它对人类的剥削和对大自然的破坏。

在佩珀看来,生态运动的崛起并没有证伪马克思主义,恰恰相反,马克思主义对生态中心论是非常有益的。为什么这样说呢?佩珀阐发了自己的看法:

首先,马克思的历史唯物主义理论告诉人们,环境问题从来就不是单纯的,不是脱离社会状态而存在的。资本主义社会的生态环境问题,主要是城市化和资本主义工业化导致的经济剥削和生态压榨造成的,生态环境问题说到底是社会问题,是资本主义剥削制度的必然产物。把环境问题还原为社会问题,从社会制度与社会状态的角度去观察处理环境问题,这体现了观察环境问题的历史唯物主义视角。马克思主义看待环境问题的这个视角在世界范围内具有实质上的正确性。

其次,在马克思主义看来,无产阶级不仅在经济上受剥削,而且在环境上也受到资本家的剥削。所以,无产阶级的反抗中就应当有为了改善环境的斗争,工会运动在本质上就是一种环境抗议的运动。工会为了合理工资的斗争可以视为在社会领域为了生存环境的斗争;而为了改善工作与生活条件,为了工人的健康而进行的斗争就是在生态环境领域的斗争。从阶级斗争与阶级压迫的维度观察处理生态环境问题,是马克思主义优于其他绿色理论的地方。生态环境危机的现实也一再证明,生态环境与阶级斗争有着内在的联系,生态压迫和环境困境在很大程度上是阶级压迫的产物。

再次，马克思主义不是静止或僵化地看待人与自然的关系，而是从具体的时空条件出发，从特定社会具体的文化和经济特征出发来观察分析生态环境问题，这是分析生态环境问题的正确立场。时代特征不同，人与自然的关系就不同，生态环境问题的特点也不同。所以，人们应当从具体的社会状况出发分析处理环境问题。所以，一些生态学马克思主义者(如，帕森斯)相信，假如马克思恩格斯生活在今天，我们可以合理地假定，他们将会更加明确，更加全面地阐明他们自己关于人与自然辩证关系的生态方面。

最后，马克思不是一个生态中心论者，而是一个人类中心论者。他一贯反对各种形式的自然崇拜和感伤，更青睐人化的自然，关注人的存在状态而不是非人自然，强调自然的权利如果没有人类的权利是没有意义的。的确，在马克思主义看来"人类不可能不是人类中心论的，人类只能从人类意识的视角去观察自然……这是一种有益于自然的'弱'人类中心主义，而不是一种把非人世界仅仅作为实现目标的手段的、可避免的'强'人类中心主义"。(第41页)主张人类中心主义并不等于忽视自然，破坏自然。说到底，生态环境问题还是因人而起，解决生态环境问题也是因人而为。极端的生态中心主义不仅在理论上会陷入窘境，在实践上也很难做到。主张生态环境问题上的人类中心主义，可能恰恰使人们有了破坏生态环境的负罪感，也激起了人们保护环境，美化生态的主体意识。

所以，佩珀坚信，马克思主义理论对绿色分子是很有帮助的，对指导西方的绿色运动也大有裨益。我们应当把关于社会变革的历史唯物主义原理和方法贯穿于绿色战略和生态环境保护的运动中去。这正是马克思主义的生态观区别于生态中心主义和技术中心主义的关键所在。

三、生态危机的根源——资本主义制度

是什么导致了日益严重的生态危机？面对这个问题，不同的学派其答案也是五花八门的。绿色分子把环境破坏的原因归结于认识上的失误和价值取向上的偏差，归结为"现代化""工业化"出现的异化；技术决定论者把它归结为技术的失误和绿色技术的滞后；人口学者认为它是"人口爆炸"的必然结果；人文学者把它视为人性贪婪和骄傲自大的恶果；生态中心论者则认为，生态危机主要是错误观念的产物，无论是资本主义制度还是社会主义制度都存在着这样的错误观念，其表现为"GDP崇拜""经济至上主义"和"极端工业主义崇拜"等等。

归纳上述观点，人们很容易得到这样的认识：现实的生态危机与社会制度和生产方式没有直接关系，生态危机是"经济人"的思维方式和行为造成的，人们在观察处理生态危机问题上遇到的最大敌人正是人类自己，"解铃还须系铃

人",克服生态危机的出路在于重新塑造人,培养"生态人"的人格理念,改变人们的自然观和价值观,改变人们的生活方式和消费模式,让人们以适应自然的方式"诗意般栖居在大地上"。

上述这些通过对生态危机症候的诊断所开出的"药方"是靠谱的吗?是有效的吗?佩珀从其生态学马克思主义的基本立场出发给予了彻底的批判,他一针见血地指出:"实际上这是一种自我指责和自我道德化的、等同于无法理解的废话的抽象。"(第133页)那么,撇开上述谬见,导致生态危机的真正原因是什么呢?佩珀给出了明确的回答。他说:"对比之下,一种历史唯物主义的对资本主义的社会经济分析表明,应当责备的不仅仅是个性'贪婪'的垄断者或消费者,而且是这种生产方式本身:处在生产力金字塔之上的构成资本主义的生产关系。"(第133页)更准确地说,正是资本主义制度下人类干预自然的方式导致了"日益腐败的自然界"(马克思语),引发了日益严重的生态环境危机。

那么,为什么资本主义制度和资本主义的生产方式才是导致生态危机的真正原因呢?

首先,资本主义的生产目的就是追求剩余价值和利润的最大化,资本理性就是要靠剥削工人和自然资源来使资本增值。资本追求利润的本质决定了它无限扩张的逻辑。马克思多次描述过资本扩张的本质和表现。马克思说,资本"摧毁一切阻碍发展生产力、扩大需要、使生产多样化、利用和交换自然力量和精神力量的限制。"(马克思恩格斯全集:第30卷[M].北京:人民出版社,1995:390)"发财致富就是目的本身。资本的合乎目的的活动只能是发财致富,也就是使自身变大或增大……作为财富的一般形式,作为起价值作用的价值而被固定下来的货币,是一种不断要超出自己的量的界限的欲望:是无止境的过程。它自己的生命力只在于此。"(马克思恩格斯全集:第30卷[M].北京:人民出版社,1995:228)这样,资本扩张的无限性与自然资源的有限性的矛盾就必然产生,所以,生态矛盾就是资本主义生产方式的内在矛盾,资本主义就是依靠压榨、掠夺自然资源为生的。资本主义制度上的缺陷就决定了它对生态环境破坏的必然性。

其次,资本主义制度下的残酷竞争,使得资本家不愿意在自然资源保护、污染控制和环境治理方面多花钱,他们喜欢玩"收益内在化,成本外在化"的游戏,信奉的哲学是"把利润揣进自己的口袋,让他人来为环境埋单吧!"自然资源的稀缺和生态环境的恶化,使得资本主义生产的成本发生了很大的变化,以往许多免费的环境条件不复存在,资本家为了扩大再生产而不得不在资源保护,环境治理和污染控制方面投入大量资金,这些环保行为势必会提高生产成本。而生产成本的提高会降低产品的市场竞争力,影响到企业生产率的提高,进而减少资本家的利润,这可是资本家所不能接受的现实。资本家不会心甘情愿地为保护环境而支出费用,除非这种环境支出能为他带来更加丰厚的利润。正如佩珀批判的那样:"实际上,'开采'资源——获取它们的价值而不考虑对未来生产率的影响——在资本主义经济中是一种不可抗拒的趋势,而成本外在化部分地是将其转嫁给未来:后代不得不为今天的破坏付出代价。"(第136页)这种惟竞争的马首是瞻的资本主义生产方式不可能成为环境之友,更不能成为生态之友。

再次,资本主义是一个"不消费,就衰退"的社会,它的生产方式必然导致消费异化的普遍化,而消费异化势必导致严重的生态危机。发达资本主义社会是高消费、高消耗、高污染的社会。"生活在高收入国家的占世界人口20%的人消费着全世界86%的商品、45%的肉和鱼、74%的电话线路和84%的纸张",20世纪90年代"美国、日本、欧洲纸制品消费占世界的2/3,所有木材几乎全部来自第三世界。"(李慎明.全球化与第三世界[J].中国社会科学,2000(3))致使许多第三世界国家的生态环境急剧恶化。占世界5%人口的美国消耗着世界25%的资源。美国本国的石油资源十分丰富,而国会立法禁止开采近海石油,却源源不断地从别国进口石油,毫无节制地消耗能源和大规模地囤积战略资源。为了维持资本主义发达国家的奢靡消费,他们不断盘剥、压榨、掠夺第三世界国家的自然资源和廉价劳动力,要求其为资本主义的"消费魔兽"不间断的"输血",而"消费魔兽"所产生的大量有毒有害废弃物又被转移到第三世界——资本主义发达国家的"垃圾场"。更令人担忧地是,资本主义借助经济全球化的契机,把奢靡、炫耀和病态的异化消费观传播到全世界,使之成为了当今世界的主流消费观,这种以"大量生产→大量销售→大量消费→大量抛弃"为特征的消费观无疑是人类的噩耗,地球的灾难。可以说,全球生态危机的始作俑者与最大受益者就是以美国为代表的西方资本主义发达国家。只要还存在着资本的私人所有制,就势必存在着资本对劳动的残酷剥削和对自然界的野蛮掠夺,不彻底颠覆资本主义的统治秩序,不斩断"资源→生产→销售→过度消费"这条资本主义的经济链条,自然的解放就如同人的解放一样,始终无法彻底地在全球范围内得到解决。

最后,资本主义的经济全球化是与生态剥削的全球化相伴生的,政治、经济和军事帝国主义肆虐的一个必然结果就是"生态帝国主义"的出现。"生态帝国主义"是在不平等的国际政治经济秩序的框架内,西方资本主义发达国家对发展中国家和落后国家,在生态环境领域带有剥削与掠夺性质的行为的统称,是帝国主义行为的新表现。传统帝国主义行为主要是经济控制、政治颠覆、军事占领,而生态帝国主义主要表现为:对他国自然资源的强取豪夺,通过转移垃圾和有毒有害废弃物对他国生态环境的肆意破坏,为了使自己的"饭店"富丽堂皇,而把他国变成了"一系列日益肮脏和令人恶心的后屋和厨房",为了本国的发展,不惜牺牲人类的环境资源。当年,美国前总统老布什在里约热内卢的地球峰会上拒绝在保护生物多样性条约上签字,他的理由是"我是美国总统,不是世界总统",可谓一语道破"生态帝国主义"的实质。所以,我们不能指望资本主义制度能为人类解决生态环境问题而殚精竭虑,也不能奢望一个"可持续的资本主义"能够形成。

还是佩珀表述得明白:"资本主义的生态矛盾使可持续的或'绿色的'资本主义成为一个不可能的梦想,因而是一个骗局。"(第139页)

四、佩珀关于未来社会的构想——生态社会主义

在佩珀看来,资本主义的生态矛盾是无法为环境问题找到出路的,他认为只有进行社会制度的变革才能解决生态问题。因此,佩珀提出了自己的生态社会主义理论并在该理论的基础上描绘了生态社会主义的蓝图。他所构建的生态社会主义是以人类中心主义为价值立场,以社会公正为价值诉求,以人与自然的和谐发展为价值取向的,这三点构成了佩珀倡导的生态社会主义社会的三大基本特征。

第一,人类中心主义的价值立场。重返人类中心主义是20世纪90年代以来的生态学马克思主义所提出的响亮口号。它最先是由英国生态学马克思主义理论家瑞尼·格伦德曼提出的,他主张人类在反对生态危机,检讨自身对待自然界的态度时,应当坚持人类尺度。佩珀对此做出了积极回应,并成为这一思想的主要倡导者和阐发者。人类中心主义是佩珀生态社会主义思想中的一个核心范畴,他是站在人类中心主义的立场构建生态社会主义的。

佩珀所构建的人类中心主义是一种发扬人道主义、关爱自然万物生存的人类中心主义,它把人类和自然万物的共同发展作为目标,但无论何时,它决不放弃人类的主体地位。其核心主张是:人在处理与自然的关系时,应将人类利益作为根本的价值尺度。佩珀指出:"这是一种有益于自然的'弱'人类中心主义,而不是一种把非人世界仅仅作为实现目标的手段的、可避免的'强'人类中心主义。"(第41页)从这一基本立场出发,佩珀肯定马克思主义是人类中心主义,但他强调指出,马克思主义的人类中心主义与资本主义的技术中心主义有着本质的区别。佩珀语气坚定地指出:马克思主义"的确是人类中心论的,因为它对'自然'状态的关心不仅被视为主要是在社会中形成的,还是由传统的社会主义的人文主义关切引起的。因此,除了人类的需要外,它不认为有'自然的需要',

而且,正像它认为从本质上说共产主义社会不可能在生态上不健康的社会一样,它宣称,一个适当的生态社会在本质上不能支持社会不公正。当发生利益冲突时,它也只是使人类的需要优于非人需要。"(第340页)他进一步论证到,以马克思主义为立论基础的生态社会主义当然也是主张人类中心主义观点的,但"生态社会主义的人类中心主义是一种长期的集体的人类中心主义,而不是新古典经济学的短期的个人主义的人类中心主义"。(第340页)

佩珀指出:人类只能从人类的视角去观察自然,以一种人类中心主义的立场来谈论自然。所以,人类不可能不是人类中心论的,人类只能从人类意识的视角去观察自然,尤其是当人类的利益与自然界的利益发生冲突时,人类的需要总是优于自然界的利益予以考虑的。他反对离开人来谈论自然的内在价值,也反对离开人的权利来谈论自然的权利。佩珀对在生态问题上坚持人类中心主义的原因作了进一步的解释,他认为,如果不是把人而是把自然置于中心地位,这就会颠倒人与自然的关系,把人与自然的关系神秘化,从而带来各种反人道主义的体制。在他看来,生态危机的根本原因不在于人类中心主义,而是现行资本主义经济制度的结果。只有改变现行的不公正的社会经济制度,人们才有可能克服其贪婪性与疯狂性,并以理性的方式合理地、有计划地利用自然资源。

在佩珀看来,以人的合理需要和利益为出发点的人类中心主义,要求按照有利于人类整体在自然界中持久生存和发展的目标来处理人与自然的关系,反对对待自然的狂妄自大态度和肆意掠夺行为。这种人类中心主义既强调人类利益的整体性和长远性,又重视自然对于人的价值和意义。佩珀认为,如果人们真正坚持以人类的利益为中心,真正站在有利于人类整体持久生存和发展的角度来认识和处理人与自然的关系,人们就不会凭主观意志来掠夺自然,反而会尊重生态规律,对自然采取科学慎重的态度。这样,就会使当前的生态危机得到逐步解决。佩珀相信,在对待人与自然的关系问题上,不论是技术中心主义还是生态中心主义都不是人类应该采取的态度,而只有坚持新的人类中心主义才能既善待自然又积极发挥人的主体作用,并为人类的不断进步铺平道路。他认为只有坚持人类中心主义,以人为本,建设生态社会主义社会,才能缓解人与自然的矛盾。

第二,生态和谐的价值取向。佩珀对未来社会的经济,政治提出了自己的设想,认为生态社会主义社会应该是人与自然和谐发展的社会。

在经济模式上,佩珀主张适度发展的原则。所谓适度发展是指创造一种既能满足人类的需要,又不破坏生态环境的人与自然和谐发展的经济模式,这种模式不是拒绝一切形式的增长,只是反对盲目的、有害环境和人类的经济增长。佩珀指出:资本主义的错误在于它不合理地发展生产力。佩珀认为在生态社会主义中,不是根据利润来生产、开发和分配资源,而是根据人们的真实需要来生产,这样人类可以更好地把握和支配自然。按照这样的原则对资源进行分配和开发,建立一个可持续的、理性的、有计划的为每个人平等发展提供可能的生态社会主义,它不仅满足人们的需求,有利于人类的整体和长久利益的发展,也有利于保护生态环境。

在经济体制上,传统的生态社会主义者认为人类活动规模越大对自然造成的破坏越严重,他们推崇"舒马赫主义",强调实行小规模、分散化和低污染的生产运行机制。佩珀反对这种观点,他指出:这种经济模式是不现实的,他主张应保障以满足人的需要为目的的适度经济增长,并认为这种经济增长不会与自然环境发生冲突。他认为这种经济是为每个人平等的需要有计划地发展,而不是高度集权。他不反对技术的使用和发展,指出技术可以增强改造自然和适应自然的能力。佩珀强调技术的使用应在合理的限度之内,才有利于人与自然的和谐发展。

在经济运行方式上,佩珀认为,资本主义市场机制的弊端,如盲目性、无序性和自发性,会导致对环境的破坏。佩珀不拒绝技术和生产,而是拒绝异化了的技术和生产。佩珀主张实行计划和市场相结合的混合型经济,认为混合型经济能把市场竞争限制在一个适度的程度内,它不会因市场的盲目扩展而导致环境的压力过大以及资源的过度消耗。他强调应建立社会生态经济模式来取代市场经济模式,建立一种能够保护自然并有利于后代人发展的经济制度,从人类的长远利益和人的全面发展出发,把"生产少些,但要好些"作为发展经济的基本原则。他认为,评价一种经济制度是否合理有效,不仅要看它的经济效益,还要看它的生态效益和环境成本。

就经济制度而言,佩珀主张实行生产资料共同所有制。他认为,不应该超越自然的限制和规律,应该通过生产资料共同所有制来克服异化生产。他指出,我们应该为了集体的利益,有计划地控制人类与自然的关系,而不是去剥削、压榨自然。

在政治上,生态社会主义者主张经济、政治、生态相结合,整体与分散相结合,区域化与国际化相结合的新型民主政治体制。首先,他们认为不能全面否定现代民主政治,而是要对现代制度进行改造,是要通过民主参与、民主自治为人的全面发展服务。其次,他们强调民主的国际性。前期的生态学马克思主义者主张政治分散化和非官僚化,提倡以工人自治为特征的基层民主并实行工人对社会生活和生产进行管理。他们认为基层民主是符合生态理性的政治结构,认为它不仅能调动公民的积极性，还可以提高政治决策的质量。佩珀批评了这种观点，他认为这是不切实际的，不能依靠基层组织解决生态危机，指出社会劳动的管理应该是民主化的组织起来的。同时，佩珀也批判了生物中心主义，认为它割裂了地区与地区之间的联系，是不能解决生态问题的。他认为生态问题已经成为全球性的问题，必须将它上升到区域的、国际的层次上。除此之外，他还认为资本主义工业化导致人们精神衰退和精神贫困，因此他主张注重精神文明建设，支持如树立科学的世界观、提高人文素质、基层文化建设等活动的展开。再次，他倡导国家在未来社会中的作用，佩珀不同意无政府主义者的废除国家的观点，他认为国家是必要的，国家具有确保民权、民主参与、协调经济资源和确保计划实现的管理职能。佩珀认为，生态难题是地方分散化无法解决的，因此在生态社会主义中仍然要借助国家的力量，国家可以在社会生活和解决环境问题中发挥积极作用。也就是说，要实现商品与资源的平等生产与分配以及社会的公正都需要国家。

在生活方式上，异化消费已经成为资本主义的社会顽疾，他们把消费当作生活的唯一乐趣和目的，导致人们盲目地追求消费，并以消费的数量和价值来衡量自己享福的标准。佩珀反对这样的生活方式，指出应该把消费转变成创造性的劳动，应该根据需要来进行生产和消费。他主张建立以人的自由发展为目标的生活方式，从而在生产劳动中实现自己的价值。

第三，社会公正的价值诉求。佩珀建构的生态社会主义的两个核心是"环境保护"和"社会正义"。社会正义包括环境正义和国际正义两个方面。当今世界存在着社会不公正以及人权得不到保障的现象。在佩珀看来，生态中心主义把生态问题的根源归结为人的价值观和自然观是错误的，资本主义制度才是造成社会不公正和环境退化的根本原因。资本主义不仅无法克服自己的生态矛盾，而且为了缓和本国的环境压力把生态难题转嫁给发展中国家，实行生态帝国主义，制造了环境的不正义。环境正义具有阶级性，佩珀指出："'环境'威胁对每一个人来说并不是同样严重的。正如恩森伯格断言的，工业化150年前开始引起严重的环境问题，但那时并没有灭亡和生态崩溃的预言，因为资产阶级当时并没有受到影响，然而，如果他们足够富裕，一些人仍能享受舒适的和一个相对健康的环境……即使地球塞满人而窒息，一些人仍然可以找到摆脱困境的出路。"（第202页）佩珀认为，少数发达国家的富裕阶层和强势群体，掠夺世界各国的资源并享受其带来的利益，而被掠夺的发展中国家不仅不能享有资源的权利，还要承受发达国家所带来的环境负担，这样就导致一些人的贫困。佩珀举了一个十分贴切的例子：资本主义地产、商业区和大庄园使用低成本的劳动力即低微收入的农民,为了让农民继续满足仅够生存的微薄工资的状态,他们继续保持这种不能生产足够产品的不发达状态。这就导致了工人和农民之间的阶级冲突,导致他们的生态贫困,而贫困就是最大的污染。佩珀指出,贫困是导致环境破坏的原因和结果,所以要想解决环境问题首先要解决失业和贫困问题。资产阶级利用金钱远离恶化的环境,转移到良好的生态环境中去生活,而贫困的人们只能生活在恶劣的环境中,身体和健康都遭受着严重的损害。佩珀认为:"社会正义或它在全球范围内的日益缺乏是所有环境问题中最为紧迫的。地球高峰会议清楚地表明,实现更多的社会公正是与臭氧层耗尽、全球变暖以及其他全球难题做斗争的前提条件。"(第一版前言第2页)佩珀认为社会的不正义不仅表现在环境的掠夺和污染方面,而且还存在于全球化的进程中。他指出,在经济全球化的过程中,我们不要幻想资本主义发达国家会帮助落后国家实现现代化,更不要奢望他们会为全球环境的改善而慷慨解囊。发达国家的富裕生活水平是建立在其他国家人民贫困和生态不平等基础上的,依附型的发展不仅使发展中国家遭到发达国家的经济剥削和生态剥削,还导致严重的国际不公正现象。生态自治主义主张独立的发展模式,并鼓励各个地区走自己的经济发展道路,这种独立发展的模式掩盖了阶级剥削因素。在佩珀看来,只要资本主义存在,无论采取什么样的发展模式都是没有用的,必须用生态社会主义取代资本主义,把社会公正作为价值目标,才能解决环境问题。

在如何实现生态社会主义的问题上,佩珀提出了自己的"绿色政治战略"。

首先,"绿色政治战略"的领导力量是知识分子。如何实现生态社会主义是生态社会主义理论家关注的重要问题。在佩珀看来,实现生态社会主义要依赖两种社会变革的基本途径:阶级斗争和集体行动。其中社会变革的领导力量应当是具有革命激情,善于实践,生态意识较强的成熟的知识分子,而工人阶级无疑应当是其中的主要力量。

佩珀赞同西方马克思主义对发达资本主义国家工人阶级的阶级状况和历史作用的看法,也认为当下的工人阶级已经"沉醉"于资本主义的消费社会而失去了本阶级原有的批判性、革命性和否定性,丧失了自己的历史作用和历史地位。在生态变革的时代,谁能担当起历史使命? 早期的生态社会主义者的看法是那些以中小资产阶级,青年学生和知识分子为主体的"中间阶级",因为他们没有被资本主义的异化消费所毒害,并且还关心社会主义前途的人,他们才能充当未来社会革命的领导人。但是随着苏东剧变,"中间阶级"开始右转,生态社会主义者对他们失去了信心。佩珀认为,革命的领导力量应在现实的斗争实践中形成,知识分子阶层的人士平时默默无闻,但是当革命激情爆发后,他们中间会进发出强大的革命力量,他们可以充当革命的领导力量。所以说,革命的领导力量在很大程度上取决于他们主观意识的成熟程度。因此,他强调,只有那些关心社会主义前途,热衷于生态运动与社会主义革命相结合并具有强烈生态意识的人才能成为领导力量。佩珀认为,掌握马克思主义方法的知识分子正是实现生态社会主义的领导力量。

其次,"绿色政治战略"的主体力量是工人阶级。在社会变革的依靠力量上,佩珀认为:"工人运动一定是社会变革中的一个关键力量。它将重新发现自己在这方面的潜力,并且重新恢复作为一种环境运动的特征。"(第 357 页)他指出:工人阶级有能力去建设未来的社会,他们强调直接的行动纲领,这种纲领包括建立公社和合作社,个人生活方式的改变,非暴力的示威以及罢工,抵制等。佩珀强调了阶级斗争,认为潜在的阶级斗争有力推动了社会变革。他重视工人运动的作用,指出工人阶级是值得依靠和信赖的。20 世纪 90 年代以后,佩珀开始关注工人阶级和工会组织,并强调工人运动和工会组织在社会变革中的作用。他认为工人阶级直接与自然打交道,直接从事生产劳动。在生产和生活中受到的环境污染最严重。在生态危机中遭受严重伤害的是工人阶级。因此,他认为工人阶级存在着巨大的革命潜力,是未来社会变革的主体力量。佩珀认为应该把工人阶级、中产阶级、小资产阶级以及知识分子联合起来,而不应该把工人阶级排斥在革命之外,同时要把生态运动、民权运动、女权运动和和平运动等各种形式的新社会运动和工人运动联合起来,把发展中国家反帝国主义的运动与发达国家的反资本主义运动联合起来,形成一支全球的反资本主义体系的力量,掀起全球的反"生态帝国主义－国际资本主义"的革命。以便实现生态社会主义的目标。

最后,"绿色政治策略"的方式是非暴力。非暴力是绿色理论之一,是生态社会运动的组成部分,早期的生态社会主义者曾深受该主张的影响。20 世纪 90 年代以后,随着生态社会主义理论的发展,生态社会主义理论家认为,非暴力只能是一种斗争的策略,如果把它变成一种绝对的,神圣不可触犯的意识形态教条,那样只会使人们在反对资本主义的斗争中遭到惨重的牺牲,因为反动阶级不会因为人们放弃暴力而不使用暴力。所以,生态社会主义理论家主张用马克思主义的阶级斗争理论为指导,并把罢工作为斗争的一种形式。一方面,反对无政府主义者拒绝一切政治斗争的观点,也反对民主社会主义者倡导的"管理资本主义"模式。另一方面主张有限度的议会斗争。佩珀认识到,在资本家仍然控制国家的情况下,用暴力手段推翻资本主义是不可能的。所以,他认为应该先接管国家,并将其改造成以某种方式为全体民众服务的机构,也就是说,用教育和宣传等方法来提高群众的革命觉悟,认识到在资本主义生产方式中无法解决生态环境危机。同时促使建立自治性的生态区域示范区,为人们展现一种崭新的生活,逐步地变革资本主义社会,建设生态社会主义。

五、佩珀生态社会主义理论评析

佩珀指出了生态危机的真正根源,剖析批判了当代资本主义,在展望未来社会时,他提出了一些很有参考价值的思想,是一种有现实意义的生态社会主义理论。佩珀的生态社会主义理论在许多方面是有价值的,这主要表现在:

第一,揭示了生态危机的实质。对于导致生态危机的原因,有学者认为是科学技术异化导致的,有学者认为是人类自私、贪婪的品性及传统的观念造成的。而佩珀认为导致环境恶化的真正原因在于资本主义的生产方式。资本主义追求利润最大化的本质导致了环境的退化,导致成本外在化的现象。资本主义工业化对自然的长期掠夺,必然造成对环境的破坏。佩珀从生态角度加强了对资本主义的批判,把人与自然关系的异化与资本主义制度联系起来,把生态危机的根源归结到根本制度的层面上。因为资本家只追求眼前利益,不考虑长远后果,为了利润导致生产的无政府状态,造成资源和社会生产力的严重破坏和浪费。佩珀认为,导致环境恶化和生态失控的结果是资本主义制度造成的。因此资本主义国家应该对此负主要责任。这样,佩珀就抓住了生态环境问题的实质。佩珀对生态危机原因的揭示比其他的生态社会主义者要高明的多,他正确的抓住了问题的实质,这就为解决生态危机指明了方向,这一点应给予充分肯定和评价。佩珀的生态社会主义思想对生态危机的分析是深刻的,他认为,只要资本主义存在,生态危机就必然存在,因此"绿色资本主义"是一个悖论,是一个不能实现的骗局。

第二,展开了对资本主义的生态批判。佩珀的生态社会主义思想不仅揭露了生态危机的根本原因,还从生态学的视角深化了对资本主义的批判。佩珀认为,资本主义不仅剥削工人,也剥削自然资源。资本主义把科学技术变成统治人、控制自然的工具,在前所未有的程度上戕害了自然界。资本家为了获取高额利润,疯狂倡导消费至上主义。他们操纵消费,营造虚假的需求,诱使人们把追求消费当做人生真正的满足,为奢靡、炫耀和浪费的异化消费鸣锣开道,推波助澜,使异化消费成为了资本主义社会普遍存在的现象。佩珀指出:在资本主义的统治下,异化消费不仅使人们在无止境的欲望中迷失了自我,而且导致了严重的生态环境危机。因此,资本主义不仅在经济上是不可持续的,在生态上也是不可持续的。

第三,构建了社会主义的生态模式。佩珀在揭露资本主义社会弊端和批判资本主义制度的基础上,对社会主义进行了新的构想,探讨了生态社会主义的发展前景。生态社会主义关注生态问题与社会主义的关系,倡导建立一个环境友好、社会公正的生态的社会主义。佩珀的生态社会主义思想对其他的社会主义模式进行了反思,这种反思顺应了时代发展的需要,深化了人们对社会主义的认识。佩珀的生态社会主义思想旨在促进人类社会的全面发展,倡导经济、社会和生态的协调发展。同时佩珀的生态社会主义理论还指出了未来社会革命的主体力量,领导力量以及社会变革的途径。佩珀的生态社会主义思想以人的解放和自然的解放为发展目标,探索了生态环境视域下社会主义发展的新模式,这对社会主义的理论和实践均有着重要的借鉴意义。

当然,我们也应当对佩珀生态社会主义理论的局限性保持清醒的认识。佩珀的生态社会主义理论,揭示了生态危机的根源,有其独特的积极意义。但是它对资本主义制度的批判,对社会变革力量和途径以及对未来社会模式的构想等方面,都暴露出理论上的片面性,呈现出"生态乌托邦"的色彩。例如,他视生态问题为核心,用人与自然的矛盾取代了资本主义基本矛盾,认为生态危机是资本主义的主要危机,淡化了资本主义社会的阶级矛盾,这样就偏离了马克思主义对资本主义的批判路径。他对社会主义国家环境问题的认识具有片面性,没有看到资本主义与社会主义制度下生态环境问题实质上的不同。佩珀有把苏联模式社会主义的环境问题泛化的理论倾向,对其他社会主义国家的环境问题缺乏必要的了解。佩珀对马克思主义的理解是有限的,他所理解的马克思主义是西方马克思主义的观点,而不是真正意义上的马克思主义。他引用较多的是其他马克思主义者的观点,而很少引用马克思恩格斯的原文。佩珀提出了社会变革的战略,虽然有一定的积极意义,但具有浓厚的乌托邦色彩。他提出的生产资料由共同体成员所有,不一定是国家所有,在这一点上没有可操作性。在社会变革的途径和策略上,佩珀崇信非暴力思想,主张非暴力原则,这充分暴露了他的生态社会主义理论在政治革命上的软弱性和妥协性,也说明了它与科学社会主义相去甚远。他只是从抽象的人道主义出发,在资本主义宪法允许的范围内,幻想在不动摇资本主义制度的前提下,实行游行、示威等非暴力的方式去"感化"统治者。这种既要承认资产阶级国家、司法、警察的合法性,又要挖空其国家权力的措施,是一种不切实际的幻想。佩珀所提出的社会变革战略处于矛盾的状态,一方面,他认为无产阶级是推翻资产阶级的主要力量,承认阶级矛盾是革命的爆发点;另一方面,他没有认识到应该用先进的思想来武装无产阶级头脑,认为要等资本主义自身失败的时候社会主义才能到来,在某种程度上佩珀对资本主义还抱有一定幻想。佩珀的生态社会主义思想,受到了无政府主义思想的影响。而且仍然保留着民主社会主义的特征。在对未来社会的政治主张上,他片面强调"权力的分散化""基层民主",这实际上带有某种无政府主义的倾向。在国家问题上,佩珀虽然反对无政府主义者否定一切政治权威的观点,认为对某种形式自由的限制和某种形式的国家出现是必要的;但他又认为,无政府主义反对集权主义的思想,可以避免过分集权的社会主义。佩珀所主张的适度发展的经济模式虽然有很多可取之处,但在实践上却存在许多问题。当今,依赖经济的零增长来满足人们日益增长的物质文化的需要,这是不切实际的。这种增长方式对许多连温饱问题都没有解决的发展中国家来说是不公平和不合理的。

第七章 萨拉·萨卡《生态社会主义还是生态资本主义》导读

生态环境的持续恶化,已经使其成为人类社会必须高度关注的大问题。在这样的社会背景下,探讨如何克服生态环境危机,就顺理成章地成为人类社会迫切需要争辩的热点话题。在诸多讨论中,有一个声音日渐隆起,那就是"生态资本主义"的主张。这种观点认为:生态学与资本主义不是必然矛盾的,相反,二者在市场经济的机制构架内是可以和谐相处的;在不改变资本主义制度的前提下,人们完全可以按照市场经济的手段和方法来拯救生态环境;市场机制、绿色技术和理性人的假设就可以使生态学与资本主义联姻,使得"生态资本主义"成为可能;在资本主义制度框架内人类不仅可以克服生态环境危机,而且能使人类社会实现可持续发展。

对于"生态资本主义"的主张,许多生态学马克思主义理论家和生态社会主义学者都给予了严厉的批判。在这些批判的声音中,当代欧洲生态社会主义的著名学者萨拉·萨卡(Saral·Sarkar)的批判,无疑是其中的最强音。

1936年,萨拉·萨卡出生于印度的西孟加拉,自1982年起移居联邦德国的科隆市。从那时起,他积极参与德国的生态环境运动与绿党政治,并在随后发表了大量关于绿色政治与选择性政治的著述,其中他于1997年发表的《生态资本主义还是生态社会主义》(张淑兰译,山东大学出版社2008年版。以下引文出自该书的,只注页码)一书最为重要,该书使萨拉·萨卡成为当代欧洲生态社会主义理论的代表性学者之一。

一、苏联模式社会主义失败的生态原因

该书写于东欧剧变,苏联易帜后的社会主义低潮时期,在萨卡看来,"无论从何种意义上讲,社会主义都受到了极大的震撼,或者说至少是深深的沮丧"。(第1页)失败的原因有很多,但我感兴趣地是萨卡对苏联解体的生态原因的论述。

首先，萨卡指出苏联在追赶资本主义工业化进程中造成了严重的生态灾难，遭到了"大自然的报复"。例如，自然资源的极限使得许多苏联专家开始担心国家最丰富的资源不久将被耗尽，资源浪费严重，资源回收率低，在煤、油、钾和天然气的采集过程中一般会损失50%～60%。20世纪50年代，苏联开垦了大片大片的并不适合做永久耕地的处女地，由于土壤层被破坏而导致严重的沙尘暴，形成了灾难性的环境恶果。在苏联大量使用的化肥中，能够被植物吸收的只有40%，其余的60%被浪费了，污染了河流水系和土壤。许多大型水利项目并没有考虑环境影响，为了大型的国家灌溉项目而人为地使河流转向，截留河水流量，导致下游耕地干涸，河流断流。某些灌溉区逐渐形成沼泽地，以蚊子幼虫为食物来源的鱼类消失了，结果蚊子数量剧增，疟疾再次出现，人们无法正常生活，只能成为"生态难民"。1988年，苏联排放了1850万吨的二氧化硫，美国排放了2070万吨。在这方面，苏联几乎赶上了美国。在水污染方面，伏尔加河流中的石油污染浓度为最大容许浓度的25～30倍，顿河则达到最大容许污染浓度的51倍，一些地区地表水中的滴滴涕浓度相当高，人们非常担心，政府是否有能力为人民提供可以饮用的水。科学家发现，苏联的农业土地被150种杀虫剂、化学毒药和微量元素所污染。在这些微量元素中，90%是重金属化合物。

萨卡认为，苏联在社会主义经济建设中由于没有充分认识到增长的极限问题，使其经济增长付出了沉重的生态代价。

其次，萨卡看到，面对资源极限对经济建设的制约作用，苏联早期的领导人是重视环境保护的。"事实上，列宁高度重视环境保护，前苏联是世界上第一个建立自然保护区的国家。从1925年到1929年，自然保护区的数量，从4 000平方英里增加到了15 000平方英里。"（第44页）并且苏联还制定了很多保护大自然的法律法规，在1977年，环境保护的内容写进苏联宪法，成为了国家与公民的一项义务。然而，后来的情况却与之相反，"当苏联开始五年计划和加速发展工业化的时候，自然保护区明显失去了支持。在决策层面上，经济战胜了生态。"（第46页）导致苏联环境退化的原因主要表现在两个方面：一方面人们认为，"如果所有的自然资源和所有的生产力方式都是国家所有，那么，就不会存在像资本主义经济才有的任何外部成本。国有企业忽视环保所获得的任何额外利润都意味着别处的损失，最终都要由国家来承担这些损失。污染者——国家——也不能把部分的成本最大限度地转嫁给社会。因此，'社会主义'社会的环境退化被看做是一种临时现象，当生产力得到充分发展的时候，它能够而且将被克服"。（第44页）另一方面，20世纪20年代以后，苏联的环保运动之所以逐渐销声匿迹了，是因为，苏联的领导人在生态环境遭遇经济增长时，他们在决策取向上选择了经济增长。社会主义国家"在摆脱了资本主义的枷锁后,对科技的飞速发展、无限制的进步、人类的无限能力等的迷信成为占主导地位的时代精神。这一时代精神导致苏联的知识分子忘记了马克思恩格斯那些警示性的话语。"(第46页)萨卡引用了苏联作家萨苏柏林、高尔基和诗人马雅可夫斯基那充满极端人类中心主义的话语来说明,"像征服者那样统治世界"就是当时苏联经济建设时期改造自然的时代精神。但是,指导思想上的偏差,使得自然界开始了它的复仇,"因为苏联人民对于自然界的统治特别地严厉,所以大自然在这里的复仇比在任何其他国家、任何较早时代都要严酷得多"。(第47页)

最后,萨卡还分析了导致苏联环境退化的其他原因。例如,不同于西方主要资本主义国家,苏联没有殖民地,不能像西方国家那样推行"生态殖民主义"。西方主要资本主义国家可以通过殖民地来满足本国所需的燃料和自然资源的供应,他们把污染型企业和生态垃圾转移到殖民地国家,在对其进行生态剥削的同时,也对其进行生态侵略。另外,"非常清楚,就生态觉醒生态意识而言,苏联并不落后于西方,只不过是缺乏资金"。(第54页)由于缺乏资金,控制污染的生产设备和装置得不到保障,环保技术研究很难开展,政府的经济无力负担要把15%～20%的工厂生产成本用于环境保护等。

总之,在萨卡看来,"社会主义"应该更容易意识到经济增长的生态后果,因为马克思恩格斯在19世纪对资本主义进行生态批判时,就已经向人类敲响了生态警钟。但是,由于苏联模式的"社会主义"没有充分认识到增长极限与生态恶化问题,使得苏联在社会主义经济建设中付出了昂贵的生态代价,这也为其他国家的社会主义建设提供了难得的借鉴。

二、生态资本主义是不可能的

苏联模式社会主义在应对生态环境危机时失败了,于是就有许多的环境运动活动家把生态资本主义看做是他们的目标,资本主义国家绿党的信条也是主张生态资本主义。在他们看来,人类社会可以在保持资本主义基本制度不变的前提下克服生态环境危机,但这在萨卡看来是难以奏效的。为此,萨卡提出了生态资本主义立论的两个幻想:"一个非常普遍的幻想是:科学与技术的进一步发展以及科技的进一步强化应用,将使人类能够克服生态危机,在拯救工业社会的同时使南方国家得到可持续发展。另一个普遍的幻想是:一些局部性的经济革新,如污染许可证、生态税改革等,将会使今天的资本主义转变成生态资本主义。"(第4页)

萨卡认为,资本主义社会存在着两对基本矛盾:一对是生态与资本主义工经济的矛盾;一对是资本主义精神与正义及社会福利的矛盾。如何解决这两对矛盾,主张生态资本主义的人提出了"生态社会的市场经济"和"工业社会的生态重组"这样的概念,就是想用资本主义市场机制来处理生态环境问题,想在保持工业社会基本格局的前提下,用"生态"或"绿色"来粉刷工业社会。对此,萨卡认为这些解决方案也都是幻想。他提出的解决方案,可以称作是"激进的生态社会主义"。它既不是市场经济,也不是工业社会。萨卡说:"我相信,除非我们用社会主义(并非福利国家)的方式来解决社会问题,否则,就没有克服生态危机的希望。"(第5页)

萨卡对"生态资本主义"的批判主要是从分析资本主义经济的自然基础和逐个批驳诸多生态资本主义的理论主张入手的。

首先,从资本主义经济扩张所倚重的自然资源基础的角度出发,萨卡批驳了"生态资本主义"。

1. 在不可再生的自然资源方面,资源处于绝对短缺的状态

人类对自然资源的长期大规模开采,使得有经济利用价值的矿石越来越少,随着时间的流逝,人们将不得不使用矿石浓度越来越低、越来越难以开采的资源和矿藏,这样通常会导致开采成本的逐步上升,接着就是资源价格的上涨。同时,金属含量越低,越需要开采数量更多的矿石,但矿石在被碾碎、运输、加工、冶炼的过程中会消耗大量能源,产生大量污水,被抛弃到尾矿场或尾矿池的"最终尾矿"的数量将以几何级数形式增长。最终,不仅占用大片土地,污染环境,而且处理尾矿的成本将会超过所生产的金属的价值。

在矿物燃料方面,情况也不容乐观。已有的石油储量正变得日益枯竭,而新的石油储量正变得越来越难以开采,当勘探和抽取一桶油所需的能量多于一桶油包含的能量时,人们就不得不放弃寻找和开采石油。非常规石油(油砂矿和油页岩里的石油)开采的成本就更高,从油砂矿里获得石油所需要的所有能源和其他成本,相当于耗费获得的每三桶石油中的两桶。而且,开采过程也造成了巨大的环境破坏。

在原子能方面,许多人坚信,原子核聚变反应产生的热核能将最终解决人类的能源问题。这在理论上是可信的。因为,其原材料氚来自海洋,其数量几乎是用之不竭的。但是,从天然资源中不可能获得氚。它是通过锂-6与中子的原子反应堆产生的,而锂-6是一种稀有金属,它是可以耗尽的。同时,撇开核技术的风险和环境影响不说,即使热核能真的可以利用的时候,它也不可能便宜。

"总之,能量的来源既不便宜也不丰富,相反,会变得比以前更稀有、更昂贵。因此,穿透到地球表层一英里深的地方获取低品位的能源储存,然后使它们

变得可以利用,那是不可能的。"(第 122 页)

2. 利用可再生资源就可以解决不可再生资源的短缺问题的主张是一个幻想

不可再生的自然资源是有限的,这已经成为人们的共识。因此,利用可再生资源来弥补不可再生资源的短缺就成为了人们新的资源企盼。但是,在萨卡看来,这个观点是幼稚的,是一种幻想。他首先考察了太阳能和风能的利用情况,这二者是人们很倚重的可再生的自然资源,不仅可再生而且数量巨大,清洁环保。然而,太阳能和风能在开发和利用的过程中也存在着诸多问题,在生产太阳能和风能机械设备的过程中不仅消耗资源,而且也产生污染。"把太阳能变成我们期望的那种能源形式(适合工厂及其生产),所需要的额外努力最终使其变得非常昂贵。"(第 123 页)另外,由于太阳能和风能的能源投资报酬率极低,政府必须给予大量的资金补贴,但问题是这些补贴却是依靠化石燃料投入的不断增加获得的,而化石燃料的成本价格也在不断增加。还有,太阳能收集器以及生产过程中所需要的能源基础,并不是太阳能,而是矿物能源和原子能。

3. 开发生物燃料也存在许多问题

日益增多的人口需要更多的良田来种植粮食,拿不出更多的土地用来进行生物燃料(比如,谷物和油菜籽)的生产。生物燃料的能源平衡是否为正数,令人怀疑。"生产现代农业所使用的燃料和化肥需要大量的石油和天然气。如果种植庄稼不用这些燃料和化肥,那么,其产量或劳动生产率将会非常低。"(第 136 页)沼气不可能成为机动车辆的合适燃料,将沼气液化所需要的能源和成本费用非常高。还有,"生产生物柴油和生物乙醇的庄稼,必须考虑运用密集的种植方法,必须使用大量的化肥和杀虫剂。那就会产生众所周知的副作用:地下水中沉积的硝酸盐和杀虫剂,散发出的气体一氧化二氮会导致 300 多倍于二氧化氮的温室效应。另外,集约农业也会导致土壤的退化以及生物多样性的降低。"(第 138 页)

4. 水力发电最重要的问题是水库泥沙的淤塞

人们为解决这个难题的做法就是修建一个新的河堤,形成一个新的水库,以取代被淤塞的水库。但新的水库淹没了更多的土地,生产的能源更少。所以,如果想要水库发电真正是可再生的,那它就几乎不可能是便宜的。如果是便宜的,那就不是可再生的。

5. 技术进步能够直接减少污染,但一般不能解决问题,只能达到一般的、局部的和有限的转移

许多环境主义者都倚重科学技术的进步,特别是生态技术的发展来解决生态环境问题。在他们看来,只要我们在环保方面加大资金投入,研发绿色技术,环境问题就可以迎刃而解。但萨卡却认为,技术手段只能转移污染,不能从根本上消除污染,人们把一种污染物控制住的时候,另一种污染物又成为了问题。他说:"就技术环保本身而言,还是能够在特殊的生产地点取得减少污染物的成效,但需要依靠使用过滤器和其他设备。这些东西与所有的工业产品一样,需要花费大量的能源和其他原料。那也会产生污染,只不过在另外的某处以另外的一种形式……环境保护因此成为一项固定的工业,在其他的地方引起更多的资源消耗和更多的污染。理解这一点的人很容易认识到,目前流行的关于使用燃料电池的汽车'无排放物'的话语纯粹是骗人的,只是在其他的地方存在为生产氢和燃料电池而产生的大量的有毒散发物。"(第144页)

6."工业生态学"的主张或者"生态"工业主义也不可能解决资源消耗而引起的环境危机

在人们诟病大工业给生态环境造成巨大创伤的背景下,信奉工业主义的许多环保主义者开始了对工业的"绿化",只要把"生态"与"工业"相结合,以循环经济的方式推进"生态工业"的进程,人们就可以达到工业发展和环境友好的"双赢"效果。

在萨卡看来,所谓"生态工业主义"是西方环境主义者的想象,是他们的一种偏见。因为,"日益迫切的石油短缺(以及仅次于石油短缺程度的进口原材料的日益短缺和价格攀升),也正在威胁着要毁掉现代工业文明的根基"。(第147页)只要工业经济整体上在继续增长,自然资源的瓶颈制约现象就不可克服,即使经济零增长,不可再生的自然资源早晚也会被耗尽。生态工业主义者还认为,信息社会和计算机比早期的技术要求较少的资源投入,而且信息技术有助于大量减少经济其他部门的资源消耗。同时,信息技术还是一种对环境有利的清洁技术。对此,萨卡是持否定态度的。因为"要生产一台计算机,需要大量的能源和原料。它需要大量纯净的和部分昂贵的原料,而这些原料的生产又需要大量的能源与原料"。(第155页)另一方面,"计算机和大多数的电器正变得越来越小的事实,也构成了环境的一个不利方面。这些产品都极度复杂,包含了几种物质的混合。小型化使得这些物质的分离越来越困难,有时完全不可能,而这成为再循环利用的一个障碍。在20世纪90年代中期,德国每年生产150万吨电子废料,其中12万吨属于计算机废料。所有这些废料都含有剧毒物质。"(第157页)

萨卡认识到,今天资本主义的工业经济是不可持续的,因为工业经济主要是建立在不可再生资源的基础上。而一个可持续发展的经济模式一定是建立在可再生资源的基础之上的经济,这样的经济模式只有在绝对必要使才使用不可再生资源。

其次，萨卡逐个批驳了生态资本主义的诸多理论和政策主张，说明生态资本主义是难以奏效的。

1. 价格机制不能解决生态问题

生态资本主义的拥护者们特别相信："资本主义市场经济内部可以利用的经济手段和机制，特别是价格机制，是解决生态问题的最好方法。"（第175页）但是，萨卡看到，资本主义市场经济根深蒂固的自私自利原则驱使资本家和个人将环境成本外在化，资本家根本不可能不考虑成本而自觉地投身到环境保护的运动中去，保护环境的措施要考虑成本，这不利于资本家获利。所以，即使在生态资源和环境条件方面引入价格机制，这些举措也被证明是失败的，甚至价格机制要为生态危机和环境破坏负很大责任，因为，正是有利可图，资本家才加大了对自然资源和环境条件的剥削和压榨。

2. 可买卖的污染许可证制度并不能减少污染的排放

这个政策的核心也是用经济手段来处理排污问题，在生态资本主义的拥护者看来，"就污染物而言，国家可以制定经济整体的最大年均可允许数量，然后，配给、出售或拍卖污染许可证给那些需求者。释放量低于许可范围的企业，可以出售作为一种利润的剩余许可量，卖给那些无法降低其排放量的企业"。（第178页）然而，污染许可证的买卖并不能从根本上减少污染物排放的数量，该政策只是给污染物的排放找到了冠冕堂皇的理由，使得排污行为更加理直气壮，肆无忌惮。所以，萨卡提醒人们："我们必须注意到，对污染的收费也把环境服务转换成了商品，届时一个企业可以通过支付更高的费用来合理地污染更多的环境。"（第179页）

3. 生态凯恩斯主义是难以实施的

面对着全国性的生态环境危机，在生态资本主义内部出现了一股生态凯恩斯主义的思潮，这种思潮主张国家干预处理环境危机，把解决生态问题和解决失业问题联系起来，大力发展大规模的劳动密集型企业，进一步发展生态技术和生态工业，国家为企业提供补贴以刺激它们发展并采用对生态环境友好的技术。国家出面发布"生态指令"，采取强制措施保护生态环境，推动生态重建。但是，在萨卡看来，只要资本主义社会的基本矛盾依然存在，只要资本逻辑还很强势，就像经济凯恩斯主义失败一样，"今天的生态凯恩斯主义终将失败。"（第190页）

4. 资本逻辑必然导致生态危机

萨卡在论证"生态资本主义"这个悖论时，还分析了深层的原因，在回答"为什么在资本主义的框架内可持续的生态经济或者向生态经济的转型无法实现"这个问题时,萨卡说明了资本逻辑必然导致生态危机的道理。生态资本主义仍然是资本主义,资本扩张仍然是它的逻辑,这种逻辑是建立在自私自利,唯利是图的驱动力基础之上的。所以,"我为什么要去做那些让在我死后100年或200年生活着的人们获益的事情?""繁荣为我带来了好处,我就必须为繁荣做些什么吗?"这在资本逻辑看来就是合理的反问。资本只关注眼前利益,市场的价格机制也看重的是现在的利益而不是将来的价值,但环境保护具有强烈的未来主义的向度,这样资本逻辑的短视与环境保护的长远利益就会发生激烈冲突。

萨卡认为,经济收缩战略在资本主义的框架内是无法实现的,因为资本主义经济具有一种内在的增长动力,对它来说,"不积累,就灭亡"。导致这种内在的增长动力有三个方面的原因:"首先,企业家并不满足于只是赚取足够的生活所需。他们希望赚的更多……其次,他们不或不能消耗完所有的利润,而是希望在下一年赚取更多的利润(贪婪)……第三,存在着一种经济增长的外部强制。资产阶级不能说'足够了'。如果一名资本家不利用大规模经济,他/她的竞争者就会这样做并把他/她挤出商业圈。在残酷竞争的资本主义世界有一条规律:优胜劣汰。所有的人都在努力扩张,最终的结果就是整个经济的扩张。"(第186页)所以,只要资本积累的趋势没有改变,即使采用某些生态资本主义的策略,资源消耗总会上升,长期的自然资源极限的问题仍然存在,同时还伴随着对生态环境的破坏。

资本家只对自己的眼前利润感兴趣,只对企业生产的内在成本很关心,而往往忽视外在的生态环境成本。资本家的利润来自于商品的销售量,但大量生产势必导致自然资源的大量消耗和工业垃圾的大量产生,给本已脆弱的生态系统造成严重伤害。

同时,萨卡也批判了生态帝国主义行径。资本主义国家现在可持续的经济增长是以另一个国家(尤其是第三世界国家)的经济不可持续性为代价的。萨卡以热带硬木贸易为例说明这个问题。"日本和欧盟国家的总进口量占世界总供应量的90%,而世界总供应量中有80%只来自于五个国家:马来西亚、印度尼西亚、菲律宾、科特迪瓦和加蓬。众所周知的是,热带雨林正在被不可持续地砍伐。"(第191页)正是世界贸易中的不平等交换导致了第三世界国家的资源危机,也是这些国家经济不可持续的主要原因之一。在一个自然资源匮乏和大自然处置污染物的能力也十分有限的地球上,不改变现有的经济增长模式的话,只有少数国家可以在较短的时间内实施可持续增长战略,而所有国家都做到这一点是不可能的。所有,在世界范围内资本主义制度占主导的形势下,资本逻辑的本性决定了生态危机的必然性,也证明了人类可持续发展的前景是暗淡的,充满着坎坷。

5. 生态税的作用是微弱的

在生态资本主义的拥护者中最流行的经济手段就是开征生态税,在这些人看来,好像政府只要一旦开征了生态税,用税收的杠杆处理资源和环境问题,就可以节约资源,达到保护环境的目的。但是,在萨卡看来,他们的"这种希望建立在天真的想象基础之上"。(第197页)萨卡认为,在资本家唯利是图的本性不变的情况下,对污染物排放和开采自然资源开征生态税并不能从根本上减少环境污染和资源枯竭,缴纳了生态税反而会促使资本家在污染排放和资源掠夺的过程中感到"理直气壮",生态税仿佛成为了资本家破坏生态环境的"许可证"。在资本主义残酷竞争的条件下,生态税的开征在一定程度上增加了产品的生产成本,导致商品价格的增高而降低了商品的竞争力。如果其他竞争者不必缴纳生态税,那么其商品的竞争力就很强,这对缴纳了生态税的资本家来说是致命的。所以,在资本主义制度和经济增长模式不变的情况下,生态税可能稍微减轻了个别地方的污染程度,但环境保护和资源节约方面不可能有总的改善。

6. 稳态的资本主义是不可能的

针对人们对资本主义经济扩张本性的批判,生态资本主义的拥护者抛出了"稳态资本主义""零增长的资本主义"等观点,对此,萨卡也给予了批驳。资本主义生产方式的绝对规律就是生产剩余价值或赚钱,资本害怕没有利润或利润太少,就像自然界害怕真空一样。所以,资本主义生产的实质是扩大再生产,资本不可能"稳态"积累,而是要扩大积累,加速积累。资本不可能安于现状,只要有利润,它就敢践踏一切人间法律。在竞争激烈的资本主义经济中,稳态的资本主义是不可能的,而扩大再生产肯定会导致自然的消耗和环境的破坏,这是由资本主义经济特征决定的。所以,萨卡认为:"如果资产阶级不再贪婪和自私,如果作为强大驱动力因素的不平等不再存在,那么资本主义,甚至生态资本主义将停止运转。"(第214页)

无论是从自然资源的角度,还是从经济手段的角度,萨卡都反驳了"生态资本主义"的理论和观点,这些批判是全面而机智的,其中闪烁着辩证法的光辉,对我们正确看待"生态资本主义"很有帮助和启迪。在萨卡看来,正是资本主义的本质阻挠着环境危机的解决,仅靠"生态资本主义"的观点不可能从根本上扭转生态环境整体衰退的危局。所以,"无论如何,工业的、资本主义社会的最根本危机要求有一个能带来根本性变革的解决方案。"(第221页)

三、生态社会主义的愿景

在一些激进的生态学家和生态社会的市场经济的拥护者看来,生态问题是人类面临的共同问题,它是超越意识形态的,只要能克服生态环境问题,我们没有必要在资本主义和社会主义之间作出选择。但是,在萨卡看来,生态环境问题与社会制度、意识形态是有关系的,"我坚信,资产阶级的内在逻辑驱使它朝着不断增长的方向发展,而其逻辑中却没有正义、平等、友爱、团结、同情心、道德准则或伦理标准的位置。这就是为什么长期以来人们必须在资本主义和社会主义之间做出选择的原因,必须直面这个问题。"(第5页)我们需要在资本主义和社会主义之间作出选择,而他选择的就是社会主义,就是生态社会主义。萨卡的"基本观点是,要想保护这个世界,只有在我们消除资本主义制度和成功创建一个真正的社会主义社会的条件下才是可能的。因此,一种新型的社会主义社会不仅是值得期望的,还是必须的"。(萨拉·萨卡.资本主义还是生态社会主义——可持续社会的路径选择[J].郇庆治,译.绿叶,2008(6):45)

萨卡探讨了生态经济、生态社会与社会主义社会的关系,他相信:"一种真正意义的生态经济只能在社会主义的社会政治环境中运行,而且,只有成为真正的生态社会才能成为真正的社会主义社会。"(第5页)所以,萨卡拒绝生态资本主义主张,他认为,生态资本主义还是资本主义,"我反对生态资本主义,不仅因为其无法运转,还主要是因为资本主义所代表的价值观:剥削、残酷竞争、崇拜财富、利润和贪婪的动机。我拥护社会主义,也主要是因为它所代表的价值观:平等、合作和团结……社会主义仍有前途,但它必须首先学好生态这门课。"(第6页)

萨卡认为:只有重新建构社会主义才能克服生态环境危机,但是"它也是一种不同类型的社会主义——生态社会主义。"(第249页)萨卡提出了自己的生态社会主义的构想:

首先,萨卡主张实行经济收缩战略,告诫人们要借鉴苏联社会主义经济建设失败的原因,尤其要注意到增长极限问题。这是萨卡的生态社会主义与高兹、佩珀的生态社会主义不同的地方,他们两人还是在发展范式或可持续发展范式的思维框架内分析社会发展中的生态问题。在萨卡看来,生态社会主义不一定要用极大的物质财富才能满足人们的需要,富裕和满足也不一定就仅仅意味着财富的增加。适当的人口规模,合理的消费水平,物质生产没有超越自然的极限,这样,人们就可以享受到富裕满足的生活。

其次,萨卡认为除了实行经济收缩的战略,在生态社会主义社会还要实施如

第七章 萨拉·萨卡《生态社会主义还是生态资本主义》导读

下的政策和措施。第一,"要让人民接受经济收缩政策,最好的方法是平等。"(第248页)平等的目的是为了让社会有能力保障所有公民获得最低限度的商品和服务。同时,社会"不患寡而患不均",实施平等的社会政策在很大程度上可以预防社会冲突的升级。第二,实行计划经济。国家要掌控经济发展的大局,经济计划必须是无所不包的,其中包括价格控制。社会产品实行配给制,以保证所有需要产品的人都能以合理的价格得到相同或公平的份额。当然,生态社会主义为了满足人们日常生活所需,也允许在一些领域保留私营企业。第三,实行地方性、小规模生产,反对经济全球化。萨卡认为:"生态社会主义的经济活动将是分散的,经济单位是小规模的,地区和地方团体是自我供给和自治的。"(第268页)在这样的经济模式下,生产的商品尽可能是就地取材,就地消费的,没有长距离的商品流通所产生的环境问题。这样的生产对生态的影响和资源的消耗都非常小。所以,生态社会主义者一般反对经济全球化,因为经济全球化的一个伴生物就是资源掠夺的全球化和污染转移的全球化。

最后,在社会政策方面,萨卡认为:第一,在生态社会主义要优先实行劳动密集型技术,这将有利于解决失业难题。同时,这种技术是环境友好型技术,它将减少自然资源的消耗,减轻对环境的压力。第二,"在一个生态社会主义社会中,一种更加合适的社会保障形式应该是保障对社会有益的有报酬的工作"。(第256页)因此,像抚养儿童、照顾老弱病残、服务社会等工作就应当受到社会的尊重,社会也应当给这些行业的就业者合理的报酬。第三,实施控制人口的政策。人口过多是导致生态环境危机的一个重要因素,在生态社会主义,人类一定要通过法律来提高结婚的年龄,通过为青少年提供各种避孕方法和改善医疗条件等方法来达到控制人口数量,提高人口素质的目的。

那么,生态社会主义在当代世界的前景是乐观的吗?人们愿意接受生态社会主义的价值主张吗?一些国家或世界上大部分地区能在不远的将来实现由资本主义向生态社会主义的过渡吗?对此,萨卡认为是一个值得思考的问题。在萨卡看来,实现生态社会主义的物质条件已经成熟了,这些物质条件就是:足够的可再生资源、合适的和人性化的技术、劳动密集型技术构成的企业等。此外,实现生态社会主义的客观必然性也已经存在着,生态环境危机的日益严重已经成为不争的事实,并给人类社会造成巨大伤害。人类社会已经开始了对生态环境危机的反思与批判,大家注意到在资本主义的制度下,"生态资本主义"是一个幻想,它是不可能克服生态环境危机的。而传统的"苏联模式的社会主义"也不利于克服生态环境危机。所以,寻求生态社会主义的道路,在生态社会主义的框架内解决生态环境危机成为当代一股新的社会思潮。

萨卡认为,生态社会主义的前景在第三世界的贫穷国家比发达国家还被看好,因为这些国家目前的生活方式与理想的可持续的生活方式最接近,他们也比较愿意或可能接受生态社会主义的价值主张。萨卡特别提到了中国的生态环境问题,他认为由于这些原因的存在,中国比其他国家更能实现生态社会主义。第一,中国共产党对经济社会仍然有相当大的控制力。第二,独生子女政策是中国迈向生态社会主义的重要一步。第三,不像富裕的西方资本主义工业国家,中国人的物质欲望不过分,他们在不拥有巨大物质财富的条件下也能过上幸福满足的生活。

当然,萨卡也清楚地认识到,在资本主义异化消费、炫耀消费和虚假消费的"感染"下,"我消费故我幸福","不消费,就衰退"等错误的消费理念还盘踞在人们的脑海深处。所以,大部分人接受生态社会主义的主观条件还不具备,在生态社会主义社会,让他们接受较低的生活水平,以可持续的生活方式来打点他们的日常生活,他们的思想准备不足。另外,在资本逻辑,经济理性肆虐的现代化狂欢中,生态社会主义的价值主张很难得到伸张。所以,萨卡认为,从目前的境况看,在世界范围内生态社会主义的前景是暗淡的。

虽然当下生态社会主义的愿景是渺茫的,但萨卡认为对此不必过于悲伤,在各种因素的作用下,生态社会主义还是大有希望的。今天,各种各样的环境危机已经切实伤害到每一个人,自然资源面临枯竭、空气和饮水污染、气候变暖等环境警告的"红灯"频频亮起,严峻地环境现实深刻教育者人民大众。这样,支持、拥护生态社会主义的人会越来越多的。即使在高度发达的工业社会,也出现了许多有利于生态社会主义的现象,人口规模正在下降,许多人自愿过适中的生活,减少消费,控制经济规模,转变经济发展方式也成为许多国家政府考虑的问题。所以,会有更多的人接受生态社会主义的理念和价值主张。

四、萨卡生态社会主义理论简评

通过研读萨卡的著作,我们可以比较清晰地了解到他的主要观点:在观察和处理生态环境问题时,信奉"生态资本主义"的各种观点和主张都是十分天真的,因为在资本主义制度的框架下,这些观点和主张只能是幻想。资本主义无限积累的本性与自然资源的有限性,与环境保护的必要性形成了矛盾的态势。所以,只有重构社会主义才能克服生态危机,生态社会主义就是当下人们重构社会主义的实践,也是对社会主义的一种生态认同。

当然,萨卡的生态社会主义主张也存在着一些值得辩证思考的地方。例如,萨卡的理论是从讨论增长的极限范式出发,但"增长的极限"这个概念是否科学?"增长的极限"真的存在吗?众所周知,1972年罗马俱乐部发表的《增长的极限》一书就引起了巨大的争议。有的学者就认为其采用的"世界模型"是根本站不住脚的,人类不断提高的创造力和科学技术的日益进步都会拓展增长的范围和深度。所以,如果不存在"增长的极限"这个问题,那么,萨卡的论证就将被大大削弱。出于对"生态资本主义"的蔑视,萨卡对生态税和绿色技术等环境保护措施采取了完全否定的态度,在批判这些观点时表现了他激进主义的观点。公允地说,关于各种改良措施对生态环境的拯救,我们要有一个客观的态度,不能完全否定。再比如,萨卡主张的经济收缩战略和劳动密集型技术优先的社会政策,对中国以及其他发展中国家来说是不合适宜的。因为,经济落后与环境恶化是有关联的,"贫穷就是最大的污染"。生态社会主义强调尊重自然,建设生态社会,绝不意味着否定经济发展,否定技术进步,而是要反对"GDP崇拜",反对"增长至上"的经济模式,强调在尊重社会发展的自然基础的前提下发展社会生产力,提高人们的物质生活和精神生活水平。

还有一个问题我们必须注意,萨卡所分析的"中国更易于实现生态社会主义"的命题,只是说中国的发展程度和文化传统更符合生态社会主义的要求,中国的社会主义与生态社会主义在很多方面有契合点,并不是说中国的未来就是生态社会主义。其实,从2007年中国共产党第十七次全国代表大会首次提出建设生态文明的重要任务,到2012年党的十八大报告首次提出"社会主义生态文明新时代"这一新概念,表明中国共产党对生态文明与社会主义的关系有着深刻地认识,也标志着中国特色社会主义迈入了社会主义生态文明的新时代。这些都是中国共产党人对科学社会主义理论的新贡献,这些理论创新与生态社会主义的主张有着原则上的区别。

当然,我们应当承认,在生态学马克思主义者的行列里,无论是高兹、佩珀等人的主流阵营的生态社会主义思想,还是萨卡的非主流阵营的生态社会主义思想,它们都对"生态资本主义"进行了深刻批判,他们的生态社会主义思想都是当代社会主义思想发展的硕果,都对中国特色社会主义的生态文明建设有着重要的借鉴和参考的价值。

参考文献

一、中文部分

[1] 马克思恩格斯选集:第1-4卷[M].北京:人民出版社,1995.

[2] 马克思恩格斯全集:第44-46卷(《资本论》第1-3卷)[M].北京:人民出版社,2003.

[3] [加]本·阿格尔.西方马克思主义概论[M].慎之,等,译.北京:中国人民大学出版社,1991.

[4] [加]威廉·莱斯.自然的控制[M].岳长龄,等,译.重庆:重庆出版社,1993.

[5] [美]詹姆斯·奥康纳.自然的理由:生态学马克思主义研究[M].唐正东,等,译.南京:南京大学出版社,2003.

[6] [美]约翰·贝拉米·福斯特.生态危机与资本主义[M].耿建新,等,译.上海:上海译文出版社,2006.

[7] [美]约翰·贝拉米·福斯特.马克思的生态学:唯物主义与自然[M].刘仁胜,等,译.北京:高等教育出版社,2006.

[8] [英]戴维·佩珀.生态社会主义:从深生态学到社会正义[M].刘颖,译.济南:山东大学出版社,2005.

[9] [印]萨拉·萨卡.生态社会主义还是生态资本主义[M].张淑兰,译.济南:山东大学出版社,2008.

[10] [德]A·施密特.马克思的自然概念[M].欧力同,等,译.北京:商务印书馆,1988.

[11] [英]安德鲁·多布森.绿色政治思想[M].郇庆治,译.济南:山东大学出版社,2005.

[12] [美]丹尼尔·A·科尔曼.生态政治:建设一个绿色社会[M].梅俊杰,译.上海:上海译文出版社,2002.

[13] [英]默里·布克金.自由生态学:等级制的出现与消解[M].郇庆治,译.济南:山东大学出版社,2008.

[14] [美]赫伯特·马尔库塞,等.工业社会与新左派[M].任立,编译.北京:

商务印书馆,1982.

[15] [美]赫伯特·马尔库塞.单向度的人——发达工业社会意识形态研究[M].张峰,等,译.重庆:重庆出版社,1988.

[16] [德]马克斯·霍克海默,特奥多·威·阿多尔诺.启蒙辩证法[M].洪佩郁,等,译.重庆:重庆出版社,1990.

[17] [加]马克斯·霍克海默.批判理论[M].李小兵,等,译.重庆:重庆出版社,1989.

[18] [美]艾伦·杜宁.多少算够:消费社会与地球未来[M].毕聿,等,译.长春:吉林人民出版社,1997.

[19] [美]雷切尔·卡逊.寂静的春天[M].吕瑞兰,等,译.长春:吉林人民出版社,1997.

[20] [美]巴里·康芒纳.封闭的循环——自然、人和技术[M].侯文蕙,译.长春:吉林人民出版社,1997.

[21] 世界环境与发展委员会.我们共同的未来[M].王之佳,等,译.长春:吉林人民出版社,1997.

[22] [英]E·F·舒马赫.小的是美好的[M].虞鸿钧,等,译.北京:商务印书馆,1984.

[23] E·弗洛姆.健全的社会[M].孙恺详,译.贵阳:贵州人民出版社,1994.

[24] 刘仁胜.生态马克思主义概论[M].北京:中央编译出版社,2007.

[25] 徐艳梅.生态学马克思主义研究[M].北京:社会科学文献出版社,2007.

[26] 曾文婷."生态学马克思主义"研究[M].重庆:重庆出版社,2008.

[27] 郭剑仁.生态地批判:福斯特生态学马克思主义思想研究[M].北京:人民出版社,2007.

[28] 王雨辰.生态批判与绿色乌托邦——生态学马克思主义理论研究[M].北京:人民出版社,2009.

[29] 倪瑞华.英国生态学马克思主义研究[M].北京:人民出版社,2011.

[30] 解保军.马克思自然观的生态哲学意蕴[M].哈尔滨:黑龙江人民出版社,2002.

[31] 陈学明.痛苦中的安乐——马尔库塞、弗洛姆论消费主义[M].昆明:云南人民出版社,1998.

[32] 何萍.生态学马克思主义:作为哲学形态可以可能[J].哲学研究,2006(1).

[33] 何萍.自然唯物主义的复兴:美国生态学马克思主义哲学评析[J].厦门

大学学报,2004(2).

[34] 陈学明.人的最终满足在于生产活动而不在于消费活动:生态学马克思主义的一个重要命题[J].马克思主义与现实,2002(6).

[35] 任暟."生态学马克思主义"辨义[J].马克思主义研究,2004(4).

[36] 刘仁胜.生态学马克思主义的生态价值观[J].江汉论坛,2007(7).

[37] 郭剑仁.评福斯特对马克思的物质变换裂缝理论的建构及其当代意义[J].武汉大学学报,2006(7).

[38] 吴宁.高兹的生态学马克思主义[J].马克思主义研究,2006(6).

[39] 陈食霖.生态批判与历史唯物主义的重构:评詹姆斯·奥康纳的生态学马克思主义思想[J].武汉大学学报.2006(2).

[40] 万建琳.需要、商品与满足的极限:论威廉·莱斯的生态学马克思主义需要理论[J].国外社会科学,2008(6).

[41] 王雨辰.论戴维·佩珀的生态社会主义理论[J].江汉论坛,2008(12).

[42] 王雨辰.论西方生态学马克思主义对历史唯物主义生态维度的建构[J].马克思主义与现实,2008(5).

[43] 韩立新.马克思物质代谢概念与环境保护思想[J].哲学研究,2002(10).

二、英文部分

[1] WILLIAM LEISS. The Limits to Satisfaction[M]. London:Mcgill – Queen's University Press,1988.

[2] ANDRE GORZ. Ecology as Politics [M]. Boston:South End Press, 1980.

[3] ANDRE GORZ. Critique of Economic Reason[M]. London and New York:Verso, 1989.

[4] ANDRE GORZ. Capitalism ,Socialism,Ecology[M]. London and New York:Verso, 1994.

[5] HOWARD L PARSONS. Marx and Engles on Ecology[M]. Westport and London:Greenwood,1977.

[6] TED BENTON. The Greening of Marxism[M]. New York:The Guiford Press, 1996.

[7] RYLE MARTIN. Ecology and Socialism[M]. London:Radius,1988.

[8] ANDREW MCLAUGHLIN. Regarding Nature:Industralism and Deep Ecology[M]. New York:State University of New York Press, 1993.

后　记

该书是在笔者为本校马克思主义理论专业研究生讲授"生态学马克思主义研究"专题课程教案的基础上,为了研究生教学需要而编写的一本辅助性教材。2006年,我校获得马克思主义理论一级学科硕士点以来,就开设了"国外马克思主义概论"课程,而"生态学马克思主义"是其中一个重要的专题。由于马克思主义理论是新设立的学科,教材建设相对滞后,这给我们的教学带来一些不便。同时,许多生态学马克思主义理论家的著作(特别是高兹的专著)还没有中文版,即使已有的中文版的生态学马克思主义著作学生们理解和掌握也有一定的困难。所以,为了便于研究生们掌握生态学马克思主义的主要内容,出版了《生态学马克思主义名著导读》一书,祈望能为马克思主义理论教学提供一些帮助。

笔者在攻读马克思主义哲学专业博士生的过程中,就开始接触到生态学马克思主义。2003年3月,笔者受教育部公派赴澳大利亚纽卡斯尔大学作访问学者。在此期间,笔者以"生态学马克思主义研究"为研究方向,特别是以安德瑞·高兹的生态学马克思主义思想为研究重点。当时,为了研究的需要,我翻译了高兹的《政治生态学》一书,还复印了他的其他几部生态学马克思主义专著。2004年回国后,笔者在《自然辩证法研究》2004年第7期上发表了《安德瑞·高兹的'技术法西斯主义'理论析评》一文,该文是国内较早研究高兹的生态学马克思主义理论的论文。笔者还以《生态学马克思主义研究》的题目,获得了教育部留学回国人员基金。之后,笔者围绕着生态学马克思主义这个专题发表了10几篇论文。

所以,笔者编写《生态学马克思主义名著导读》一书还是有理论基础的。

在本书的写作过程中,笔者参考了许多学者的研究成果,这些成果对笔者很有启发和借鉴作用。本书尽量予以注明,但难免有所遗漏,敬请同仁谅解。笔者从心里感谢他们的研究工作,没有他们的前期成果,笔者的研究也不可能顺利进行。

笔者的研究工作肯定有不尽如人意之处,有些生态学马克思主义理论的最新成果没有得到展示,有些问题研究得不够深入,甚至可能会有疏漏。敬祈学者专家们给予批评指正。

作　者
2013年11月